Sammlung Luchterhand 980

Über dieses Buch: Seine Erinnerungsbücher (»Memoiren eines Moralisten« und »Das Exil im Exil«) trugen zu seiner Wiederentdeckung bei: Hans Sahl, 1902 geboren, zählt im Bewußtsein der literarischen Öffentlichkeit heute zu den bedeutendsten Zeugen unseres Jahrhunderts.
In diesem Band kommt der brillante Essayist Hans Sahl zu Wort, der seine Laufbahn als Kritiker begann. Er schrieb von 1926 bis zu seiner Emigration 1933 für Leopold Schwarzschilds *Tage-Buch,* für den *Montag Morgen,* für den Berliner *Börsen-Courier*: Kritiken über Schriftsteller, Bücher, Theateraufführungen, Filme. Diese Arbeit setzte er, mit schärferem politischen Akzent, in der Emigration fort: »Emigration ist nicht nur ein von Hitler aufgezwungener Verlagswechsel, Emigration ist eine geistige Haltung.« In New York entstanden noch während des Zweiten Weltkriegs grundsätzliche Essays über den Faschismus und die »Freiheit von morgen«. Als scharfsichtiger, unvoreingenommener und unabhängiger Beobachter kommentierte Sahl die Ereignisse, die unsere Zeit prägten.

Über den Autor: Hans Sahl, Lyriker, Dramatiker, Prosaist, Übersetzer, 1902 in Dresden geboren, studierte Kunstgeschichte, Literaturgeschichte, Philosophie. 1926 bis 1933 Theater-, Film- und Literaturkritiker. 1933 Flucht aus Berlin über Prag, Zürich nach Paris. 1939 Internierungslager. 1940 Flucht nach Marseille, wo er als Mitarbeiter an Varian Frys Rettungsaktion der politisch Verfolgten in Frankreich teilnahm und selbst mit einem der letzten Schiffe nach New York entkam. Nach dem Zweiten Weltkrieg New Yorker Kulturkorrespondent, zuerst der *Neuen Zürcher Zeitung*, später der *Welt* und der *Süddeutschen Zeitung*. Lebt seit 1989 in Tübingen.
Im Luchterhand Literaturverlag liegen vor: »Wir sind die Letzten / Der Maulwurf«. Gedichte (1991); »Memoiren eines Moralisten« (SL 932) und »Das Exil im Exil. Memoiren eines Moralisten II« (auch als SL 967). Seine szenische Kantate »Jemand« wurde fünfzig Jahre nach der Zürcher Uraufführung während der Zürcher Festwochen 1988 wiederaufgeführt.

Hans Sahl

»Und doch...«

Essays und Kritiken aus zwei Kontinenten

Herausgegeben von Klaus Blanc

Luchterhand Literaturverlag

Ich halte mich für verpflichtet, außer dem Herausgeber, Klaus Blanc, meinen Dank auch jenen abzustatten, die, wie Gregor Ackermann, durch ihre Vorarbeit diese Auswahl aus Tausenden meiner Beiträge für Zeitungen und Zeitschriften ermöglichten. Vor allem Wolfgang Swobodnik, der nicht wenig dazu beitrug, die mir am wichtigsten erscheinenden Texte aufzufinden und gegeneinander abzuwägen.

Hans Sahl, April 1991

Originalausgabe
Sammlung Luchterhand, Juli 1991
Luchterhand Literaturverlag GmbH, Frankfurt am Main. Umschlagentwurf: Max Bartholl. Umschlagfoto: © Zeitenspiegel/Jochen Strobel. Satz: Uhl + Massopust, Aalen. Druck und Bindung: Wagner, Nördlingen. Printed in Germany
ISBN 3-630-61980-0

1 2 3 4 5 6 95 94 93 92 91

Mein Bruder im Zweifel
Aufsätze und Betrachtungen

Ich kann nicht hassen

Etwas ist nicht in Ordnung, ich weiß es, etwas stimmt nicht mit mir: Ich kann nicht hassen – und dies, obwohl ich in einer Zeit lebe, in der viel gehaßt wird und mit Genuß. Man fordert mich auf, man bestürmt mich geradezu, dies oder jenes zu hassen, die Deutschen, die Russen, die Amerikaner oder die Franzosen, je nachdem, in welchen Kreisen ich mich bewege, und man ist überrascht, ja sogar entrüstet, wenn ich sage, daß ich das nicht kann. Ich kann nicht die Völker hassen, Erdteile, Landkarten, Hautfarben, Religionen, höchstens Institutionen oder Regierungsformen, die ich für verhängnisvoll halte, in Ausnahmefällen auch Menschen, dann aber gründlich.

Ich habe Hitler gehaßt, aber nicht die Deutschen, Stalin, aber nicht die Russen. Und ich habe mich nur gewundert, daß es Leute gab, die nur den einen gehaßt haben und nicht auch den andern.

Vielleicht ist mein Gefühl für die Anfälligkeit der menschlichen Natur schuld daran, daß ich ein schlechter Hasser geworden bin. Ich habe meine eigene Immunität dem Bösen gegenüber stets als einen Glücksfall betrachtet, auf den ich mir nicht sonderlich viel einbildete. Ich bin immer nur ein Opfer gewesen und deshalb auch nicht in Versuchung gekommen, mit dem Bösen Kompromisse einzugehen. Heute, wo ich in ziemlich vorgerücktem Alter Vater von zwei Söhnen geworden bin, für die ich zu sorgen habe, frage ich mich, was wohl in denen vorgegangen sein mag, die aus eben diesem Grund dem Teufel den kleinen Finger reichten. Daß er auch die ganze Hand nehmen würde, ahnten viele, aber nicht alle.

Die Geschichte der Märtyrer zeigt, daß die meisten von ihnen ledig waren, zumindest kinderlos. Es ist leichter, für seine Ideale zu sterben, wenn man weiß, daß man auf sich allein gestellt ist.

Die Söhne von heute aber scheinen nicht viel von der Geschichte menschlicher Unterdrückungen gelernt zu haben. Sie machen ihre Väter für die vergangene Schreckensherrschaft haftbar und werfen ihnen vor, daß sie nichts dagegen getan hätten, womit sie zweifellos recht haben.

Was werden sie antworten, wenn eines Tages die Söhne der Babel, Tretjakow, Meyerhold vor sie hintreten und sie fragen werden: Wußtet ihr nicht, wer unsere Väter umgebracht hat? Wo wart ihr, als man Daniel und Sinjawskij vor Gericht stellte?

Ich bin allergisch geworden gegen Alternativen, die keine sind, gegen Halbwahrheiten, die sich als ganze gebärden, gegen Denkmethoden, die mit dem Anspruch auf Ausschließlichkeit auftreten.

Ich kann nicht einsehen, daß man Kriege abschaffen kann, indem man ein bestimmtes Wirtschaftssystem abschafft. Ich kann nicht glauben, daß ein Stück Leinwand deshalb zum Kunstwerk wird, weil man nichts mehr darauf sehen kann.

Ich war für Kandinsky und Klee und gegen die abstrakten Schulen, als man daraus eine neue Akademie machen wollte. Ich war für Marx und Freud, solange sie unsere Erkenntnis, unser Wissen um den Menschen bereicherten, und ich begann an ihnen zu zweifeln, als sich herausstellte, daß die Wirklichkeit nicht mehr mit ihnen übereinstimmte. Was von ihnen übernommen werden konnte, ist ein Teil des modernen Bewußtseins geworden und lebt in veränderter Form weiter.

Ich habe mich oft geirrt, und wenn man mich heute fragte, welchen von meinen Irrtümern ich am meisten bedauere, so würde ich antworten: keinen. Es kommt nicht darauf an, recht zu haben, sondern darzulegen, was man über eine Sache denkt. Es ist an den andern, zu entscheiden, ob man sie überzeugen konnte.

(1967)

Traktat über den Zweifel

Ansichten, dachte er. Es gibt zu viele Ansichten in der Welt. Wie soll ein Mensch mit zwei Augen im Kopf und einem Gehirn wissen, welche die richtige ist? Ich bewundere jeden, der auf *eine* Frage *eine* Antwort bereit hat. Ich bewundere den Mann am Rednerpult, der, den Arm in die Hüfte gestemmt, mit funkelnden Brillengläsern verkündet: Meiner Ansicht nach gibt es nur *eine* Lösung ... Und ich bewundere alle, die bereit sind, ihr Leben zu lassen, damit der Buchstabe irgendeines, von Menschen erfundenen Gesetzes erfüllt werde ... Natürlich kann man nicht immer mit der Ewigkeit auf du und du leben. Man muß etwas haben, woran man sich halten kann – irgendeine »Ansicht«, sei sie auch noch so bescheiden, um den Zusammenprall mit dem Unendlichen zu parieren. Die Angst vor dem leeren Raum hat schon viele zu Mördern oder Märtyrern gemacht. Wie viele sind schon für die Abschaffung des Privateigentums oder für seine Erhaltung gestorben. Wahrheit? (Freiheit?) Je mehr einer an seinen Irrtum glaubt, desto glücklicher ist er, und wahrhaft unglücklich ist nur derjenige, der sich ohne einen handfesten Irrtum durchs Leben schleppen muß, schutzlos jedem Windhauch preisgegeben, der das zarte Gerüst, das er sich errichtet hat, hinwegfegen könnte... Aber Freiheit beginnt doch erst dort, wo einer allein seinen Weg geht – allein mit sich –, allein im Raum und mit den nüchtern verwirrenden Wahrheiten – den Wahrheiten von 2 169 868 000 Seelen in der Welt, die noch ungeborenen nicht eingerechnet, allein unter dem Nachthimmel, nur sich selbst und seinem Gewissen verantwortlich – einem Gewissen, das er sich in jedem Augenblick zurückerobern muß...

Ja, mein Bruder im Zweifel, das sind die Nächte, da ich dich durch die Menge schreiten sehe, ungläubig den Ausrufern lauschend, die mit den Paukenschlägen der Ewigkeit irgendein Ersatzglück feilbieten, und doch angezogen, von dem prachtvollen Theater ihres Handwerks; das sind die Nächte, oh, mein Bruder im Zweifel, da du staunend die glitzernde Schnur der Schaufenster und Vergnügungen an dir vorbeiziehen läßt – wie eine fremde Kette, die nicht dir gehört – und die Menge plötzlich durchsichtig wird, die Ansichten wie Kleider an den Leibern hängen und darunter die Nacktheit sehen lassen, die dunklen, schimmernden Dreiecke, die Organe der Wollust – und wie da eins zum anderen drängt und schiebt und stößt und Kriege macht und Revolutionen und Bücher schreibt und Präsidenten wählt – und darüber nur die Kleider, nur das bißchen Stoff, das Schurzfell, das dem Wedelnden und Schwellenden Einhalt gebietet; nur das bißchen Kunstseide, das den gemeinen Mann tagsüber zum Herrn der Schöpfung macht, über Kultur reden, Zeitungen lesen und Ansichten äußern läßt – Ansichten – Ansichten; nur das bißchen gefärbte Baumwolle über seiner Scham, das ihm das Recht gibt, sich als ein sittliches Wesen zu betragen... Ach ja, und der Kopf, der edle Kopf, der so schöne Dinge sprechen kann – von Liebe und Tod des Rainer Maria Rilke und von der Würde des Menschen – wie fein geformt, wie blütenhaft-durchgeistigt erhebt er sich über den Schultern, antiken Vorbildern sich nähernd; göttergleich stellt er sein klassisches Profil gegen den Abend – der Herr Professor meinten soeben? – Divina Comedia – ach ja, und die Haltung, ephebenhaft, an Botticelli gemahnend – aber darunter, einige Handbreiten tiefer... – Permettez-moi de vous présenter Madame la Comtesse – da rauscht sie herein, gesalbt, gebadet, geschminkt, jede Falte ihres Leibes chemisch gereinigt, eine duftende Hyazinthe, deren Kelch mit Schlamm und Unrat gefüllt ist... da fächelt sie sich, tanzt – ihr gepuderter Schwanenhals, der an die Marmortorsen des Phidias erinnert, läßt kaum vermuten, daß, im Innern des Kehlkopfes, ein roher, häßlicher Zapfen jene vortrefflichen Aperçus hervorbringt, jene gewagten Ansichten einer vorurteilslosen Seele, die das Entzücken ihrer Kavaliere bilden ... Und dort, der Herr und die Dame am Tisch, plaudernd, scherzend, in dem hell erleuchteten Saal mit den vielen Spiegeln – worüber plaudern sie? Über Proust und Mozart und den frühen, nein, nicht den späten, beileibe nicht, sondern den ganz frühen Leonardo – Sie sind unverbesserlich, sagt sie, ohne besonderen Grund, und schlägt ihm dabei leicht mit dem Handschuh übers Gesicht – Madame! Er neigt sich über ihre Hand, während ihre Knie sich leicht unter dem herabhängenden Tischtuch berühren. Sie erschauert. Das ist es, was uns trennt, flüstert er und denkt dabei an das bißchen Stoff, an das bißchen Proust und Mozart, und an den frühen, sehr sehr frühen Leonardo ... Seht, gleich werden sie in das Auto steigen und übereinander herfallen und sich das bißchen Ansicht vom Leibe reißen – wie beschämend, wie würdelos im Zeitalter der Geist gewordenen Materie ... Ja, mein Bruder im Zweifel, dazu hat man die Kultur erfunden, damit sie verdecke, was nicht gezeigt werden darf ... Die größten Gedanken der Menschheit, die erhabensten Kunstwerke aller Zeiten sind aus dem Ekel über den eigenen Gestank entstanden. Von den Wohlgerüchen Arabiens bis zu den Schöpfungen der Haute Couture, von der Republik Platos bis zur klassenlosen Gesellschaft hat der Mensch immer neue Kulturen erfinden müssen, um seine Scham über sich selbst zu bedecken. Und nur manchmal, in einer Zeit wie dieser, da die Welt wie ein Schlachthaus riecht und die Ansichten wie Kleider von den Menschen abfallen, spürt man die Vergeblichkeit von Jahrtausenden und das lächerliche Gehabe notdürftig bekleideter Schwellkörper, das sich Zivilisation nennt ...

Du aber, mein Bruder im Zweifel, schlage den Kragen hoch, sieh nicht nach rechts und links, gehe weiter, großen Ahnungen entgegen, nur dir selbst und deinem Gewissen verantwortlich, gehe weiter und frage nicht, wer dir folgt; in kalter Unberührtheit deine Schritte messend, hingerissen von dem Schmuck und Glanz der Fassaden, und doch wissend, was sie verkleiden und was dahinter wohnt – Grauen, und Irrtum, und Paarung, und das bleiche Gesicht deines Bruders in der Nacht.

(1943)

Hitler
oder die Demaskierung einer Epoche

Der Verfasser dieser Aufzeichnungen hat Deutschland im Jahre 1933 verlassen. Er hat seitdem in Frankreich gelebt und ist von dort im April 1941 nach New York gekommen. Die Gedanken, die er im folgenden entwickelt, sind das Resultat von Erfahrung, Einsicht und Kombination. Es ist nicht die Schuld dessen, der sie niederschrieb, wenn der Ausblick, den er gibt, nicht immer unsern Wünschen und Erwartungen entspricht. Erst wenn wir uns von allen Illusionen freimachen, wird es uns gelingen, die für uns notwendigen Konsequenzen zu ziehen und die Welt in unserm Sinne zu beeinflussen.

I

In seinen Gesprächen mit Rauschning hat Hitler einmal gesagt: »Selbst wenn wir nicht siegen, werden wir, untergehend, noch die halbe Welt mit uns in den Abgrund reißen. Niemand wird eines Sieges über Deutschland froh sein.«

Die furchtbare Wahrheit dieser Worte wird mit jedem Tag deutlicher. Hitler hat nicht gesiegt, und er wird nicht siegen. Aber das Verbrechen, das er plante und das wir, seine Gegner, verhindern wollten, ist *nicht* verhindert worden. Hitler hat zwar nicht die Welt erobert, sondern »nur« Europa. Er hat in Europa vernichtet, was er vernichten wollte. Er hat Städte verwüstet und Völker von der Landkarte weggewischt. Er hat die Judenfrage »liquidiert«. Er hat die Besten aus allen Schichten und Berufen ausgerottet. Er hat die Gehirne umgebaut und die Denkenden denkunfähig gemacht. Er hat das 19. Jahrhundert abgeschafft, das ein Jahrhundert des Humanismus, der Arbeiterbewegung, des Glaubens an den menschlichen Fortschritt war, und er hat statt dessen ein Jahrhundert der Gewalt, der Unmenschlichkeit und Grausamkeit proklamiert. Er hat Gruppen und Parteien, Rassen und Religionen, Minoritäten und Nationalitäten gegeneinander ausgespielt. Er hat gezeigt, daß die Schlechten schlecht und die Korrupten korrupt sind, und die Guten und Gerechten hat er erschlagen. Er hat eine Religion des Bösen verkündet, wie Christus eine Religion des Guten. Er hat die Nachtseite der menschlichen Natur enthüllt und sie zu seinem Ebenbild gemacht.

Dies und noch mehr haben seine Gegner nicht verhindern können. Sie haben vor allem eins nicht verhindern können: den Weltkrieg. Auch wenn Hitler verliert – und er wird verlieren –, wird die Welt, die nach ihm kommt, anders aussehen, als wir es uns vorstellten. Diese letzten zehn Jahre sind aus der europäischen Wirklichkeit nicht mehr hinwegzudenken. Sie haben einen Kontinent umgewühlt und unaufschiebbare Entscheidungen heraufbeschworen. Was vorher war, gilt nicht mehr – weder die Republik von Weimar noch die Dritte Republik Blums oder Daladiers, noch der Völkerbund. Die Menschen haben den Glauben an die Männer und Institutionen verloren, die sie dem Faschismus auslieferten. Hitler hat sie demaskiert. Er hat eine Epoche demaskiert, die bereits den Tod in sich trug. Wer immer sein Erbe antritt, wird nicht umhin können, davon Kenntnis zu nehmen. Er muß wissen, warum Hitler kam und was er darstellte. Er muß die Wahrheit ausfindig machen, die sich hinter der Lüge verbarg. Und er muß wissen, an wen er sich zu wenden hat und wie die Menschen aussehen, die durch das Zeitalter der Barbarei hindurchgegangen sind.

Über diese Menschen soll im folgenden einiges ausgesagt werden.

Der europäische Mensch

Die Vorstellungen, die man sich hierzulande von dem europäischen Menschen dieser Tage macht, bedürfen einer Revision. Sie entsprechen noch immer den romantischen Vorstellungen einer Epoche, die im Glauben an »die Rasse«, an »das Volk« und an »die« Freiheit groß geworden – und deshalb den modernen Methoden der Massenbeherrschung und -beeinflussung nicht gewachsen war. Der europäische Mensch, wie man ihn sich heute gern vorzustellen pflegt, ist ein Mensch, der, die Faust in der Tasche geballt, nur auf den Tag wartet, an dem die Bastille zum zweitenmal gestürmt werden soll. Man spricht von dem wachsenden Widerstand der Massen (welcher?), von heroischen Sabotageakten, von immer neuen Symptomen einer kaum noch zu haltenden, revolutionären Stimmung und Erbitterung. Vieles daran mag wahr sein, vielleicht sogar alles. Aber man darf annehmen, daß es sich dabei nicht um größere, organisierte Einheiten oder Gruppen des Widerstandes handelt. Europäische Beobachter, die in der letzten Zeit aus den besetzten Gebieten flüchten konnten, berichten übereinstimmend über drei verschiedene Phasen in der Haltung der unterdrückten Völker gegenüber ihren Unterdrückern: Die erste Phase, die unmittelbar auf die Okkupation folgte, war gekennzeichnet durch offenen Haß, Auflehnung, Empörung, Sabotage etc. Dann setzte der Terror der Okkupierenden und ihrer Quislings ein. Es kamen die Vergeltungsmaßregeln (Geiselmorde, Aushungerung, Deportationen etc.). Dies führte zu einer Art von passivem Widerstand der Bevölkerung, auch im Psychologischen, der für die zweite Phase charakteristisch ist. Man versucht, sich nach Möglichkeit anzupassen, sich »gleichzuschalten«, da der Druck, der auf dem einzelnen lastet, zu groß geworden ist – hofft aber im stillen noch auf die Befreiung und rechtfertigt damit jede Konzession, die man zu machen hat. Die dritte Phase ist gekennzeichnet durch eine allgemeine Gleichgültigkeit und Abgestumpftheit. Die Rettung, die man von außen erwartete, ist noch nicht, oder nur halb gekommen. Das Beispiel der andern, die bei dem Versuch, Widerstand zu leisten, auf die schrecklichste Weise gescheitert sind, ist nicht ohne Folgen geblieben. Man glaubt an nichts mehr. Die faschistische Propaganda, begleitet von Terror, Hunger, Versprechungen und Erpressungen, tut ein übriges, um die Willenskraft zu lähmen. Sie trifft auf bereits denkunfähig gemachte, sterilisierte Gehirne. Da die faschistische Propaganda nie mit ganzen, sondern mit halben Lügen arbeitet, also auch mit halben Wahrheiten, bleibt immer etwas von dem hängen, was sie zu propagieren wünscht: nicht alles, beileibe nicht, aber doch so viel, daß selbst die Opposition anfängt, an ihrer Weltanschauung irre zu werden – zumal von außen her nur wenig dazu getan wird, ihre politischen Konzeptionen intakt zu halten oder sie zu bestätigen. Vielmehr müssen sie erkennen – und dies wird von ihren Unterdrückern sehr geschickt ausgenutzt –, daß auch jene, die sie zu ihren politischen Verbündeten rechneten, sich von Methoden beeinflussen lassen, die bisher nur dem faschistischen Gegner vorbehalten waren. Dies trägt nicht wenig zu jener Mutlosigkeit bei, die bis zum Zynismus, ja sogar bis zur aktiven Unterstützung der herrschenden, faschistischen Mächte gehen kann. Man stellt fest oder glaubt festzustellen, daß der Kampf nicht um Prinzipien, sondern um Nuancen desselben Prinzips geht oder zu gehen scheint. Man will sich »nichts mehr vormachen« lassen. Man hat genug.

Soviel über die psychologische Situation in Europa, wie sie eine zu erwartende amerikanische Invasion vorfinden würde. Ob diese Menschen imstande sein dürften, der Invasion wesentliche Dienste zu leisten, hängt davon ab, wie der Krieg politisch geführt wird. Aus den bisherigen Erfahrungen darf man schließen, daß von seiten der Alliierten an eine entscheidende ideologische Mobilisierung der zur Verfügung stehenden Kräfte in Europa noch nicht gedacht wird. Die Aktion wird sich zunächst, und wohl auch weiterhin, auf das Militärische beschränken. Es ist deshalb nicht unwichtig, auf die Notwendigkeit einer geistigen Mobilisierung der unterdrückten Völker hinzuweisen. Die Menschen in Europa warten seit zehn Jahren auf das befreiende Wort, das die Magie des Faschismus bannen kann. Wenn dieses Wort nicht kommt, wenn nur die Fahnen wechseln, aber nicht die Ideen, werden sie endgültig jenem Zustand anheimfallen, der sie nur noch zu Objekten der Geschichte macht. Unter der Parole »Jeder besser als Hitler« werden sie sich den Bajonetten anschließen, die zuerst da sind. Dies trifft besonders auf die Deutschen zu, die in ihrer doppelten Eigenschaft als Unterdrücker und als Unterdrückte die Schlüsselstellung auf dem europäischen Schauplatz einnehmen.

Der deutsche Mensch

Die Deutschen haben, lange bevor Hitler Europa eroberte, den Mechanismus der Unterdrückung am eigenen Leibe erfahren. Was Hitler außenpolitisch unternahm, hat er zuerst innerpolitisch ausprobiert. Dem Krieg gegen Europa ging der Krieg gegen das deutsche Volk voran. Daß ihm dabei ganz bestimmte Eigenarten der Deutschen in die Hände spielten, ändert nichts an dem gewaltsamen, putschartigen Charakter dieser ersten Eroberung (SA, Reichstagsbrand, Besetzung der Gewerkschaftshäuser etc.). Heute hat sich der Nationalsozialismus in Deutschland bereits so eingespielt, daß er fast schon – ausgespielt hat. So paradox es klingen mag: Hitler war bereits in dem Augenblick überwunden, als er an die Macht kam. Er war genau das, was die Deutschen brauchten, um sich ihrer historischen Fehler, Irrtümer und Verworrenheiten bewußt zu werden. Hitler hat sie demaskiert. Er hat die schlechtesten, die dümmsten, die gefährlichsten Eigenschaften, die seit Jahrhunderten durch die deutsche Geschichte gehen, politisch aggressiv gemacht und zusammengefaßt. Und indem er sie vor der ganzen Welt demonstrierte, hat er sie zugleich – ad absurdum geführt. Er hat gezeigt, wohin die alldeutsche Ideologie führt: zur Zerschlagung Deutschlands. Er hat gezeigt, was der deutsche Nationalismus heraufbeschwört, wenn er expansiv wird: die Rache der andern. Er hat der Anmaßung der Deutschen, ihrer Vorliebe für forsches, militärisches Auftreten, ihrem Kadavergehorsam, ihrem Führerglauben, ihren politischen Zweideutigkeiten ein Denkmal gesetzt, in dem sie sich schaudernd wiedererkennen: das Dritte Reich. Wenn Hitler nicht mehr ist, werden die Deutschen wissen, was vorher nur die Besten unter ihnen gewußt haben. Hitler war der große Aufklärungsprozeß, der sie über ihr Wesen belehrt hat. Er war die tollste Teufelsaustreibung, die je ein Volk durchgemacht. Mit ihm hat der Deutsche den Hitler in sich selber für alle Zeiten erkannt und – ausgeschieden.

In seinem Buch »The Last Train From Berlin« hat Howard K. Smith, der amerikanische Korrespondent, die Situation der Deutschen in diesem Augenblick folgendermaßen charakterisiert: »They are attached to the Nazis like the man who unexpectedly found himself holding on to a lion's tail, and kept right on holding on, not because he enjoyed the lion's proximity, but because he was *scared speechless* at what might happen if he let go...«

Das sprachlose Entsetzen, von dem Howard K. Smith spricht, wird noch einige Zeit anhalten. Man schreit nur, wenn man glaubt, gehört zu werden. Der Schrei, den das neugeborene Kind ausstößt, ist die erste, spontane Manifestation seines Lebenswillens. Es will gehört werden. Und es weiß, daß es gehört wird. Die Deutschen wissen, daß sie aus der Welt der Lebenden ausgestoßen sind. Sie wissen, daß sie keine Gnade zu erwarten haben. In *ihrem* Namen hat Hitler seine Verbrechen begangen, in ihrem Namen hat er die Menschheit mit seinen Schändlichkeiten heimgesucht. Die Soldaten, die Millionen unschuldiger Menschen in Europa umbrachten, waren deutsche Soldaten. Die Bomben, die auf Guernica, Rotterdam, Warschau, London, Belgrad fielen, waren deutsche Bomben. Die Grausamkeit, mit der Lidice dem Erdboden gleichgemacht wurde, war eine deutsche Grausamkeit. Wie soll man der Welt begreiflich machen, daß die Deutschen das erste Volk waren, das von den Nazis erobert wurde? Daß es auch in Deutschland ein Lidice gab? Daß die Eroberten zu Mördern ausgebildet wurden und weitermorden mußten, um nicht selbst ermordet zu werden? Wie soll man erklären, jetzt, da man bis an die Knie im Blut watet, wie alles gekommen ist? Daß man selbst ein Opfer war und betrogen wurde? Ist es nicht besser, den Weg zu Ende zu gehen, und die Schande, die über Deutschland gekommen ist, mit dem eigenen Leben zu bezahlen? Kann es noch eine Welt geben, die uns, den Deutschen, nach dem Krieg lebenswert erscheinen kann? Wenn die andern Völker jubilierend den Tag ihrer Befreiung begehen, werden wir, die von den Nazis Befreiten, das traurige Erbe antreten müssen, das jene uns hinterließen. Man wird uns nicht glauben, daß es Deutsche waren, die gegen Hitler kämpften, als die Welt noch mit ihm Geschäfte machte. Man wird uns nicht glauben, wenn wir sagen, daß

Hitlers Stärke die Schwäche der andern war – diesseits und jenseits der deutschen Grenzen. Sondern man wird sich an uns halten und die Geführten für die Untaten ihrer Führer haftbar machen.

In solchen Augenblicken kann es passieren, daß in Deutschland wieder das Schlagwort von der »konservativen Revolution« auftaucht. Jene Kreise, die den Nationalsozialismus ideologisch vorbereiteten, aber von Hitler enttäuscht und abgestoßen wurden, mögen jetzt ihre Zeit für gekommen halten. Sie haben die Armee hinter sich, die Industrie, die Junker und große, mächtige Freunde im Ausland. Sie wollten den Krieg mit Rußland nicht. Sie hassen die Nazis und ihre bornierten, unstandesgemäßen Grausamkeiten. Man kann das alles auch viel vornehmer, zivilisierter, salonfähiger machen, denken sie. Ohne Rassenlehre, Nilpferdpeitschen und Konzentrationslager. Vor allem: ohne Hitler. Was jene Kreise wollen, ist der alte, deutsche Ordnungsstaat unter preußischer Führung, eine militarisierte Wirtschaft und eine starke, autoritäre Gewalt, die das drohende Chaos verhindert und Deutschland soldatisch regiert. Sie wissen, daß sie auf die Sympathie derjenigen rechnen dürfen, die, nach dem Ende des Nationalsozialismus, nichts so sehr fürchten als ein Deutschland, das der Schauplatz von neuen, blutigen Bürgerkriegen wird.

Die Gefahren, die eine solche Lösung heraufbeschwören würde, sind oft genug diskutiert worden. Bei aller Bereitschaft, die Gegensätze und Spaltungen im feindlichen Lager auszunutzen, hat deshalb auch die Politik der Alliierten bisher darauf verzichtet, die Karte des preußischen Militarismus auszuspielen. Es mag sein, daß sich dies morgen ändert. Jedenfalls ist darauf zu sehen, daß eine Propaganda, die sich an das deutsche Volk wendet, andere Konzeptionen vorzuschlagen hat als die Wiedergeburt aus dem Geist von Potsdam. Aber welche? Sind die Prinzipien der amerikanischen Demokratie auch auf Deutschland anwendbar? Ist nicht jede der an diesem Krieg beteiligten Mächte Veränderungen unterworfen, deren Tragweite noch gar nicht abzusehen ist? Eine Welt ist in Bewegung geraten. Auseinandersetzungen, die nicht an nationale Grenzen gebunden sind, stehen zur Entscheidung. Schlachten können durch Ideen, Ideen durch Schlachten entschieden werden. Man kann der Geschichte nicht vorgreifen. Man kann nur die Munition vorbereiten, mit der geschossen wird.

Propaganda von außen

Jede Propaganda, die von außen an die Deutschen herangetragen wird, muß wissen, daß sie nichts Unmögliches verlangen darf. Es hat keinen Sinn, sie aufzufordern, Hitler zu stürzen, oder »Die Gewehre umzudrehen«, solange hinter jedem Deutschen noch ein Gestapomann steht. Menschen, die unter Lebensgefahr das Radio anstellen, wissen bereits, daß Hitler ein böser Mann ist. Es braucht ihnen nicht erst durch Short-Wave gesagt zu werden. Was sie hören wollen, sind Nachrichten und Tatsachenberichte. Darüber hinaus wollen sie wissen, was unter den *gegebenen* Umständen zu tun ist. Aufforderungen zur Sabotage und zum passiven Widerstand gehören ebenso dazu wie die Aufdeckung von Nazilügen, die Nachrichten über die Rüstungen und die militärischen Erfolge der Alliierten und über die Niederlagen der Achsenmächte. Hingegen scheint es verfrüht, wenn man damit rechnet, den »Apparat« selbst beeinflussen zu können, das heißt jene amtlichen und militärischen Stellen, die aus Berufsgründen die ausländischen Stationen abhören. Die Wirkung dieser Propaganda wird sich erst in dem Augenblick geltend machen, in dem die Nutznießer des Systems von seiner Nutzlosigkeit überzeugt sind. Bis dahin aber wird noch einiges zu tun sein. Die Menschen, denen die Propaganda nach Deutschland anvertraut ist, müssen wissen, daß ihre Hörer gegen jede Art von Rhetorik, die mit der Wirklichkeit im Widerspruch steht, abgestumpft sind. Ebenso müssen sie wissen, daß es keinen Sinn hat, eine Vergangenheit heraufzubeschwören, der in Deutschland nur wenige nachtrauern dürften. Es hat keinen Sinn, zu beteuern, wie schön es »damals« war und wie häßlich es heute ist. Die Republik von Weimar ist tot. Sie wird nicht wiederauferstehen. Sie hat gezeigt, daß sie ihrer Aufgabe nicht gewachsen war. Wenn die Deutschen *etwas* wissen, so ist es dies. Sie wissen, daß Hitler nicht vom Himmel gefallen ist. Er war der Ausdruck ihrer sozialen Ausweglosigkeit, ihrer Furcht vor sich selbst. Hitler war der deutsche Hunger. Man muß den Deutschen sagen, daß es bessere Lösungen gibt, den Hunger zu stillen. Nationale oder übernationale Lösungen – das hängt davon ab, wie die Welt nach dem Kriege aussehen wird. Eins ist jedenfalls sicher: Die beste Propaganda ist immer das Beispiel, das man selber gibt. Die beste Propaganda wird nicht am Schreibtisch der Sendestationen gemacht, sondern auf den Schlachtfeldern. Die beste Propaganda ist die, welche den unterdrückten Völkern durch *die Tat* zeigt, was man mit ihnen beabsichtigt. Jeder Fehler, jedes Abweichen von der Politik, die zum Kampf gegen Hitler aufgerufen hat, ist Propaganda *für* den Feind und wird von ihm sofort aufgegriffen. Die unterdrückten Völker haben einen Grad von Hellhörigkeit erreicht, der mit seismographischer Genauigkeit falsche Töne, falsche Versprechungen registriert. Sie wollen nicht wieder enttäuscht werden. Und sie dürfen nicht wieder enttäuscht werden. Notlösungen wie jene, die man in Nordafrika versucht hat, müssen auf viele Deutsche niederschmetternd gewirkt haben. Sieht so die Freiheit aus, die man uns versprochen hat, werden sie sagen. Wird man uns, wenn Hitler beseitigt ist, von Keitel und Brauchitsch regieren lassen? Solche Befürchtungen können dazu führen, daß viele Deutsche es vorziehen, mit Hitler zu sterben, als unter Brauchitsch zu leben. In solchen Augenblicken könnte es auch passieren, daß eine siegreiche russische Armee auf Sympathien stößt, die den Alliierten gefährlich werden könnten. Es ist nicht die Aufgabe dieser Abhandlung, solchen Gedankengängen nachzugehen. Das Europa von morgen wird sich aus vielen Komponenten zusammensetzen. Es wird das Resultat von Bewegungen sein, die über die ganze Erde gehen.

Propaganda von innen
Ausländische Experten haben sich darüber gewundert, daß die Nazis seit Stalingrad nicht mehr versuchen, ihre Niederlagen zu verheimlichen, sondern sich feierlich und fast selbstquälerisch zu ihnen bekennen. Es ist sogar die törichte Hypothese laut geworden, Hitler sei vielleicht schon tot und die Armee habe die Führung übernommen. Solche Beurteiler verkennen den totalitären Charakter dieser Propaganda. Man hat noch immer nicht verstanden, mit wem man es zu tun hat. Hitlers ganze Taktik war darauf abgestellt, den Unterschied zwischen »Nazis« und »Deutschen« aufzuheben. Er will, daß Deutschland und Hitler dasselbe sind. Nachdem er zehn Jahre lang das deutsche Volk durch die Hoffnung auf den Sieg davon abgehalten hat, ihn zu stürzen, wird jetzt eine neue Erpressung versucht: die Furcht vor der Niederlage. Früher wandte er sich vorwiegend an seine Anhänger. Jetzt wendet er sich an die, die nie ganz bei ihm waren oder die von ihm abzufallen drohen. Er sagt ihnen: Es geht nicht mehr um mich, es geht um Deutschland. Ich habe Fehler gemacht, ich bekenne mich zu meiner Niederlage. Jetzt müssen selbst meine Gegner einsehen, daß ihr Schicksal und das meine unlösbar miteinander verbunden sind. Gemeinsame Siege, gemeinsame Niederlagen usw. usw.

Die suggestive Kraft dieser Propaganda ist nicht zu unterschätzen. Sie appelliert nicht nur an den Patriotismus. Sie appelliert an die menschliche Anständigkeit, die ihr Land im Augenblick der Gefahr nicht im Stich lassen will. Hier stehen Hitler neue, bisher unausgenutzte moralische Reserven zur Verfügung. Er wird aus den kommenden Niederlagen noch viel Kapital schlagen. Dies ist erst der Anfang.

Die letzte große Zeremonie ist noch nicht gekommen. Bis dahin aber wird Hitler sein Volk nicht aus jener Massenhypnose entlassen, die ihn, im Glück ebenso wie im Unglück, zum Beherrscher der deutschen Seele macht.

II

Über die Freiheit von morgen

Den Völkern Europas ist ein Mißgeschick passiert. Das Wort, das die Magie des Faschismus bannen sollte, ist noch nicht gesprochen worden. Jetzt sprechen die Kanonen. Werden die Menschen, wenn die Kanonen verstummt sind, noch wissen, worauf sie gewartet haben? Man hat ihnen die Freiheit versprochen. Aber welche? War es nicht im Namen der Freiheit, daß der Faschismus sie überwältigte? Welche Freiheit wird man ihnen morgen bringen?

Was wir heute erleben, ist nichts anderes als die Geburt eines neuen Jahrhunderts, in dem die Elemente Faschismus, Kommunismus, Demokratie zu einer neuen Einheit umgeschmolzen werden. Wir haben bisher nur die einzelnen Phasen dieses Prozesses betrachtet und uns mit ihnen auseinandergesetzt. Aber es geht um mehr. Es geht um die Auflockerung und Umgruppierung der Gesellschaft auf einer neuen technischen Grundlage. Man ist dabei, den Termitenhaufen der Zukunft einen architektonischen Grundriß zu geben. Diese Gedankengänge sind nicht neu. Neu ist nur, welchen Beitrag die Wirklichkeit selbst dazu geliefert hat. Zweifellos hat der Krieg die europäische Gesellschaft zertrümmert. Er hat auch den europäischen Menschen von gestern zertrümmert. Er hat ihn reif dafür gemacht – sofern er sich selbst überlebt hat –, ein nützliches Mitglied dieses neuen, des 20. Jahrhunderts zu werden. Es ist in der Tat ein neuer Menschentypus, der hier im Werden begriffen ist. Diesem Menschen ist der Nacken gebrochen worden. Er ist durch alle Illusionen hindurchgegangen, durch alle Leiden und Enttäuschungen, bis nichts mehr blieb als das Stück Brot, um das er bettelt, die Milch, für die er sich verkauft, das Paket Zigaretten, das ihn der herrschenden Macht dienstbar macht. Diese Menschen ohne Eigenschaften lächeln heute mit Recht über solche ethischen Postulate wie Charakter, Persönlichkeit, Überzeugungstreue, die man von außen her an sie heranträgt. Sie wissen es besser. Diese Menschen ohne Eigenschaften sind die Bausteine, mit denen man dieses Jahrhundert, das zwanzigste, aufzubauen hat. Wie wird dieses Jahrhundert aussehen?

Möglicherweise wird es ein autoritäres Jahrhundert sein. Es wird gewisse soziale Reformen bringen und eine – relative – soziale Gerechtigkeit. Die Menschen werden es im allgemeinen besser haben. Man wird jedem ein Mindestmaß an sozialer und wirtschaftlicher Sicherheit garantieren können. Zu hungern braucht er nicht, wenn er sich auf den Boden der nunmehr herrschenden Ordnung stellt. Die Gesellschaft wird planwirtschaftlich organisiert sein, mit einer starken, zentralen Staatsgewalt, die das Recht hat, über den einzelnen im Interesse der Gesamtheit zu verfügen – und über die Gesamtheit im Interesse der die Staatsgewalt etablierenden (finanzierenden?) Mächte. Die individuelle Freiheit aus den Zeiten des klassischen Liberalismus wird verschwinden. Und mit ihr werden jene 48er Ideale abgebaut werden, für die unsere Großväter, sichtlich ohne Erfolg, auf die Barrikade gingen. Es wird wohl auch kaum mehr ein Bedürfnis nach heroischen Massenopern vorhanden sein, nachdem die Exekutive an die Arbeit gegangen ist. Man wird sich mit dem zufriedengeben, was man bekommt, und man wird in jedem Fall das, was man bekommt, als eine Verbesserung gegenüber dem empfinden, was war. Selbst eine bourbonische Lilie wird man sich nicht ungern an den Hut stecken, wenn man dafür freien Eintritt in die Speisekammern der Welt bekommt. Staatliche Terrororganisationen wie SA oder Gestapo sind natürlich liquidiert worden. Dafür haben Polizei und Militär für die Aufrechterhaltung von Ruhe und Ordnung zu sorgen. Man wird sich auch wieder einen Anwalt nehmen dürfen, wenn man eingesperrt wird. Im ganzen betrachtet, wird der Mensch des 20. Jahrhunderts diese Form der Gesellschaft als die ihm gemäße betrachten – after all. Er hat sich nicht zu beklagen. Zu beklagen haben sich nur die, die etwas anderes erwartet hatten. Die Menschen dieses Jahrhunderts werden hinter ihren Maschinen stehen und die Arbeit verrichten, die man ihnen zuweist. Sie werden nicht gut und nicht böse sein, nicht menschlich und nicht unmenschlich. Sie werden Bücher lesen und ins Kino gehen, und die, die für sie Bücher schreiben und Filme drehen, werden zu berücksichtigen haben, für wen sie es tun. Geistige Ware, die sich nicht in Umsatzziffern ausdrücken läßt, wird für wertlos erklärt. Der Konsument diktiert dem Produzenten die Bücher, die Theaterstücke, die Filme, die er braucht, um seine Arbeit hinter der Maschine zu verrichten. Jene »Farbenblindheit gegenüber den Werten«, von der einst Ernst Jünger sprach, wird zur herrschenden Ästhetik einer Welt erhoben, in der die Kunst nach ihrem Gebrauchswert beurteilt wird. Außenseiter, geniale Einzelfälle werden in die Museen oder Irrenanstalten überführt. Die Geschichte unserer Generation und ihrer Kämpfe wird zu Lustspielen, Tragödien und Radioprogrammen verarbeitet werden und Legionen von gut bezahlten Autoren Gelegenheit geben, sie als abschreckenden Mysterythriller »einer Epoche, die sich selbst vernichtete«, an den Leser zu bringen. Man wird viel Bach, Mozart, Beethoven und noch mehr Wagner spielen, vor allem um 12 Uhr mittags, wenn die Hausfrauen ihre Suppe kochen. Die Malerei wird ihre Auferstehung auf den riesigen Reklameflächen der Wolkenkratzer feiern, und auch die Plastik braucht um ihre Zukunft nicht besorgt zu sein: Es wird genug Woolworth-Läden in Europa geben...

UND DOCH: Dies ist eine neue Welt, und sie wird nicht schlimmer sein als jene, die zu verlassen wir bestimmt waren. Denn hinter diesen erleuchteten Fenstern wohnen Menschen, arbeiten Gehirne, wird Blut durch Adern gepumpt, und die Geschlechter paaren sich nach ewigem Gesetz... Wenn diese Krise, die eine Krise der Anpassung ist, vorüber sein wird, werden die Apostel von ihren Kanzeln aus Stahl den Termitenhaufen der Zukunft von den ewigen Dingen sprechen, die nicht aufhören werden, solange noch *ein* Mensch diese unglückliche Erde bewohnt...

(1943)

Diese Aufzeichnungen wurden 1943 in New York niedergeschrieben. Mein Freund, der Theologe Paul Tillich, übergab sie Mrs. Roosevelt, der Frau des amerikanischen Präsidenten, die er gelegentlich besuchte, als einen Beitrag zu dem damals heftig diskutierten Thema« »What to do with Germany after the War?« Hans Sahl

Entblößen und Verhüllen

I

Die Menschen, die das Feigenblatt erfanden, verstanden mehr von Erotik als jene, die den Menschen in seiner ganzen Nacktheit zeigten. Die Jünglinge und Mädchen der Antike wirken irgendwie antiseptisch – anatomische Studien, die den menschlichen Körper museumsreif machten, ihn seiner Virilität beraubten. Die Frauenkörper ließen in klischeehaften Andeutungen eine Weiblichkeit ahnen, die sich in idealisierter Keuschheit jeder Geschlechtsentfaltung zu enthalten schienen, während die männlichen Geschlechtsmerkmale nur aus Gründen der Vollständigkeit zur Kenntnis genommen wurden. Erst das Feigenblatt, das sie verhüllte, aber in ihren Konturen ahnen ließ, machte auf ein Geheimnis aufmerksam, das es zu entdecken gab. Diese antiken Jünglinge und Mädchen schienen an einer permanenten geschlechtlichen Appetitlosigkeit zu leiden. Sie trugen ihre Nacktheit als eine Abwehr gegen unbefugtes Ausgezogenwerden zur Schau. Sie machten aus ihrer marmornen Frigidität ein Schönheitsideal, das jede Erregung im Keim erstickte.

Es gibt nichts Langweiligeres als einen pornografischen Film, der das Obszöne mechanisch wiederholt und daraus eine Routine macht. Es fehlt das Moment der Veränderlichkeit, des Entblößens und Verhüllens, der schreckhaften Preisgabe eines Geheimnisses, das nur mir gehört und meinem Körper und das ich deshalb aus Gründen der Sitte und einer kulturellen Vereinbarung den Blicken anderer entzogen habe. Das Entblößen ist deshalb ein Geschenk des Liebenden an den Geliebten, eine Aufforderung zum gegenseitigen Austausch dessen, was der eine hat und der andere nicht. Es ist darüber hinaus ein Signal dafür, daß zwei Menschen nunmehr in eine Welt eintreten, die nur ihnen gehört, in der sie sich nicht mehr zu verstellen, nicht mehr zu verhüllen brauchen, in der alles erlaubt ist, auch das Abwegigste. Denn was ist Liebe anderes als ein gegenseitiges Beichten mit der Bitte um Absolution. Ich habe dich auserkoren, mein Geliebter, meine Geliebte, zum Mitwisser, zur Mitwisserin ausschweifender Gedanken und Vorstellungen, die ich mit dir realisieren will, und ich weiß, du wirst mich verstehen, du wirst mir die Hand führen, wenn ich mich an dir vergreife, und du wirst erraten, weil du mich liebst, wie du mir gefällig sein kannst, mit welchen Bildern und Gesten, denn wir haben einen Pakt geschlossen, der uns verpflichtet, nichts voreinander zu verbergen. Du sagst mir, was du willst, und ich tue es, ich muß es tun, denn ich bin der einzige, der um dein Geheimnis weiß. Oh, wie liebe ich dich, wenn deine Hand neben der meinen auf dem weißen Tischtuch liegt und die Gläser sich rot färben vom Blut, das der Kellner uns einschenkt, oh, wie schön bist du über dem Tisch und wie schön bist du unter ihm, ich weiß, wie schön du unter ihm bist, nur ich weiß es, wie schön du unter ihm bist, oh, wie ich es genieße, dich bekleidet zu sehen, wenn du aufstehst und den Mantel um die Schultern legst, in diesem ewigen Auf und Ab von Verhüllen und Entblößen, von Ruhe und Bewegung, in dieser Lust an der Veränderung im Gleichen, die Liebe ist, denn Liebe ist nicht statisch wie die antiken Torsen, sondern dynamisch wie der Can-Can, bei dem die Röcke sich öffnen und schließen, und nur der Augen-Blick gilt, den sie freigeben ...

II

Entblößen und Verhüllen ist das Geheimnis des Theaters. Wenn der Vorhang aufgeht, werden Charaktere enthüllt, Beziehungen der Menschen zueinander, Geheimnisse, die entzweiten oder zusammenbrachten, und wieder entfremdeten, es werden offene Wunden gezeigt, die verheilten, oder Narben, die zurückgeblieben sind von früheren Erlebnissen. Der Vorhang ist das Instrument, das diese Enthüllungen vollzieht, wie man einem Menschen das Kleid auszieht und ihn nackt zeigt in einem Augenblick, wo er es am wenigsten erwartet. Da holen die Götter zum Schlage aus, und den Anfälligen erreicht sein Schicksal. Und wenn der Vorhang fällt, wenn der Akt zu Ende ist, dann ist der »Akt« zu Ende, und der Mensch ist wieder verhüllt. Man braucht sich nicht länger zu schämen.

Die Welt der Groteske, der Spaßmacher, der Clowns, der Narren kennt die Kunst des schreckhaften Verhüllens und Entblößens, löscht die menschlichen Gesichtszüge aus, zeigt das Anonyme, Tierische, das Fratzenhafte. Genies wie Hieronymus Bosch und Grosz haben den Mummenschanz des Geschlechtstriebes aufgezeichnet, die Formen, die Verrenkungen der Körper, die sich vereinigten, die Lustbeschaffung auf jede erdenkliche Weise, die von Gier versteinerten Gesichter, die wußten, daß sie keine anderen Zuschauer hatten als eben den Partner, der mit verglasten Augen zuschauerlos mit ihm auf den sehnsüchtig erwarteten, aber immer wieder kunstvoll hinausgezögerten Höhepunkt hinarbeitet. Die Komödie der Verirrungen und Verwirrungen der vom Geschlechtstrieb Gepeinigten bei Aristophanes, der Exhibitionisten im Bois de Boulogne hinter den Stämmen (die Advokaten, die Geschäftsführer mit Lebensversicherung und bezahlten Ferien, die den Schreibtisch zuschließen nach Geschäftsschluß, den Kragen hochschlagend, einen Vollbart umhängen: »Faß mich an, touche moi, je t'en prie!« winselnd)!

Entblößen und Verhüllen.

Die Satyrspiele der Antike wußten etwas davon, die Fruchtbarkeitstänze der Indianer... Die Peep-Shows der 42. Street... Jeder Zuschauer im Theater ist ein Voyeur, der an einer Vorstellung teilnimmt, in der sich Menschen vor ihm entblößen. Das Theater Stanislawskis wollte ihn vergessen lassen, daß es sich um Schauspieler handelte: Was du dort siehst, ist das Leben selber. Sie wissen nicht, daß man ihnen zusieht. Es sind Diebe, Ehebrecher, Gedankenmörder, die unter sich bleiben wollen. Bert Brecht aber lehnte das Theater als optische Täuschung ab: Ich bin nicht Puntila, sondern ein Schauspieler, der den Puntila spielt. Ich stelle Verhaltensweisen dar, Lohnverhältnisse, soziale Strukturen, ökonomisch bedingte Abhängigkeiten. Stanislawski entblößte den Menschen auf der Bühne, Brecht entblößte die Gesellschaft, in der er lebte.

In den Beziehungen der Geschlechter haben sich revolutionäre Umwälzungen vollzogen. Die erotische Freiheit führte auch zu einer neuen Freiheit des Enthüllens, nicht zuletzt auch deshalb, weil den Massen Gelegenheit gegeben wurde, sich im Sport und am Meeresufer der Sonne und der Luft zu exponieren. Ein neues Schönheitsideal entstand, die Schönheit von Körpern, die in der Natur, mit der Natur aufgewachsen waren, im Gegensatz zur Nacktheit jener, wie sie noch George Grosz und Egon Schiele gezeichnet hatten, eine häßliche, freudlose, zugleich lüsterne und verschämte Nacktheit.

In einer Zeit der totalen Entblößung gibt es auch kein Verhüllen mehr, keine Erotik. Das Resultat ist eine Nacktheit, ebenso geheimnislos wie die der Antike, nur eben daß diese eine Vorstellung hatte von der Harmonie und Vollkommenheit zu Ende gedachter menschlicher Körper, während wir noch auf das Feigenblatt warten, das uns wieder verhüllen soll, was zu schnell sich entblößte.

(1942)

Gast in fremden Kulturen

Man wird überrascht sein: Ich habe nichts gegen die Bundesrepublik, ich bin ihr nicht gram, ich glaube auch nicht, daß die Nazis »wieder obenauf« sind – sollten sie es sein, so sind meine Freunde gewiß in der Mehrheit. Auch teile ich nicht die allzu berechtigte Emigrantenfurcht, daß die Hand, die ich schüttele, die eines Mörders sein könnte – man kann auch anderswo Mörderhände schütteln, ohne es zu wissen. Dagegen gibt es keine Rückversicherung in einer Welt, in der kaum ein Volk von sich sagen könnte, es wäre frei von Schuld und Sühne in seiner Geschichte. Für die jungen Menschen, die heute in Deutschland heranwachsen, ist das, was geschehen ist, bereits Geschichte geworden – es liegt vor ihrer Zeit.

Nein, es sind andere Gründe, die mich veranlassen, nicht in der Bundesrepublik zu leben. Ich bin ein exterritorialer Mensch geworden, ich habe einen Pakt mit der Fremde geschlossen. Ich kann nicht mehr ohne sie leben, ohne dieses Gefühl, nicht ganz zu Hause zu sein, ein Gast in fremden Kulturen, ein Reisender zwischen Abfahrzeiten.

Wenn ich in Europa bin, wundere ich mich, daß es auf den Straßen keine Neger gibt und daß man nur eine Sprache spricht, nicht mehrere – so einfach ist das Leben doch nicht. Das Exotische ist mir zur Gewohnheit geworden. Es gibt auch dort Inseln der Vertrautheit, Stallwärme, auch wenn sie elektrisch erzeugt wird, angestrahlte Klöster mit Spitzbögen und Kreuzgängen, die aus Europa importiert wurden wie die French Cuisine und die Bach-Konzerte in der Carnegie Hall.

Ich lebe nicht in der Bundesrepublik aus demselben Grunde, aus dem etwa Joyce nicht in Irland und Rimbaud nicht in Frankreich gelebt haben – ich brauche die Distanz zu dem Land, in dem meine Muttersprache gesprochen wird, um Distanz zu mir selbst zu finden. Ich bin nicht der Meinung, daß man als Schriftsteller den Leuten »aufs Maul« zu sehen habe. Wenn man Dialoge schreibt, soll man die Leute so reden lassen, wie man es mit seinem innern Ohr vernimmt, nicht wie sie in »Wirklichkeit« reden, denn das tun sie nicht einmal bei Hauptmann. Und wenn man Prosa schreibt, dann gewiß nicht die der Postämter und Steuerbehörden.

Es ist gut, wenn das Material, mit dem der Schriftsteller arbeitet, nicht durch täglichen Gebrauch abgenutzt wird. Wer in der Fremde lebt, dürfte schwerlich in die Lage kommen, seine Gedichte in derselben Sprache abzufassen, in der er seinen Kaffee bestellt. Sein Verhältnis zur Sprache gleicht dem des Musikers zur Musik: Er muß sie sich jedesmal von neuem herstellen. Natürlich besteht Gefahr, daß die Substanz, von der er lebt, sich mit der Zeit verflüchtigt. Auch gibt es sprachverderbende Einflüsse, vor denen er sich hüten muß, Einflüsse des fremden Idioms, in dem er lebt und das – in Form von Anglizismen oder Gallizismen – in seine Grammatik einsickert. Andererseits kann aber auch die exterritorial gewordene Sprache, wie bei Joyce, zu einer Verdichtung und Verinnerlichung führen: Rilke, Kafka, Werfel wuchsen in einem Lande auf, in dem Deutsch, und wohl nicht das beste, von einer Minorität gesprochen wurde – wie heute von den Emigranten in Manhattan, sofern sie überhaupt noch deutsch sprechen.

Man wird einwenden, daß ich aus der Not eine Tugend mache, daß ich, als Vertriebener, eine Philosophie der Vertriebenen propagiere. Haben Sie, so wird man fragen, noch immer nicht das Trauma überwunden, das Deutschland heißt? Wollen Sie aus dem Exil einen Dauerzustand machen? Warum gehen Sie nicht zurück? Wir empfangen Sie mit offenen Armen – vorausgesetzt, daß Sie nicht allzu lange zu bleiben gedenken...

Nun, ich habe es versucht, ich bin »zurückgegangen«, ich habe viele

Freunde in der Bundesrepublik, alte und neue, ich war auf ihren Festen und Tagungen, und doch spürte ich, oft mitten in der Unterhaltung, daß ich nicht mehr ganz dazugehörte. Vielleicht war es Amerika, das mich für die Fragestellungen der alten Welt, mit ihrem »Entweder-Oder«, ihrem »links oder rechts«, »Fortschritt oder Rückschritt« verdorben hatte. Von Walter Lippmann stammt der Ausspruch, daß in jedem Amerikaner ein Konservativer, ein Anarchist und ein Liberaler verborgen sind. Vielleicht war es dieser Pragmatismus, den ich in der alten Welt vermißte, diese Bereitschaft, die Methode der jeweiligen Aufgabe anzupassen, die man lösen will, und nicht, umgekehrt, die Aufgabe der Methode. In Amerika hatte ich mich als Europäer gefühlt. Jetzt, in Europa, fühlte ich mich als Amerikaner. Man verstand einander nur noch am Rande. Dinge mußten erst erklärt, Begriffe übersetzt werden, nicht in eine andere Sprache, sondern von einem Kontinent in einen andern. Die Optik hatte sich verschoben, die Brille stimmte nicht mehr. Jeder Mensch ein Eiland? Nun gut. Aber es gibt Eilande, die Archipele bilden, und solche, die allein im Ozean schwimmen. Es stellte sich heraus, daß man zu letzteren gehörte.

Ich lebe nicht in der Bundesrepublik, weil ich fürchte, daß es dafür schon zu spät sein könnte oder noch zu früh. Man ist dort damit beschäftigt, die »Moderne« nachzuholen. Man knüpft an, wo man 1933 aufhörte, und übersieht dabei gern, daß die Welt sich inzwischen weitergedreht hat. Ich sage dies ohne Überheblichkeit. Jedes Ding braucht seine Zeit, und was in der Bundesrepublik noch eine Frage von Leben und Tod sein kann, etwa die Beschäftigung mit der Vergangenheit, hat anderswo vielleicht nur noch akademische Bedeutung.

Ich lebe nicht in der Bundesrepublik, obwohl ich an ihren Problemen lebhaft Anteil nehme. Es sind nicht immer meine Probleme, wie auch meine Probleme nicht immer die ihren sein können. Auch die Emigration hat ihre Vergangenheit noch nicht »bewältigt« – sie stirbt mit ihr aus, weil sie keine Zukunft mehr hat. Wer noch übrig ist, und es sind nicht mehr viele, ist ein Gast in fremden Kulturen geblieben, gleichviel, welche Sprache seine Kinder und Kindeskinder sprechen und wie das Land heißt, das ihm den Reisepaß in eine unbewältigte Zukunft ausstellt.

Vielleicht werde ich doch noch als ein lebenslänglicher Gast in die Bundesrepublik zurückkehren.

(1964)

Ehrenrettung des Bürgers

Es gilt, unser Urteil über den Bürger zu revidieren. Lange genug hat man ihn als Inbegriff des Bösen in der Gesellschaft, als Ausbeuter, Lump, Betrüger, als Faschist denunziert, die bürgerliche Gesellschaft als ein Instrument sozialer Unterdrückung, die bürgerliche Kultur als eine Kultur des zerbröckelnden »Überbaus«, der Dekadenz und Auflösung, manipuliert von Kunsthändlern, Managern, Profitjägern, die nur an der »Kunst als Ware« interessiert sind, an ihrem »merkantilistischen« Wert, wie es Marx ausdrückte, als er schrieb: »Der Mineralienkrämer sieht nur den merkantilistischen Wert, aber nicht die Schönheit und eigentümliche Natur des Minerals, er hat keinen mineralogischen Sinn.«

Immerhin haben die Mineralienkrämer in einigen, nicht unbedeutenden Fällen durch die Jahrhunderte hindurch einen bemerkenswert mineralogischen Sinn für die Schönheit und eigentümliche Natur von Erscheinungen wie Dürer, Flaubert, Beethoven, Goethe, Tolstoi, ja sogar Picasso und Brecht bewiesen. Dabei haben sie sich in ihrer unersättlichen Profitgier nicht nur mit Ideen begnügt, die zur Erhaltung des bürgerlichen Status quo beitrugen. Nein, seit mehr als hundert Jahren ist die bürgerliche Kultur und Kunst in vielen ihrer schöpferischen Leistungen vorwiegend antibürgerlich ausgerichtet. Sie lebte davon, den Bürger zum Gegenstand der Polemik zu machen, ihn zu schrecken, zu brüskieren und aus seinen Stellungen zu vertreiben. Kritik am Bürger gehörte zum guten Ton einer Gesellschaft, die etwas auf sich hielt, es war der Personalausweis, mit dem sich der angehende Künstler Eingang in das bürgerliche Establishment verschaffte. Kritik am Bürger war erwünscht, weil man daraus lernen wollte, wie man es besser machen könnte. Problematisch wurde dieses Gewährenlassen erst in dem Augenblick, in dem die Politik sich der Kritik am Bürger bemächtigte und ihn vor die Alternative stellte, entweder sich selbst zu vernichten oder den freien Austausch der Ideen auf jene, die an seinem Weiterbestehen interessiert waren, zu beschränken. Diese Debatte über die »Grenzen der Freiheit« ist noch nicht abgeschlossen und wird besonders in Amerika mit großer Heftigkeit geführt.

Kritik am Bürger setzt voraus, daß es eine Antithese zu ihm gibt, die man ihm dialektisch entgegensetzen könnte, beispielsweise den Antibürger einer neuen Welt absoluter Gleichheit und Gerechtigkeit. Aber weder in den mit soviel Menschenopfern bezahlten Kämpfen um die

Verwirklichung des Sozialismus noch in den marschierenden Termitenhaufen des Ostens ist ein »neuer Mensch« zu erkennen. Hinzu kommt, daß die bürgerliche Gesellschaft inzwischen entscheidenden Strukturveränderungen unterworfen wurde. Nicht nur, daß sie vieles von dem, was gut am Sozialismus war, übernommen und sich selbst nutzbar gemacht hat, auch das Bild des Bürgers stimmt nicht mehr mit der Vorstellung satter Selbstzufriedenheit und behaglichen Einverständnisses mit dem Bestehenden überein.

Der Bürger von heute hat Reiche stürzen und Städte in Flammen aufgehen sehen. Er ist in Bombennächten und in der Qual des Überlebenmüssens über die Fragwürdigkeit seiner Existenz informiert worden. Er ist nicht mehr Meister Anton, der angesichts seiner geschwängerten Tochter »die Welt nicht mehr versteht«. Hebbels »Maria Magdalena« ist im Zeitalter der Pille gegenstandslos geworden. Ibsens »Nora« wirkt anämisch neben dem männermordenden Gleichberechtigungspathos einer Betty Friedan oder Germaine Greer...

Der Bürger von heute hat gelernt, mit dem Unglück auf du und du zu leben. Er weiß, daß er morgen alles wieder verlieren kann, was er sich aufgebaut hat. Er ist für »Ruhe und Ordnung«, weil er durch genügend Unruhe und Unordnung hindurchgegangen ist und sich und den Seinen die Wiederkehr des Gleichen ersparen möchte. Er weiß, was es heißt, Kinder aufzuziehen und dafür womöglich eines Tages von ihnen zur Rechenschaft gezogen zu werden. Nicht um den »Verlorenen Sohn« geht es heute, sondern um den »Verlorenen Vater«, der bei den Schweinen schlafen muß, weil die Söhne ihn verstoßen haben.

War der Bürger früher eine Possenfigur, über die man sich lustig machte, ein Sternheimscher »Bürger Schippel« oder ein Mannscher »Untertan«, so ist er heute ein tragischer Held, dessen Tragik darin besteht, daß über ihn Schreibverbot verhängt wurde. Es gibt keine Filme oder Theaterstücke, die seiner Problematik gerecht zu werden versuchen. Das einzige moderne bürgerliche Trauerspiel, Arthur Millers »Tod eines Handlungsreisenden«, zeigt ihn als Opfer des kapitalistischen Systems, in dem er angeblich versagen *muß*, obwohl er uns im Stück als ein Mensch geschildert wird, der mit dem Leben nicht fertig wird, weder in seinem Beruf noch mit seiner Frau noch mit seinen beiden Söhnen, und der wahrscheinlich auch in jedem anderen System versagen würde.

Marx hat seine schlechte Meinung über den Menschen nur auf den Bürger bezogen (nicht auf den Kommissar, den es damals noch nicht gab und der sich als weitaus gefährlicher herausstellen sollte, da es gegen ihn keine Berufung gibt). Indessen wäre es an der Zeit, eine Ehrenrettung des Bürgers vorzunehmen. Als ein von der Soziologie bereits totgesagter Atavismus hat er trotzdem zwei Weltkriege überstanden, mehrere Revolutionen und Konterrevolutionen und dabei manches hinzugelernt, was er früher nicht wußte. Er ist nicht dümmer geworden, sondern klüger, weil er es verstanden hat, im Kampf der Ideologien Gegensätze auszugleichen und der Relativierung aller Werte die Beharrlichkeit seines Glaubens an das Absolute entgegenzusetzen. Er hat den Kompromiß erfunden, der nicht eine Schwäche ist, sondern ein moralischer Sieg über das Ausweglose, die menschlichste Form, dem Unversöhnlichen ein Ende zu machen.

Er, der Zeitgenosse auf Abruf, der Sündenbock von gestern, hat nach Abbüßung des Urteils, das die Geschichte über ihn verhängte, die ihm zugebilligte Bewährungsfrist bestanden. Er hat Nutzen gezogen aus dem, was man ihm vorwarf, er hat zugehört und versprochen, sich zu bessern. Es bestehen Anzeichen, daß er uns alle überleben wird.

(1971)

Profiteure der Zweideutigkeit oder Jeder ist Mitwisser

Zur Situation der Intellektuellen in unserer Zeit

Die amerikanische Zeitschrift *Life* hat vor Jahren einmal die Frage aufgeworfen, warum so viele namhafte Schriftsteller und Künstler in diesem Jahrhundert, manche nur vorübergehend, der kommunistischen Bewegung angehörten oder mit ihr sympathisierten, von Picasso bis Pablo Neruda, von Brecht bis Hemingway und sogar André Gide, letzerer allerdings nur für kurze Zeit.

Die Anfälligkeit der Intellektuellen gegenüber dem Totalitären in unserer Zeit ist häufig diskutiert worden. Es scheint, als ob der auf sich selbst angewiesene Geist aus Angst vor dem Alleinsein eine Zugehörigkeit braucht, die ihn schützt und sogar noch dafür belohnt, daß er sich ihr zur Verfügung stellt und sie sich ihm. Deshalb wohl auch die Furcht des bis vor kurzem vom Staat Subventionierten vor einer Freiheit, auf die er nicht vorbereitet war und der er noch nicht gewachsen ist. Hinzu kommt, daß in der DDR der Totalitarismus von rechts unmittelbar durch den von links abgelöst wurde, weshalb auch der einzelne kaum Zeit hatte, sich mit der Praxis und den Spielregeln der Demokratie vertraut zu machen.

So jedenfalls argumentieren diejenigen, die heute vor dem Bildschirm oder in den Zeitungen aufgefordert werden, Rechenschaft abzulegen. Andere berufen sich auf die Unmöglichkeit, etwas gegen ein Überwachungssystem zu unternehmen, das jeden Widerstand zwecklos erscheinen ließ. Helden gibt es immer nur vereinzelt, und die Masse besteht nicht aus Helden. Man will seine Ruhe haben und ungeschoren bleiben. Was ich nicht weiß, macht mich nicht heiß, dieser Satz gilt für alle totalitären Systeme. Es gehört zur Taktik des Diktators, also eines Stalin oder Hitler, daß er möglichst alle zu Mitwissern macht. Jeder weiß irgend etwas von jedem. Das macht aus ihnen eine schweigende Gemeinschaft von Mitschuldigen.

Freilich hätte man schon vorher Gelegenheit gehabt, sich über den Charakter des Marxismus-Leninismus zu informieren, frühestens nach Lenins Tod 1924, der in seinem Testament nachdrücklich vor dem »unberechenbaren« Stalin gewarnt hatte. 1918 hatte bereits Rosa Luxemburg in einem offenen Brief Lenin vorgeworfen, er habe die Revolution verraten und die Diktatur der Bourgeoisie durch eine neue ersetzt, die nunmehr über das Proletariat herrsche, nämlich die der Kommunistischen Partei. Die Folge würden Kriege und Bürgerkriege sein. Aber Rosa Luxemburg wurde von der Soldateska ermordet, und der latente Bürgerkrieg in Deutschland nahm seinen Verlauf. Der Aufstand der Intellektuellen gegen eine Republik, die sich nicht zu helfen wußte, fand seinen Niederschlag in einer Literatur des Aufruhrs, in expressionistischen Gedichten eines Johannes R. Becher, Franz Werfel, Alfred Wolfenstein, in den Bildern des *Sturm* und in den Dramen eines Ernst Toller und Friedrich Wolf, die das Theater zum Podium einer Revolution machten, die entweder im Exil oder im Vernichtungslager ihr Ende fand.

Dies alles gehört bereits der Geschichte an. Unverständlich bleibt nur, warum soviele Männer und Frauen von Geist, Dichter, Künstler, Musiker, einer Lehre anheimfielen, die sich »Dialektischer Materialismus« nannte, und aus ihrer Zaubertüte Sätze wie etwa jene hervorholten, denen zufolge die »Theorie zur materiellen Gewalt wird, die die Massen ergreift«, oder »die Quantität in Qualität umschlagen könne«. Unerklärlich das Nebeneinander von Rationalismus und marxistischem Wunschdenken in den Schriften nicht weniger, die sich als Wortführer einer neuen Aufklärung verstanden, ihr Glaube an die Vorausbestimmbarkeit der Geschichte, an das Prinzip Hoffnung, das heißt die klassenlose Gesellschaft, ihr Mangel an Skepsis bei der Einschätzung menschlichen Tuns und Handelns. Selbst ein Walter Benjamin, dieser Mystiker unter den Gegenwartsinterpreten, dessen Untersuchungen, wie etwa seine grandiose Deutung Kafkas, zum bleibenden Bestand essayistischer Prosa gehören, erörtert in seinem Moskauer Tagebuch, ob er der Kommunistischen Partei beitreten soll oder nicht.

Es ist gewiß kein Zufall, daß es nicht selten die Söhne und Töchter aus gutbürgerlichem Hause waren, die ihrer Klasse abtrünnig wurden und sich aus schlechtem sozialen Gewissen für die von der Gesellschaft Enterbten und Vernachlässigten einsetzten. Man sollte die humanitäre Wurzel eines solchen Verhaltens nicht ignorieren, wie denn überhaupt zu sagen ist, daß es ohne Marx keine Arbeiterbewegung, keine Gewerkschaften, kein Verbot der Kinderarbeit, kein Streikrecht, keine 35-Stunden-Woche und dergleichen geben würde. Marx war für seine Zeit ebenso wichtig, wie es seit langem wieder wichtig geworden ist, ihn als eine historische Notwendigkeit von gestern zu sehen. Es scheint deshalb auch unergiebig, den Bürger der ehemaligen DDR vor dem Bildschirm zu einem Reuebekenntnis zu bewegen. Es ist nicht leicht, sich und anderen einzugestehen, daß man an etwas geglaubt habe, das sich als ein Irrtum herausgestellt hat, noch schwerer, freiwillig auf eine Gemeinschaft zu verzichten, die einem Schriftsteller, einem Künstler nicht nur eine politische Heimat, sondern auch seinen Beruf garantierte. (Um so bewundernswerter jene, die es dennoch taten oder es darauf ankommen ließen, wie zum Beispiel ein Günter Kunert, ein Wolf Biermann, eine Sarah Kirsch und andere.)

In meiner Erzählung »Schuld« (1969) habe ich versucht, die drei Phasen in der Entwicklung eines Marxisten zum Antimarxisten zu skizzieren. In der ersten macht man Stalin, in der zweiten Lenin und in der dritten Marx selber für die Irrtümer des Marxismus verantwortlich. Die Schriftsteller und Politiker der einstigen DDR, die heute befragt werden, wann sie an ihrem Glauben zu zweifeln begannen, befinden sich wohl zwischen Phase zwei und drei, das heißt, daß sie den Marxismus noch nicht ganz aufgegeben haben oder noch an einen »Sozialismus mit menschlichem Antlitz« glauben möchten.

Zu fragen wäre jedoch: Wer befragt die Befrager? Hatte man nicht, nach 1945, in der Bundesrepublik alle Hände voll zu tun, sich mit Hitler auseinanderzusetzen, und mußte deshalb die Auseinandersetzung mit Stalin bis auf weiteres verschieben? Man knüpfte also dort wieder an, wo man 1933 aufgehört hatte, ohne sonderlich davon Kenntnis zu nehmen, daß es inzwischen Autoren wie Ignacio Silone, George Orwell, Czeslaw Milosz, Arthur Koestler und andere gegeben hatte, die sich darum bemühten, eine Literatur der Auseinandersetzung mit dem Stalinismus zu entwickeln.

In diesem Zusammenhang sollte auch die 1938 erfolgte Revolte gegen den von Moskau manipulierten Schutzverband deutscher Schriftsteller im Exil in Paris erwähnt werden, die dazu führte, daß namhafte Autoren, unter ihnen Alfred Döblin, Bruno Frank, Leonhard Frank, Konrad Heiden, Hermann Kesten, Klaus Mann, Walter Mehring, Ernst Erich Noth, Karl Otten, Joseph Roth, Hans Sahl, Leopold Schwarzschild, sich zu einem »Bund freie Presse und Literatur« (Verband unabhängiger deutscher Schriftsteller und Journalisten im Exil) zusammenschlossen, der mit folgendem Gründungsaufruf an die Öffentlichkeit trat:

Deutsche Schriftsteller und Journalisten im Exil, in deren Vollmacht die Unterzeichneten sprechen, haben sich zu einem Bunde zusammengeschlossen.

Sie halten geistige Freiheit, moralische Sauberkeit und Verantwortungsgefühl für die Grundlage jeder öffentlichen geistigen Wirksamkeit.

Sie haben um dieser Überzeugung willen die Verbannung auf sich genommen. Sie wollen diese Überzeugung auch in der Verbannung nicht antasten lassen.

Sie wollen alle sammeln, die sich aufrichtig zu den gleichen Grundsätzen bekennen. Sie glauben, daß die Sache der deutschen Freiheit nur in dieser geistigen Haltung vor der Welt vertreten werden kann. Sie sind überzeugt, daß der Kampf gegen die Unterdrükkung der Freiheit in Deutschland nur mit diesen Grundsätzen zu gewinnen ist.

Sie fordern alle Schriftsteller und Journalisten, die gleicher Gesinnung sind, auf, sich ihnen anzuschließen.

Es scheint wichtig, diesen Aufruf noch einmal in Erinnerung zu bringen, weil er zeigt, daß es bereits vor fünfzig Jahren Schriftsteller deutscher Sprache im Exil gab, die darauf verzichteten, sich jenen anzuschließen, die, wie Anna Seghers, Bert Brecht, Bodo Uhse und andere, nach 1945 in die DDR gerufen wurden, um dort als Kämpfer gegen den Faschismus gefeiert und mit den entsprechenden Preisen und Privilegien ausgestattet zu werden.

In der Bundesrepublik jedoch schien wenig Interesse für jene verlorenen Einzelgänger vorhanden zu sein, die bereits damals sozusagen die Perestrojka und Glasnost vorweggenommen hatten. So kam es, daß beispielsweise Alfred Döblins Roman »November 1918«, über dessen Schicksal in dieser Zeitung vor kurzem berichtet wurde, kaum ein Echo fand, daß ein so hervorragender Schriftsteller wie Leopold Schwarzschild, Herausgeber des *Tage-Buchs*, das er in das Pariser Exil herüberrettete und mit dem er das Weltgewissen gegen Hitler wachhielt, sowie Autor eines kritischen Buches über Karl Marx, »Der rote Preuße«, bis heute kaum die verdiente Würdigung fand.

Die Liste ließe sich beliebig fortsetzen und würde auch den Dichter Walter Mehring einbeziehen, diesen unvergeßlichen Bänkelsänger einer sterbenden Republik, der selbst beinahe anonym in einem Züricher Altersheim starb. Seine Werkausgabe ließe sich durch einen Korrespondenzband ergänzen, der unter anderem auch folgenden Brief von Mehring an mich enthalten müßte (datiert Venedig, 12. September 1961):

Dear Hans, but: ich schrieb Dir einen Dankbrief für die Monat-Kritik (die ich mir schließlich aus Zürich beschaffte) ... Das erste Mal – Deine Adressenangabe war fast unleserlich – durch Regen (oder Tränen?) verwischt – kam er zurück; das zweite Mal nicht ...

Es ist selbstverständlich, daß ich Dir stets antworte, antworten werde – zumal Du mich (und noch dazu lobend) in einer deutschen Zeitschrift erwähnt hast ...

Das ist für mich Rarität!

Denn da ich nicht zu den West-Ost-Kulturaustäuschern gehöre – ja Einladungen dieser Cliquen (PEN etc.) protestierend zurückgewiesen hatte, bin ich im »Bierverschiß« der westdeutschen journaille und Literatur, die so heroisch, so furchtlos die Zensur der Meinungsfreiheit, den Terror, die Radioaktivität der Bundesrepublik angreift. (Die Atomzerfallprodukte des USSR-Proletariats und der B. B.recht Lehrstücke sind bekanntlich wunderheilsam.)

– What are you doing?

– I give up!

Mit aufrichtigem Bedauern, nach Venedig desertiert, zu Tintoretto und Carpaccio, Dich versäumt zu haben – und mit – denn das gibt es noch! – kollegialen Grüßen, Dein Walter (Walt Merin).

Während des Krieges traf ich mich des öfteren in New York mit Bertrand Russell, dem bedeutenden Philosophen und Mathematiker, Nobelpreisträger und unermüdlichen Gegner jeder Form von Unterdrückung. Einmal kam das Gespräch auf Bert Brecht. »Ich habe viel über ihn gehört«, sagte Bertrand Russell, »er soll sehr gut sein. Können Sie mir eins seiner Gedichte aufsagen?«

»Gern«, sagte ich und begann mit »Lob der Partei«: »Die Partei hat tausend Augen, / Du aber hast nur zwei...« Bertrand Russell unterbrach mich. »Das glaube ich nicht«, rief er aus und schüttelte sich vor Lachen. »Wollen Sie bitte Mr. Brecht mitteilen, daß ich mit 72 Jahren mit meinen zwei Augen noch immer besser sehe als tausend Blinde.«

Bert Brecht, der bereits 1932 in seinem Lehrstück »Die Maßnahme« den politischen Mord im Interesse der Partei rechtfertigte und damit die Moskauer Prozesse vorwegnahm, hat einige der schönsten Gedichte in deutscher Sprache, aber auch einige der abwegigsten geschrieben. Er liebte es, sich als Bürgerschreck zu stilisieren, schönen Frauen bei Cocktailparties in New York an die Brust zu fassen und sich Arbeiterjacken nach Maß anfertigen zu lassen. Er hat die Poesie gegen den Strich gebürstet und aus Widerspruch gegen die Ästhetik eine neue Ästhetik begründet, die uns durch ihre kunstvolle Kunstlosigkeit faszinierte.

Er war aber auch eine Schlüsselfigur in dem Rätselraten um die Beweggründe einer Zweideutigkeit, in der sich nicht wenige Schriftsteller jenseits der inzwischen verschwundenen Mauer – und nicht nur dort – übten. Man liebte es, gleichzeitig auf zwei Pferden zu reiten, in zwei Ländern in Massenauflagen gedruckt zu werden. Wurde man in dem einen verboten, so blieb immer noch das andere, wobei der böse Westen von seinen zwei Augen allzugern eines zudrückte, während der gute Osten ihn mit tausend Augen überwachte. Der weise Lenin hatte seine Schüler gelehrt, daß es Zeiten gebe, in denen man mit dem Klassenfeind paktieren müsse, um ihn besser vernichten zu können.

Da kann natürlich einiges passieren, da können Mauern einfallen, Grenzen sich verwischen, da kann die Qualität aus Versehen in Quantität »umschlagen« und die Gesinnung in Gesinnungslosigkeit. Was bleibt, ist die Erinnerung an eine Erzählerin, die man einmal, wie manche andere, schätzte, oder an den Dichter Bert Brecht, dessen Dreigroschenopersongs wir in die Verbannung mitnahmen, wie einst die Donkosaken ihr »Wolga, Wolga...«, und dem wir verfallen waren.

Schreiben wir wieder das Jahr null? Vielleicht zum erstenmal in der Geschichte ist der Augenblick gekommen, in dem keine neue Ideologie darauf wartet, ausprobiert zu werden. Ist am Ende dieses Jahrhunderts die Menschheit am Ende ihrer Weisheit angelangt? Oder stehen wir am Beginn einer neuen, die vor allen den Deutschen, diesen unbelehrbaren Liebhabern des Absoluten, schwerfallen dürfte, nämlich, daß es nunmehr an der Zeit wäre, den Menschen neu zu definieren, jenseits aller Heilslehren und Utopien, etwa im Sinne eines Norbert Elias und eingedenk der Warnung Karl Poppers: Jedesmal, wenn der Mensch versucht, den Himmel auf Erden zu verwirklichen, bekommt er die Hölle.

(1990)

Berlin 1925–1933
Kritiken

Plädoyer für Berlin

Aus einem Pariser Tagebuch

Wenn in diesen Zeilen versucht wird, aus flüchtigen und schattenhaften Impressionen ein Bild jener Stadt zu entwerfen, auf die sich seit Generationen das geistige und künstlerische Interesse nicht nur Westeuropas, sondern der gesamten zivilisierten Welt richtet, so geschieht es in dem Bewußtsein, daß Paris heute mit andern Augen angesehen werden muß, als es noch vor zwanzig oder dreißig Jahren möglich war. Paris als Landschaft, Paris als Stadt ist ein unvergeßlicher Eindruck, dem sich niemand entziehen kann; er gehört zu den ewigen Offenbarungen französischer Klassizität und Formbereitschaft: Er steht jenseits der Debatte. Aber Paris als aktuelles Phänomen, losgelöst von den monumentalen Denkmälern seiner Vergangenheit, das lebendige, atmende, das schaffende und in der Abgeschlossenheit seines Schaffens bereits isolierte Paris – darüber läßt sich diskutieren. Um so mehr, als sich nun auch Berlin anschickt, so etwas wie eine Hauptstadt zu werden, und durch die Plötzlichkeit seiner Entwicklung nachzuholen beginnt, was es in Jahrhunderten provinzieller Selbstgenügsamkeit versäumt hat. Auch wer die Beleiterscheinungen dieser Entwicklung, den »Betrieb«, als Leerlauf und Entartung empfindet, wird nicht verkennen, daß es eine Produktivität des Betriebes gibt, die bei allem snobistisch zur Schau getragenen »Amerikanismus« so viel Neues und wirklich Entscheidendes heraufkommen läßt, daß Berlin heute vielleicht der fruchtbarste und zugleich auch der gefährlichste Boden für junge Talente und Bewegungen ist. Gefährlich, weil es ebenso schnell verwirft, was gestern noch anerkannt und gefeiert wurde. Fruchtbar, weil es zugleich dem Talent die Möglichkeit gibt, sich immer aufs neue durchzusetzen. Das sei ohne die in der Welt nun hinlänglich bekannte Selbstüberschätzung des Berliners festgestellt. Paris steht am Ende, Berlin am Anfang seiner Entwicklung. Um diese Entwicklung kämpfen wir. Um dieser Entwicklung willen sei es erlaubt, einen Augenblick lang Paris mit der Voraussetzungslosigkeit einer Jugend zu betrachten, die nicht durch Schönheiten verführt, sondern durch Überzeugungen bestätigt sein will.

H. S.

Gleich am ersten Tag, als ich durch den Luxembourg-Garten zum Montparnasse ging, bekam ich einen sehr deutlichen Begriff von dem, was ich die Öffentlichkeit des Geistes, die Öffentlichkeit der Kunst im Leben dieser Stadt nennen möchte. Zwischen den klassisch geschnittenen Rasenflächen und Baumgruppen, die in symmetrischer Ordnung ein Stück künstlich geformter und in Kunst umgewandelter Natur umschließen, begegnet man auf Schritt und Tritt Malern, die ihre Bilder »en plein air« und gleichsam in voller Luft der Öffentlichkeit malen, unbekümmert um die neugierig stehenbleibenden Passanten, die ihnen interessiert über die Schultern gucken und mit kritischen Augen ihre Arbeit betrachten. Einmal hörte ich, wie ein Schusterjunge, die besohlten Schuhe unterm Arm, einen Maler ansprach und ihn fragte, warum er für das Laub der Bäume nicht ein helleres Grün genommen hätte. Das war nicht etwa ironisch gemeint. Der Pariser, und auch der einfache Mann, hat ein sehr gesundes und durch die malerische Tradition seines Volkes geschultes Gefühl für künstlerische Werte. Man erlebt es noch einmal, wenn man sich plötzlich einer jener improvisierten Kunstausstellungen gegenübersieht, die alljährlich am Montparnasse veranstaltet werden und in denen die Maler ihre Bilder in roh gezimmerten Holzverschlägen auf der Straße ausstellen. Auch hier wird diskutiert, abgelehnt und verworfen, und wenn es auch nicht immer die besten Arbeiten sind, die im Straßenhandel angeboten werden, so ist dieser fliegende Bildermarkt zumindest ein Beweis für die naive, unverdorbene und spontane Art, mit der sich diese Stadt den Dingen der Kunst verpflichtet fühlt. Die französischen Könige haben die Kunst in Frankreich zu einer öffentlichen Angelegenheit gemacht. Diese Tradition wirkt noch heute nach. Sie verleiht selbst der abgeschabtesten Samtjacke, die sich im Schatten des Montparnasse herumdrückt, den verblichenen Glanz einer großen und ruhmreichen Vergangenheit.

Gestern zu einem Vortragsabend des berühmten »Club du Faubourg«, der als literarisch-politischer Debattierklub in Paris eine große Rolle spielt. Maurice Dekobra sollte über das Thema »Die Cocktails und die Liebe« sprechen. Als wir hinkamen, war die Salle Wagram, ein Konzertsaal, der nicht viel kleiner ist als die Philharmonie in Berlin, bis auf den letzten Platz besetzt. Auf dem Podium saß, in einer Wolke von Eitelkeit und Zigarettendunst, ein vergnüglich plaudernder Elegant, dessen zumeist erotisch gemeinten Aperçus von einer sichtlich belustigten Menge applaudiert wurden. Zwei Schritte von dem Redner entfernt, im Hintergrund des Podiums, war eine Bar aufgebaut, vor der sich ein Mixer in weißer Jacke bemühte, eine Reihe alkoholischer Getränke für die bevorstehende Debatte zurechtzumachen. Nachdem Herr Dekobra, nachlässig zurückgelehnt, die manikürten Fingerspitzen zum letztenmal in sein Manuskript getaucht hatte, war der Vortrag beendet und die Diskussion begann. Sie begann mit dem Plädoyer eines Arztes, der nach vielen Verbeugungen hinüber und herüber – mais non, très aimable etc. – eines der bereitgestellten Gläser ergriff, um sich durch einen kräftigen Schluck von der Unschädlichkeit der Cocktails im allgemeinen und besonderen – nämlich in bezug auf den sexuellen Organismus – zu überzeugen. Nachdem sich außer ihm noch ein Rechtsanwalt und etliche andere Diskussionsredner teils für, teils gegen die (natürlich gratis verabreichten) Ingredienzen ausgesprochen hatten, erklärte der Vorsitzende die Versammlung für geschlossen. Der Mixer zog seine weiße Jacke aus. Die Bar wurde abgeräumt. Und man verließ, erquickt von dem handgreiflichen Ergebnis dieser Debatte, den Saal, nicht ohne sich vorher noch über die Themen der nächsten Vortragsabende vergewissert zu haben. Nein, man hatte nicht falsch gehört. Das Thema der nächsten Veranstaltung, die noch in derselben Woche stattfinden sollte, lautete: Der Faschismus. Das der übernächsten: Frankreich und der Kommunismus. Ob für diese Abende, ähnlich dem hier geschilderten, ebenfalls eine Reihe praktischer Demonstrationen vorgesehen waren, etwa in Form eines kleinen faschistischen Bombenattentats oder einer kommunistischen Massenhinrichtung, konnte der einigermaßen verwirrt dem Ausgang zustrebende Besucher leider nicht mehr in Erfahrung bringen.

Auffallend ist immer wieder die Lust am Experiment, der Mut zum Ungewohnten und Absonderlichen, obwohl es hierbei weniger auf den Inhalt anzukommen scheint als auf die *Geste*, mit der man sich in Szene setzt. Ich habe versucht, etwas über die Avantgardebewegung im französischen Film zu erfahren, aber die Bildstreifen, die in den sehr avantgardistisch sich gebärenden Studiotheatern vorgeführt werden, bestätigen nur die Vermutung, daß es sich, mit ganz wenigen Ausnahmen, um ästhetische Atelierspielereien handelt, die als photographische Manifeste, als Kameraexperimente gewiß ihren Wert haben, für die Entwicklung des künstlerischen Films aber nur sehr beiläufig in Betracht kommen. Auch das Standardwerk dieser Gruppe »Le Chien andalou«, ein surrealistischer Film, von dem sich das geistige Paris überrumpeln ließ, ist im Grunde nur ein verspäteter Nachzügler jener expressionistischen Caféhausscherze, die sich heute bereits überlebt haben: ein Gemisch von Grand-Guignol und verfilmtem Dadaismus, ein Angsttraum, ein Bürgerbluff, eine revolutionäre Farce. Es beginnt damit, daß ein Mann am Fenster steht und sich rasiert. Der Mond scheint. Der Mann geht mit dem Rasiermesser auf den Balkon. Großaufnahme: ein Auge, das langsam von dem Rasiermesser durchschnitten wird. Großaufnahme des Mondes: er sieht aus wie ein von Wolken zerschnittenes menschliches Auge. Damit ist bereits die Technik dieses Films angedeutet. Sie stellt den als Anregung interessanten, aber im Enderfolg mißglückten Versuch dar, eine Traumhandlung aufzubauen, in der Vorgänge des Unterbewußtseins mit optischen Mitteln ausgedrückt werden. Der Film besteht nur aus Assoziationen. Aber diese Assoziationen wirken gestellt; sie sind nicht aus der künstlerischen Atmosphäre des Traumes heraus entwickelt. Es ist eher Trick als Traum, eher Parodie als Deutung und Analyse. Damit fällt der Film formal in sich zusammen. Er wirkt nur noch intellektuell.

Im Salon der Madame M. Sie veranstaltet jede Woche einen musikalischen Tee, bei dem Werke moderner französischer Komponisten, die auch meist persönlich anwesend sind, zu Gehör gebracht werden. Man kommt in eine antiquiert, kleinbürgerlich anmutende Fünfzimmerwohnung. Der ganze Montparnasse ist versammelt. Seltsame Gestalten: ein russischer Emigrant, der die musikalische Darbietungen dazu benutzt, um sich heimlich satt zu essen; ein junger deutscher Schriftsteller, der seit einiger Zeit in Paris lebt und dort als »Junge Generation« herumgereicht wird; man erzählt sich, daß es ihm sogar gelungen sei, Monsieur Tardieu die Hand zu schütteln. Das alles ist in Paris nicht anders als in Berlin. Anders ist höchstens die Zusammensetzung des Publikums. Unter den Gästen prävaliert der Typus des Bohemiens, der noch genauso wie zu Murgers Zeiten mit Künstlerhut, Samtjacke und Flatterschlips die Gegend um das Café du Dome bevölkert. Geht man in den Räumen umher, die so eng sind, daß man sich kaum hinsetzen kann, so wird noch einmal deutlich, warum in Frankreich die Wohnkultur immer noch um Jahrzehnte zurück ist. In Deutschland, und namentlich in Berlin, hat sich zum Beispiel der Bauhausgedanke schneller und gründlicher durchsetzen können als in der alten Festungsstadt Paris, die bis in die Hinterhöfe und Lichtschächte hinein ihren historischen Charakter zu bewahren versucht. Gewiß, es gibt einen Corbusier, und es gibt andere, die sich um eine neue Baugesinnung bemühen. Aber sie arbeiten an der Peripherie. Man sehe sich einmal die großen Pariser Luxuskinos an: Prachtpaläste im Jugendstilgeschmack; ein moderner Zweckbau wie etwa das Mendelsohnsche »Universum« in Berlin wäre hier undenkbar. Und man begreift plötzlich, warum die von Gropius im Grand Palais veranstaltete Werkbundausstellung von der Pariser Kritik geradezu hymnisch gefeiert wurde. Es war wie der *Temps* in einer klugen und sehr eingehenden Besprechung ausführte, der Einbruch einer neuen und in dieser Geschlossenheit bisher unbekannten, industriellen Welt, der die Pariser zum erstenmal von der konsequenten und eindeutigen Programmatik einer deutschen Nachkriegsarchitektur überzeugte. *(1930)*

Krise des Geschmacks

Sehr verehrter Herr Professor!
Bei der mir anvertrauten Arbeit, die sich mit der »Krise des Geschmacks« in unserer Zeit beschäftigen soll, dürfte es sich, wenn ich Sie richtig verstanden habe, weniger um eine fachkritische Untersuchung als um Klarstellung und Zusammenfassung von Eindrücken handeln, die sich dem unbefangenen, theoretisch unvorbereiteten Musikhörer darbieten. Erlauben Sie mir daher, eine Reihe von solchen Eindrücken in der mir sonst weniger geläufigen Ichform vorzutragen; es ist genug in der dritten Person diskutiert worden; sprechen wir einmal von uns selbst; treiben wir »praktische Publikumspsychologie«.

Ich beginne mit einem privaten Reiseerlebnis. Als ich mich im Sommer an der Nordsee aufhielt, entdeckte ich plötzlich in mir den Wunsch, irgend etwas zu singen. Aber was sollte ich singen? Vielleicht den »Kanonensong«? Ohne die (gewiß reizvolle) Instrumentierung erschien mir die Musik recht unergiebig. Weiter. Strawinsky, Hindemith? Herrlich – aber gesanglich viel zu schwer, ich konnte nicht drei Takte zusammenbringen. Was blieb mir also übrig? Ich sang – Puccini.

Man lache mich nicht aus. Ich habe mit Absicht dieses Beispiel gewählt, weil ich glaube, daß es am besten jene Krise aufzeigt, von der hier gesprochen werden soll. Wir leben in einer Übergangszeit. Auf der einen Seite ist die musikalisch interessierte Jugend innerlich längst von den Repertoirewerken der vorigen Generation abgerückt. Andererseits aber sind die Formen und Inhalte der »Neuen Musik« noch nicht so weit in das Bewußtsein der Zeit gedrungen, als daß man jeweils von ihnen Gebrauch machen könnte. Man weiß um ihre Existenz, man kennt ihre Schlagworte, aber als ein musikalischer

Besitz werden sie höchstens von denen betrachtet, die sich ausübend oder theoretisierend mit ihnen beschäftigen.

Woran liegt das? Es liegt, glaube ich, nicht so sehr an der »Neuen Musik« selbst als an gewissen Leuten, die aus ihr eine Angelegenheit der Mode und der literarischen Salons machen wollen; an jenen Mitläufern und Irgendwiebegeisterten, die jede neue Bewegung aufgreifen, nur weil sie neu, nur weil sie eine »Bewegung« ist, und die mit ihrem »atonalen« Geschwätz eine unklare und verworrene Vorstellung von dem, was tatsächlich vorgeht, in die Menge getragen und ein an sich vielleicht aufnahmebereites Publikum der »Neuen Musik« entfremdet haben. So kommt es, daß sich heute zwei feindliche, einander verständnislos gegenüberstehende Hörerfronten gebildet haben. Die einen möchte ich kurz als die *Beethovenhörer* bezeichnen: vererbter Stammsitzgeschmack, vererbter Glaube an alles »Erhabene« und »Schöne« und an die Wertbeständigkeit der sozusagen unantastbaren »Ewigkeitswerke«. Bekenntnis zum Virtuosentum und zu den Stardirigenten als den Repräsentanten »hingebungsvoll nachempfindender« Musikpflege. Das Konzert als gesellschaftliches Ereignis. Das Konzert als ethisches Orakel. Eine Gemeinschaft von Gottsuchern, die vor dem letzten Satz aus dem Saal stürzen, um ihre Garderobe in Sicherheit zu bringen. Immerhin: eine Gemeinschaft.

Zweitens: die *Aufgeklärten*. Gemeint sind nicht etwa die snobistisch an der »Neuen Musik« Interessierten (siehe oben), sondern jene Künstler, Kritiker, Intellektuelle, die von der Notwendigkeit einer musikalischen Erneuerung überzeugt sind, die Programmatiker, die geistigen Vorkämpfer, die eigentlichen Führer der Bewegung. Auch hier: eine Gemeinschaft. Aber diese Gemeinschaft vollzieht sich abseits von den Brennpunkten des musikalischen Verkehrs, abseits von den großstädtischen Publikumsmassen, denen die Teilnahme an den meist außerhalb Berlins stattfindenden Musikfesten und Sonderveranstaltungen aus materiellen Gründen versagt bleiben muß. So wichtig – wichtig als Diskussionsbasis – diese Musikfeste für einen alljährlich sich einfindenden geistigen Vortrupp auch sein mögen – wer nicht dazu gehört, wer nicht das Glück hat, von einer Redaktion geschickt zu werden, muß zusehen, wie er die Mittel für eine Reise nach Baden-Baden aufbringt. Die Masse bleibt zu Hause und erfährt aus der Zeitung, daß es in Baden-Baden Krach gegeben hat. Kein Wunder, daß der Laie mit dem Begriff der »Neuen Musik« mehr und mehr etwas Dunkles und Unverständliches verbindet, eine

Geheimmusik, eine Musik für Fachleute. Ihre Wirkung dringt nicht nach außen. Sie betrifft nur die bereits Eingeweihten.

Was ist die Folge? Mißtrauen und Unkenntnis, Mißtrauen *aus* Kenntnis auf der einen, Vereinsamung und Isolierung auf der anderen Seite. Ich entsinne mich eines Abends bei Klemperer. Man gab die »Geschichte vom Soldaten«. Das Theater war mit Volksbühnenbesuchern besetzt. Wer applaudierte? Ein paar Literaten, die im ersten Rang saßen. Sonst: Gekicher, Kopfschütteln, Unverständnis. Ein Ausnahmefall? Ich glaube, es gibt keine Masse, die naiv, unvorbereitet, von sich aus zur »Neuen Musik« kommt. Aber es gibt Leute, die meinen, man müsse etwas für die Masse tun. Sie erinnern an die Musikpflege vergangener Zeiten, etwa des Barock, und behaupten, daß auch heute eine ähnliche Musikbereitschaft möglich sei, indem das Publikum selbst zur Mitarbeit, zum Mitspielen und Mitsingen erzogen werde. Nur wird bei alledem vergessen, daß es unmöglich ist, historisch gewachsene und abgeschlossene Erscheinungsformen, die aus einer ganz anderen geistigen und sozialen Situation heraus entstanden sind, ohne weiteres in unsere Zeit zu verpflanzen. Das Problem der »Neuen Musik« ist ein soziologisches. Niemals zuvor ist die Masse derart vom Existenzkampf absorbiert worden, niemals hat eine Zeit weniger Gelegenheit gehabt, ihre Geduld, ihre Energie, ihre Nervenkraft für eine Musik freizumachen, die nicht »genossen«, sondern erarbeitet und womöglich mit der Partitur in der Hand studiert werden soll. Es gibt nur eine Möglichkeit. Nicht die Masse ist an die »Neue Musik«, sondern die »Neue Musik« ist an die Masse heranzuführen. Mit anderen Worten: Abkehr von der Esoterik, vom Sektiererischen. Verzicht auf die Geste, Verzicht auf den l'art pour l'art-Standpunkt, hinter dem sich gewisse Repräsentanten der »Neuen Musik« immer noch verstecken. Das Beispiel der »Dreigroschenoper« ist bekannt. Es ist der erste und in seiner Art einmalige Versuch, ein vom Fachjargon usurpiertes und mit Formulierungen verbarrikadiertes Kunstgebiet dem großen Publikum zurückzugewinnen. Als Gegenbeispiel möchte ich den Fall eines Musikers nennen, der aufgefordert wurde, die Begleitmusik zu dem Film »Sprengbagger 1010« zu schreiben, der vor kurzem im Mozartsaal lief. Ich weiß nicht, welche Rolle Walter Gronostay innerhalb der »Neuen Musik« spielt, aber ich weiß, daß die von ihm verursachten Nebengeräusche nach wenigen Tagen abgesetzt werden mußten, und ich glaube, daß derartige Entgleisungen wenig geeignet scheinen, ein schon ohnedies skeptisch gestimmtes Publikum von der Notwendigkeit einer neuen

Kinomusik zu überzeugen. Dabei wäre es grade von hier aus möglich gewesen, den verwaschenen Kartothekgeschmack, nach dem heutzutage immer noch Filmmusiken zusammengestellt werden, durch eine weithin sichtbare Leistung zu überrumpeln. Daß es auch diesmal nicht geschehen ist, daß sich die »Neue Musik« wieder eine Chance hat entgehen lassen, um jenseits der von ihr bezogenen Kampfstellung praktische Publikumspropaganda zu treiben: das, sehr verehrter Herr Professor, scheint mir typisch für eine Bewegung zu sein, über deren Veranstaltungen unsichtbar die Worte stehen: »Unbefugten ist der Zutritt verboten«.
(1930)

»Der fröhliche Weinberg«
Im Theater am Schiffbauerdamm

Das orgiastische Versöhnungsfest des deutschen Theaterpublikums mit der jüngsten Generation! Deren stärkster lyrischer Exponent rechtfertigt einen jahrelang mit Erbitterung geführten, fast schien es: aussichtslosen Kampf ums Theater. Noch bei der zweiten Aufführung wurde der Dichter vor den Eisernen gerufen: Denkwürdiges Kalenderjahr 1923.

Dieses Lustspiel derb-fröhlicher Weinseligkeit steigt zu Kopf wie herber, ausgekühlter Pfälzer. Das Lebensgefühl eines gesunden Menschenschlages. Klima und Sonne einer begnadeten Landschaft sind für die Bühne gewonnen. Zuckmayer hat den rheinischen Menschen theaterfähig gemacht, wie damals Hauptmann den Schlesier. Und das soll mit Ganghofer, Kadelburg oder gar Blumenthal etwas zu tun haben? Wer hier nicht die Pulsschläge einer an heimischer Erde gesättigten Vitalität heraushört, der weiß nichts mehr von dem heißen Leben und Lieben im Weinberg, der hat den Kontakt mit den großen und einfachen menschlichen Angelegenheiten verloren, dort, wo sie ins Possenhafte und Unbekümmerte hinüberschlagen, der geht nicht mehr den Weg allen Fleisches, sondern den des Papiers. Zuckmayer aber hat die Sehnsucht einer lebens- und theaterhungrigen Generation, wieder Fleisch zu werden und wie Fleisch zu leben. Seine Menschen stehen mit beiden Füßen auf dem festgegründeten Boden ihrer rheinischen Mundart. In den Ställen grunzen die Säue, und ein Misthaufen überduftet verliebte Nächte. Bei Zuckmayer geht es endlich wieder einmal ungedruckt zu. Ein paar blonde Mädels schreien nach

ihren Männern, guten, lustigen Gesellen, die mit Raufen, Lachen und Singen durch die Weinberge streifen und ihre Liebste kurzerhand, wenn das Blut sich in ihnen regt, in die Ligusterlaube tragen. Ein Rheinschiffer spricht zu einem Mädel, er sei zwar auch nicht mehr Jungfrau, aber mit ihr erginge es ihm wie beim erstenmal. Das sind kräftige, helle, urtümliche Laute – obwohl Zuckmayer nicht immer so starke Formulierungen findet. Und zum Schlusse gibt es vier legitime Verlobungen rund um den dampfenden Misthaufen. Die Diktatur des Intellekts im Drama ist gebrochen, der Weg zum großen Publikum ist wieder frei. Der Regisseur Bruck packte unbekümmert zu und ließ es namentlich bei der großen Holzerei im zweiten Akt nicht an Krach, Bums und herzhafter Allotria fehlen. Eduard von Winterstein als Weingutsbesitzer Gunderich hatte den sonoren, prachtvoll gerundeten Umriß der Gestalt. In schnoddriger Aufgeblähtheit zwerchfellerschütternd, Falkenstein als norddeutscher Maulheld. Käte Haack, dialektisch nicht immer einwandfrei, aber frisch, beweglich und sehr jung, spielte die heißblütige Weinbergtochter, während Grete Scherk am sichersten die Mundart traf.
(1925)

»Die Räuber«

Erstaufführung im Staatstheater

Ein hinreißender, ein betäubender Abend. Piscator, der Regisseur dieser genial angelegten »Räuber«-Inszenierung, wurde stürmisch gerufen. Er hat gestern abend ein Jahrhundert Deutschunterricht hinweggetrommelt. Und einen Klassiker, als er noch »junge Generation« dichtete, in die Gegenwart übersetzt.

Piscators Bearbeitung stellt aus verschiedenen Fassungen ein neues »Räuber«-Drama auf die Bühne. Ein Drama der Masse, ein Drama der proletarischen Bewegung und ihrer Führer, der Moor, Spiegelberg, Schweitzer, Roller. Masse Mensch – nicht von Toller, sondern wie es der junge Schiller heute gedichtet hätte: hart, kantig, konstruktiv. Piscator schiebt Monologe übereinander, bis sie Szene werden. Das Schloß der Familie Moor ist eine Zitadelle aus Blut und Eisen. Amalie singt nicht mehr das Lied von Hektor und Andromache. Alles Süße ist ihr genommen. Eine wilde, besessene Person. Und Karl Moor, anstatt sich auf die bewährte Art, mit den bewährten Worten, der irdischen Gerechtigkeit auszuliefern, schießt sich mit dem Revolver vor die Stirn. Romantik, Spiel, Kompromiß sind ausgelöscht. Piscator ist der deutsche Eisenstein.

Sein stärkster Mitspieler ist der Raum. Von hier aus hat Piscator die Vision seiner »Räuber«-Inszenierung empfangen. Er reißt den Boden auf und baut einen Wald, in dem sich das schweifende Hin und Her der Räuber ordnet und verliert. Er löst Massen auf und ballt sie zusammen. Er peitscht sie zum Ausdruck, bis sie schreien. Prachtvoll, wie er Franz Moor um das Schloß (von Traugott Müller entworfen) herumtreibt, durch alle Zimmer jagt bis aufs Dach. Hier ist eine dramatische Exzentrik erreicht, die sich mit maschineller Präzision entlädt. Ein großartiges Bewegungstheater, das der Potemkinkomponist Edmund Meisel mit einem erregenden Gemisch zwischen Jazz und Internationale begleitet.

Schade, daß Piscators Absichten sich nicht immer auf die Schauspieler übertrugen. Karl Ebert ist ein uninteressanter Karl Moor, der sein Revoluzzertum griesgrämig nach innen trägt, und Erwin Faber, so heftig er sich auch als Franz entfaltete, versagte an der entscheidenden Stelle: Die Vision des Jüngsten Gerichts verpuffte vollkommen. Um so intensiver Paul Bildt als Spiegelberg. Glänzend, wie er sich in Haltung und Tonfall zusammenhielt und die Satzperioden herunterstürzte, jedes Wort, jeden Buchstaben artikulierend. Eine außergewöhnlich beherrschte Leistung. Sehr gut auch Ferdinand Hart als Schweitzer, Veit Harlan als Roller und Fritz Valk in der irr verlöschenden Agonie des alten Moor – vor allem aber jene Namenlosen, die sich unter der Parole Piscators zu disziplinierten Räuberhaufen zusammenschlossen.

(1926)

Karl Valentin

Im Kabarett der Komiker

Er beginnt mit dem weltberühmten »Vorstadtorchester«.

Links vorn, in der ersten Reihe, gleich neben dem Dirigenten: das ist er. Ein dürrer, mürrischer, unangenehmer Kerl. Schwarze Hornbrille ohne Gläser (»besser als gar nix«), Spinnenbeine, die er zuweilen unbehaglich ineinanderdreht. Sein Fach ist die Trompete, aber er kann alles, auch Geige, Pauke und Tambourin. Aber das kommt erst viel später. Denn bevor es überhaupt zu etwas kommt, sind da noch gewisse Störungen. Beispielsweise ein Notenpult, das sich wie ein Wetterhahn periodisch zu drehen beginnt, oder das »Krawattl« vom Herrn Dirigenten (Lisl Karlstadt, seine famose Partnerin), oder die Geschichte vom Radfahrer... Endlich ist man so weit. Der Dirigent hebt den Stab. Und nun kommt diese bodenlose, impertinent abwegige Frage:

»Pause?«

»Wieso Pause?« fragt der Dirigent. »Wir haben ja noch gar nicht angefangen.«

»Weil Sie sagten: Pause.«

»Ich hab' g'sagt: Pause: Sie hamms g'sagt!«

»Drum. Ich hab's doch gehört.«

Und dann beginnt also die Ouvertüre. Valentin bläst. Es ist ein wildes, verzweifeltes Wettrennen, ein Nachhinken am Rande der Musik. Notenpult, Tambourin, Paukenklöppel, Bierglas, Kragen, Schlips, alles steht gegen ihn auf, türmt sich haushoch, zieht, zerrt, fällt, kracht rings umher, und in einem hinreißenden Finale von Notenangst und Notenverachtung vollendet sich das Chaos der Instrumente.

Zuletzt Valentins beste Szene: »Der Firmling«. Das läßt sich nun überhaupt nicht mehr nacherzählen, man kann es nur flüchtig andeuten. Ein vornehmes Weinrestaurant. Es treten auf: Karl Valentin, ein angeregter, etwas unsicherer Hinterwäldler mit Spitzbart, an der Hand den Firmling (Lisl Karlstadt). Beide leicht angetrunken. Sie wählen einen Tisch. Und nun beginnt derselbe beklemmende, völlig verwahrloste Kleinkampf mit dem Inventar. Der Tisch fällt um, Stühle, Gläser, Teller, eine Schüssel mit Maccaroni, die sich in die Taschen, unter den Hut, in den Halsausschnitt verirren, der Pate wälzt sich betrunken am Boden, und dem Firmling wird übel, weil er die erste Zigarre geraucht hat. Aber: »heid is zünfti...« Überwältigend dieser unsichere, gewaltsame, armselige Festhumor dieser beiden, die gekommen sind, um sich auf jeden Fall zu amüsieren, diese Beharrlichkeit im Mißgeschick, dieses verschmitzte, pfiffige, bauernschlaue »Nun gerade«. Unbeschreiblich.

Ein genialer Clown (und, wie Grock, auch ein großer Artist und Musiker. Ein bayerischer Buster Keaton. Mit diesem verbindet ihn die Art seiner Groteske, jene unlogische, überlogische Kunst, Dinge überraschend aus dem Zusammenhang herauszugreifen, ein Wort, einen Satz, einen Kragenknopf, eine »Krawattl«. Aber das ist nur die eine

Seite. Man wird das Geheimnis seiner Komik niemals ganz begreifen. Und das ist vielleicht ihr tiefstes Geheimnis.
(1928)

Klassiker der Leihbibliothek

»Du liesest so oft in mir, Friedrich, daß ich auch einmal in dir lesen möchte.«
Rudolf Herzog, »Wieland der Schmied«.

Kitsch, Schund, Kolportage – diese Schlagworte beherrschen die Journale einer Übergangszeit, deren Nervenzusammenbruch einer allgemeinen Müdigkeit am Wort Platz gemacht hat. Offenes Geheimnis, daß sich allenthalben eine Reaktion gegen das geschriebene und gesprochene Wort zugunsten sinnlicherer Materialien wie Farbe, Licht, Stein, Leinwand vollzieht. Selbst Männer von offizieller Bedeutung, Männer des öffentlichen Lebens, der Wirtschaft, des Handels und der Industrie bestätigen mit kokettem Lächeln ihre Vorliebe für eine inferiore Gattung unterhaltender Sensationsware. Wird gelesen, dann geschieht es, um nach des Tages nicht zu unterschätzender Müh' und Arbeit den Maschinenkörper tüchtig einzufetten. Diese Reaktion gegen zwei Jahrzehnte intellektualistisch aufgefärbten Kunstmittelalters ist gesund, kräftig und bestimmt nicht ohne Wirkung auf die Entwicklung unserer Kunst. Wir stehen heute, so scheint es, mitten in einer Rezeption kolportageähnlicher Spannungselemente, die, durch den Film wesentlich beeinflußt, eine Wiederaufnahme freundschaftlicher Beziehungen mit dem entfremdeten Publikum beabsichtigt. Eine Instinktbewegung von besonderer Heftigkeit, deren schöpferische Konsequenzen in eine weite Welt hinausführen. Wenn der Dichter nicht mehr mit narzißtischen Wollustgefühlen seine schöpferische Befriedigung in der Heraustreibung aparter Wortgespinste sucht, sondern Material herbeischafft, Farbe, Licht, Stein, Zement, wenn er Europa als »Stein unter Steinen« sieht, Kontinente um die Achse seiner Bewegung rotieren läßt, wird aus allgegenwärtigem Drum und Dran noch eine Zukunft. Wir glauben an diese Gegenwart. Wir glauben an diese Zukunft.

Nebenbei aber, liebe Freunde, laßt uns ein wenig im Trüben unserer Unterhaltungstümpel fischen. Was wißt Ihr denn, feingliedrige Symbolfresser, von den Auflagenziffern der Genossen Herzog,

Stratz, Skowronneck und Zobeltitz? Rudolf Herzog, beispielsweise, erreichte mit den »Wiskottens« 320 000, mit den »Stoltenkamps« 265 000 Exemplare, und von seinem neuesten Roman »Wieland, der Schmied« war, vier Wochen nach Erscheinen, das 1. bis 50. Tausend vergriffen. Die Skowronnecks und Zobeltitze gehen ebenfalls in die Hunderttausende. Es ist nützlich, einmal mit schlichten Worten daran zu erinnern, daß heute jeder zweite Deutsche seinen Herzog im Topf hat, oder seinen Skowronneck, oder seinen Zobeltitz. Auf also, Ihr Lieben, folgt mir zum Gefilde der Seligen, wo die mit Fleiß erschriebenen Paläste stehen, vom Federvieh umgackert, umgirrt von den Lachtauben selten so gut aufgelegter Adepten.

I
Rudolf Herzog

> *»Ich war am Abend vor der Schlacht mit meinem General ein wenig das Gelände sichten gegangen. Bis zu den französischen Vorposten. Da kauert so ein armer Teufel und stopft sich das Pfeifchen. Wir liegen auf zehn Meter vor ihm hinter einem Busch. Der General befiehlt: Schießen Sie ihn ab, Leutnant. Ich sage: Herr General, er hat sich gerade einen Toback angezündet. Den möchte ich ihm vergönnen. Und ruhig hab ich zugeschaut, bis der Franzos sein Pfeifchen ausgeklopft. Dann ›päng!‹ – Da lag er. Nicht um ein Tabackblatt früher.«*
> *Der Bruder klopfte ihm zärtlich auf den Rücken. »Weiches Herz.«*
> *(Die Stoltenkamps und ihre Frauen)*

Der also in leichter Rede von der Weichheit des deutschen Herzens vor dem Feinde kündete, ist kein Geringerer als der in Schrift und Gesinnung erprobte, nibelungentreue, schwarzweißrote Held der deutschen Leihbibliotheksseele, Rudolf Herzog, geboren 1869 in Barmen unweit des Niederrhein, an dessen Gestade der junge Herzog schon frühzeitig die Weihen heimatlichen Lebensgefühls empfangen durfte. Der Rhein in Sprache und Schrift, und hier ganz besonders der Niederrhein, der Rhein als atmosphärisches Erlebnis, als Sinnbild, ja als mythische Gestalt fließt denn auch mit Vorliebe durch alle seine Romane und gibt ihnen ein von den Wogen heimatlicher Begeisterung umspültes Lokalkolorit. Und nur in einigen, verschwindend wenigen Fällen, wie zum Beispiel in den »Hanseaten«, hat sich die zeugende Phantasie unseres Dichters nordwärts, in rauheren Bezirken der Seele anzusiedeln versucht. Nicht mit dem gleichen Erfolg, versteht sich, denn die Standardwerke herzoglicher Heimatkunst sind und bleiben im Rheinland zu Hause, »Die Wiskottens«, die in den Jahren 1905 bis 1916 mit 120 Auflagen seinen Ruhm begründeten, »Die vom Niederrhein«, »Die Stoltenkamps und ihre Frauen«, und dann vor allem das letzte Werk, jenes bombastische Heldenepos der deutschvölkischen Freiheitsbewegung, »Wieland, der Schmied«, dieser infernalisch-perverse Dolchstoß in die hinteren Weichteile der neuen deutschen Republik, diese hundsgemeine, unflätige Verhöhnung der schwarzrotgoldenen Freiheit, dieser Blutrausch, der sich an Worten selbstbefriedigt, dieser Gesinnungskitsch auf der ganzen Linie.

Schade, daß Herzog sich so entwickeln mußte. Schade um einen Schriftsteller, der immerhin Vehemenz der Mitteilung, Erzählerfreude und einen nicht unbeträchtlichen Instinkt für die literarischen Bedürfnisse der großen Masse in seinen Büchern spüren ließ. Dieselbe Begabung, ein wenig mehr ins Geistige gesteigert, dieselbe Spannkraft, derselbe Instinkt, ein bißchen höher hinaufgetrieben, hätten noch gute, zeitgenössische Unterhaltungsware liefern können. Aber Herzog schreibt nur mit der Nase. Er hat den Riecher für die Schlagworte der Zeit wie für die penetranten sentimentalen Ausdünstungen der kleinen Leute. Er kennt sein Publikum, dessen literarischen Willen er vollstreckt, die geheimen Wunschbilder der anonymen Majorität: Größe, Macht, Vaterland, Elternliebe und Gattentreue. Immer stirbt irgendwo ein Vater und hinterläßt seinem Sohn ein unvollendetes Lebenswerk, immer soll irgend etwas geahndet, wiedergutgemacht oder bestraft werden, denn immer kommt das Böse zu Fall und triumphiert das Gute. Die Welt als Wille und Vorstellung einer bestimmten, kleinbürgerlichen Gesellschaftsschicht, die sich nach des Werktags Arbeit in eine höhere Sphäre repräsentativer Geltung hinaufträumen möchte, die Welt als Schauplatz großer menschlicher Unternehmungen, die, in ihren wahren Verknüpfungen der Kontrolle des Lesers entzogen, stets in einem gediegenen, arbeitsamen und vaterlandsliebenden Pflichtbewußtsein wurzeln und somit das freundliche Walten eines nicht minder moralisch funktionierenden Weltgewissens demonstrieren. Vor dem Krieg war es die Welt des Großunternehmertums und der Industriekapitäne, deren zähe Arbeitsenergie phantastische Vorstellungen in den Gehirnen der Masse hervorrief. Damals schrieb Herzog in den »Stoltenkamps« die Genealogie des Hauses Krupp, ein Idealbild deutschen Bürgertums um die Mitte des vorigen Jahrhunderts. Der Vorwurf war groß, kühn und zuweilen nicht schlecht verarbeitet: Helden der Arbeit, Fanatiker der Organisation, deren Namen in aller Munde waren, wuchsen aus dem dumpfen Erdreich ihrer kärglichen Existenz zu weltpolitischer Bedeutung.

Gestern waren es die Helden der Arbeit, heute sind es die Helden der Straße, die politischen Bankrotteure, Vagabunden und Geheimbündler, an denen sich Herzogs Schaffenslust berauscht. Denn nun neigt sich sein schriftstellerischer Weg mit erschreckendem Gefälle zu jenem ideologischen Urschleim programmatischer Unsachlichkeit, der sich als Restprodukt aussichtsloser weltanschaulicher Bemühungen allabendlich an den Stammtischen, in den Kabaretts, Hofbräuhäusern und Ehebetten zu einem widerlichen Phrasenbrei anzusammeln pflegt. Die heldische Geste blitzt unter dem Schlapphut des deutschen Idealisten hervor, die heldische Attrappe mit dem angeklebten Wotansbart. »Zwei Worte – Feind und Vaterland – und alles ist gesprochen.« Dieses skrupellose Vorbeisehen an jeder menschlichen und politischen Realität aber entfaltet in »Wieland, der Schmied« eine quallige Gesinnungspampe aus Blut, Eisen, Brutalität und Familiensinn, deren literarischer Niederschlag einen fleißigen Besuch gewisser germanistischer Proseminare unschwer erkennen läßt. Der Held dieses Romans trägt den streng rituellen Namen Friedrich Thorsberg, ein Name, der es, wie man zu sagen pflegt, »in sich hat«, denn der also Behaftete apostrophiert für gewöhnlich sein ihm ehelich angetrautes Weib mit der schönen Wendung »meine Frau Minne, Fürstin von Niemandsland«, und sie erwidert ihm: »O du mein Fridericus Rex«. Das führt dann weiter zu rauschenden Wortkaskaden, wie etwa diesen:

> »Mama«, sagte das Mädchen am Waldrand, »Mama« ... Und der Junge noch leiser fast: »Mutter – seht doch nur ... die Mutter.«
>
> »Ja, Kinder, sie ist die schönste Frau. Uns ist sie es.«
>
> »Vater, kann das Leben schöner blühen als die Mutter blüht? Kannst du nicht noch hoffen, Vater?«
>
> »Hoffnung ist bis zum Grabe, Gert. Wer sie vorher aufgibt, ist ein Feigling.«
>
> »Nein, ein Feigling bist du nicht«, murmelte der Sohn, und ein wildes Lachen lief über sein Gesicht.

»Ich glaube es selber nicht, Gert.«

Und er formte die Hände am Mund, wie wenn er dem Wilde den Lockruf gäbe.

»Minne«, rief er hinüber. »Frau Minne, Mutter Minne... Ich ruf dich mit dem Namen der Geliebten, der Gattin, der Mutter! Dreifach die Beschwörung...«

Die weißgekleidete Frau regte sich nicht. Sie lag, als ließe sie sich von den Worten liebkosen.

»Minne, Frau Minne, Mutter Minne...«

Jetzt zog sie die Fingerspitzen aus dem Haar, winkte mit der Hand einen Gruß.

»Kommt her, ihr meine drei.«

Wie ein Wettlauf brauste er daher. Die Jungen flogen wie der Wind. Aber der gestählte Manneskörper warf sich durch Büsche und Hecken hindurch, als wären es Halme. Vor ihr fiel er auf beide Knie.

»Hier ist dein Ritter, Fürstin von Niemandsland. Grau geworden, gelt, du? Aber sonst noch bei Wege.«

»Wildfang.«

Dieser kleine Wildfang, im erwachsenen Zustand angeblich Professor der medizinischen Fakultät, ist überhaupt kräftig bei Wege. Er hält an der Münchener Universität ein Kolleg über Menschen- und Rinderpest und versäumt dabei nicht, wie der Verfasser mit Stolz geschehen läßt, beinahe in jedem Wort eine Beziehung zu der »Not und Bedrängnis im deutschen Vaterlande« zu finden.

»Und es geschah bald, daß die Hörer, verstärkt durch Studierende aller Lehrfächer, nicht so sehr mehr den tiefgründigen wissenschaftlichen Erklärungen lauschten, als spannungsvoll den Augenblicken entgegensahen, da die Blitzlichter aufsprangen und in furchtbarer Bedeutsamkeit den Nachthimmel in Flammen setzten... Ohne eine Miene im Gesicht zu ändern, sprach Friedrich Thorsberg über die Bekämpfung der Seuchen in Afrika und erntete einen leidenschaftlichen Beifall, als habe er über die Austilgung des letzten Schandflecks in Deutschland gesprochen.«

Fürwahr, ein edler akademischer Anlaß zur Diskussion vaterländischer Belange. Die Rinderpest und ihre Bekämpfung – ein Beitrag zur nationalen Ertüchtigung unserer Jugend. Denn darauf hat es Herzog nun einmal abgesehen. Nichts mehr von einer lieblichen Wein-, Weib- und Gesang-Romantik. Herzog will ein Geschlecht von Drachentötern!

»Nicht böse sein. Wir Frauen dieses späten Jahrhunderts haben zuweilen eine Sehnsucht nach einem furchtlosen Wiking – oder sonst einem wilden Drachenhelden. Gottlob, jetzt lachst du.«

»Ich lache, weil ich deine sorgsam gepflegte Hand auf den Teerplanken eines Drachenschiffes ruhen sehe.«

Da hat sie natürlich nichts zu suchen, die Hand, denn Rudolf ist im entscheidenden Augenblick völlig ein Versager.

»Verführerin«, schwang es in seinen Sinnen. »Du könntest einen Heiligen schwül machen. Man muß schon ein Arzt sein und ein echtes und rechtes Frauenherz in allen Schlägen kennen, um zu wissen, daß bei dir der Fleck leer ist.«

Nein, Altmeister Herzog läßt sich nicht schwül machen, und »der Fleck« ist bei ihm tüchtig vollgestopft und genudelt wie eine Gänseleber. Denn so geziemt es sich für den Herold deutscher Manneskraft, der die »am Boden schleifenden Zügel des Vaterlandes« mit der Spitze des von Wieland, dem Schmied, dreimal gehärteten Schwertes emporreißt. Toll, was dieser Herzog in seinen Verdrängungen alles ausknobelt. Einmal skalpiert er zweihundert Sonderbündler in einer Schlucht. Ein andermal wirft er Bomben unter die Feinde – auf eine geradezu perverse Art: er hält seine Tochter an den Fußgelenken aus dem Fenster, bis sie sich mit ihrem herabhängenden Kopf dicht über dem feindlichen Fenster befindet, sie nimmt die Bomben aus dem Mund und wirft sie in das Zimmer – um dann mit fröhlichem Schmunzeln zu konstatieren: »Die Bomben haben prachtvoll gewirkt!« – Er zeigt die völkischen Helden Ludendorff, Hitler, Ehrhardt mit den Glorienscheinen des politischen Märtyrertums. Er schildert den Ruhrkampf, Schlageter, die Befreiung Ehrhardts aus dem Leipziger Gefängnis, den Kampf gegen die rheinischen Sonderbündler und den ruhmreichen Untergang völkischer Helden durch die Felonie des Herrn von Kahr. Auch hier ist der Vorwurf kühn, ja großartig gedacht und von einem politischen Fanatismus getragen, der, kurz vor dem Durchbruch ins Pathologische, sein entfesseltes Gesinnungstheater einer Welt von Kurzdenkern vor Augen führt.

II
Rudolf Stratz

> *»Scheltet mir nur unsern deutschen Idealismus nicht!« sagte er. »Es ist das Beste, was wir haben!... Wenn wir's nicht mehr haben, sind wir am Ende. Es hat uns über zwei Jahrtausende weggetragen – von der Völkerwanderung zu Luther und Bismarck!... Immer nur, wenn wir bereit waren, alles zu opfern, haben wir alles wiederbekommen...«*
>
> *Rudolf Stratz, »Seine englische Frau«*

Hüter der öffentlichen Meinung, deren beharrlicher Zynismus in Fragen höherer Kulturarbeit auf eine systematische Vergiftung jener Quellen, Bronnen und Brünnlein hinzielt, aus denen unser Volk tagtäglich seine geistige Nahrung zu schöpfen pflegt, beunruhigen die Welt mit bösartigen Gerüchten: Rudolf Stratz, der Nurmi neudeutscher Epik, sei gar kein singuläres Wesen, sondern ein Kollektivum, ein Name für eine großzügig in Betrieb gehaltene Romanfabrik irgendwo im Süddeutschen, die, nach Art mittelalterlicher Kunstwerkstätten, eine nicht unbeträchtliche Anzahl von Gesellen und Handwerkern mit der Ausführung meisterlicher Entwürfe beschäftige. Dieser Aberglaube, von dem Haß journalistischer Emporkömmlinge meuchlings genährt, ist noch immer im Volke verbreitet und kommt gleich hinter dem Märchen vom gekrönten Hasen und der großen Seeschlange. Denn Rudolf Stratz ist weder ein überindividuell schaffendes Gemeinwesen noch die Schutzmarke für ein neues mechanisches Verfahren zur Herstellung flüssiger Romanluft – Rudolf Stratz lebt, in leibhaftiger Identität mit seinem werktätigen Selbst, schlicht und bescheiden, ein Diener am Wort: kurzum: eine geistige Persönlichkeit.

Was ist und wie wird man eine geistige Persönlichkeit? Es empfiehlt sich folgendes Rezept: Man nehme einen guten Eßlöffel feingeriebener Weltanschauung und schwitze sie in eine mit Öl sorgfältig ausgewischte Form. Sodann röste man ein halbes Dutzend bereits leicht historisch gewordener Zeitprobleme auf der Pfanne und stürze sie, unter fortwährendem Schwenken, in die inzwischen mehrmals vorgewärmte Form. Ein paar Tropfen Wermut, etwas Lorbeer und eine Messerspitze englischen Senfs geben der Speise einen pikanten Beigeschmack. Nun wird das Ganze noch einmal im Ofen überbacken, feste geläutert und mit Zucker und Rosenwasser so lange überschüttet, bis es ganz süß schmeckt. Die Portion reicht für mindestens 100 Auflagen.

Wie, und eine solchermaßen in der Garküche ethischer Paradegerichte destillierte Persönlichkeit sollte das Signum ihrer Individualität jemals verwischen können? Wer einmal mit Bewußtsein einen Roman von Stratz gelesen, gelebt und gelitten hat bis zu dem Ende, wo sich, nach unsagbar qualvollen Prüfungen, ein ehemals unglücklich, nun glücklich liebend Paar zu fröhlichem Tun zusammenfindet, der weiß um die eigentümliche Fabelwelt unseres Meisters ein für allemal Bescheid, wie auch immer die Titel seiner Bücher lauten mögen. Denn der Titel ist alles. Er gibt die geistige Struktur an, das Milieu, die Menschen und ihre weltanschaulichen Konflikte, denen sie als echte deutsche Idealisten von der Völkerwanderung bis zu Bismarck verpflichtet sind. Wir nennen einige Titel im Vorübergehen und glauben damit die stoffliche Spannweite Stratzscher Erscheinungswelt, zumindest in groben Zügen, umrissen zu haben, Titel, die, wie man sieht, mit wenigen, knapp und charakteristisch gesetzten Worten bereits eine Vorstellung von dem erwecken, was den Leser erwartet. »Montblanc« und »Der weiße Tod« spielen natürlich in der Gletscherwelt, »Alt-Heidelberg, Du feine...« in dem zu ähnlichen Zwecken bereits mehrfach benutzten Neckarstädtchen, »Stark wie die Mark« in den märkischen Adels- und Offizierskreisen (Gothaischer Hofkalender, sämtliche Jahrgänge), »Seine englische Frau«, nur zur Hälfte in England, und »Das Licht vom Osten«, selbstverständlich nicht im Westen, sondern im äußersten Osten Deutschlands, im Baltikum.

Das hat alles seine Geschichte und will fein säuberlich untersucht sein. Rudolf Stratz, geboren am 6. Dezember 1864 zu Heidelberg, studierte zunächst Geschichte und widmete sich dann der Offizierskarriere. Sein Lebenslauf, der die für einen deutschen Dichter keineswegs ungewöhnliche Verquickung von schöngeistig-wissenschaftlichen und militärischen Interessen aufweist, hat ihn früh über Deutschland hinaus in fremde Gegenden Europas geführt. Denn Stratz ist, im Gegensatz zu seinem wilden Kollegen Herzog, mit dem er häufig, jedoch ohne innere Berechtigung, zusammengenannt wird – wie Goethe und Schiller –, Stratz ist keineswegs nur ein Schilderer deutscher Heimatzustände. Bramarbasiert bei Herzog die mit demagogischen Wortbomben bis an die, meistens falschen, Zähne bewaffnete Geschichtslüge, so imponiert Stratz durch den verhaltenen Patriotismus des Weltmannes, der eine ganze Menge gesehen und sich seine eigenen Gedanken über dieses von Europa in den Tod gehetzte Deutschland gemacht hat. Das mögen einige Sätze aus dem lapidaren Vorwort zu dem Roman »Das Licht vom Osten« deutlich machen.

»Das die gen Westen drängenden blinden zaristischen und panslawistischen Mächte der russischen Völkerwanderung den Untergang des festländischen Europas verschuldet haben, ist, nach meiner Kenntnis Rußlands, meine feste Überzeugung. Ich habe ihr schon vor Jahren in meinem Buch »Das deutsche Wunder« Ausdruck verliehen. Daß auf die Entfesselung der russischen Unterwelt der Ausbruch des feuerspeienden Kraters französischer Vergeltungs- und Rachlust für Elsaß-Lothringen folgen mußte wie der Donner dem Blitz, suchte ich in meinem Roman »Der eiserne Mann« – daß England unter dieser ihm unheimlich günstigen Stellung der Gestirne zum entscheidenden Schlag gegen deutsche Weltgeltung ausholen würde, suchte ich in »Das freie Meer« in seinen seelischen Triebkräften darzustellen...«

Daß auf die blinde Entfesselung solcher und ähnlicher Aller- und Unterweltsmeinungen eine enorme Auflagenerhöhung folgen mußte wie der Donner dem Blitz, davon sprechen die Leihbibliotheken Bände. Daß ferner diese für die Verleger unheimlich günstige Stellung der Gestirne den erfolgreichen Stratz weniger denn je veranlaßte, seine tiefschürfende Geschichtsschreibung ein wenig den Tatsachen anzupassen, ist bekannt. Warum auch sich um die Klärung wichtiger kulturmorphologischer Probleme bemühen, wo es doch auf die gute alte, mit Erzfeind und russischer Unterwelt geschickt jonglierende Stammtischmethode viel einfacher vonstatten geht. Denn Deutschland ist nicht Europa. Deutschland ist eine Provinz auf dem Mond, eingekeilt zwischen kannibalischen Völkerschaften, die Franzosen, Russen, Engländer genannt werden und in Güte nicht zu bezwingen sind. Bedauerlich, daß ein Schriftsteller, der nicht immer nur mit törichten Worten über ausländisches Wesen zu berichten weiß, auch manches klug Beobachtete über englische Gesellschaft in seinen Schriften mitteilt, daß dieser selbe Schriftsteller, wenn er sein Material in leicht erzählender Belletristik seinem Publikum zu unterbreiten sich anschickt, unweigerlich in jenen peinlichen Tonfall des deutschtümelnden Auguren verfällt, für den schließlich und endlich die Welt doch noch eines Tages an dem deutschen Wesen genesen wird. Das ist natürlich auch eine, geschickt am Diplomatenschreibtisch veredelte und weltanschaulich vertiefte Form der Demagogie, die, unter der

Flagge objektiver Tatsachenforschung, doppelt gefährlich ist. Um dies zu erfahren, braucht man durchaus nicht erst Kosmopolit von reinstem Wasser zu sein. Herr Stratz ist sicherlich ein weitgereister Mann. Aber wie wenig ihm Erfahrung, Wissen und Beobachtung zu einer nun wirklich aus dem angeschauten Material entwickelten *europäischen* Fragestellung verholfen haben, erhellt die Art, mit der er sich an läppischen Tagesbegriffen, wie »slawische Seele« und »asiatische Welle«, die in sich schon eine Verballhornung viel tiefer verketteter Problemkomplexe bedeuten, zu tiefsinnig brodelnden Erkenntnissen emporrankt. Die slawische Seele etwa sieht bei Stratz so aus:

> Auf der Schloßbrücke, die die große Newa überspannt, sausten an ihm die Schlitten vorbei. Petersburg, die Nachtstadt, wurde erst jetzt lebendig, wenn drüben hinter Kronstadt die karge Wintersonne als roter Nebelball im Eis des Finnischen Meers versunken war. Dann erwachten die vom Grau des Tages stumpfen Nerven. Die slawische Seele *zitterte* in raschen Schwingungen. *Fieberte* die langen dunklen Stunden hindurch. Fand erst in einer Zeit, wo Westeuropa sich beinahe schon wieder zur Arbeit erhob, die Ruhe und *dämmerte übernächtig* tief in den Tag hinein. Bis neun, zehn Uhr morgens war das Häusermeer an der Newa eine tote Stadt...

Aber die in raschen Schwingungen zitternde, fiebernde und dahindämmernde slawische Seele ist nichts im Vergleich zu der asiatischen Welle, welche bis an den Strand der Physiognomik schlägt:

> »Über Graf Wittekind Herzerodes hochmütige Züge ging wieder die asiatische Welle, das Erbteil seiner mütterlichen Ahnen von reinem Slawenblut...«

Genug nun von dieser russischen Wirklichkeit. Aber mit England steht es nicht viel besser. Das ist natürlich eine Versammlung puzzlespielender Faulenzer und Seelenfänger zu Wasser und zu Lande.

> Früher trieben die Franzosen bei uns Seelenfang. Jetzt die Briten! ... Merkst Du, wie die Rasse auf alle abfärbt? Ich bin überzeugt, die Mäuse unter den Dielen pfeifen hier auf englisch – die Uhr drüben tickt englisch – es hat sich um die beiden herum ein englisches Fluidum gebildet...«

Wer anders als ein deutscher Gymnasialprofessor kann sich so über seinen Sohn entrüsten. Der, Offizier in der preußischen Armee, hat eine Engländerin zur Frau genommen und im besagten englischen Fluidum, einer Spielart des berühmten Londoner Nebels, mehr und mehr die Lust am Waffentragen verloren, dann aber, nach schweren inneren Kämpfen verläßt er Weib und Kind, kehrt in die Armee zurück, um nicht eher mit sich und den Seinen Frieden zu schließen, als bis sich seine englische Frau rückhaltlos dem Lebenszuschnitt einer preußischen Offiziersfrau fügt. Es handelt sich, wie der Leser bereits erraten hat, um den Vorkriegsroman »Seine englische Frau«, und dieses wirklich mit talentierter Leidenschaft geschriebene Buch offenbart das bis zur Erschöpfung getriebene Stratzsche Schema: Liebende, die durch Standes- oder Rassengegensätze voneinander getrennt, nach vielen Irrfahrten, Prüfungen und läuternden Erfahrungen am eigenen wie am fremden Leibe wieder zueinander finden. Dabei spielt das Problem der unverstandenen Frau weiblichen und männlichen Geschlechts eine hervorragende Rolle. Jeder lebt sein Leben und weiß nichts vom andern. Notwendig für eheliches Zusammenleben aber ist die geistige Bindung zwischen Mann und Frau. Wo sie fehlt, hat die Ehe keinen inneren Bestand, wird entwürdigend und unmoralisch. Der Konflikt zwischen Vernunft- und Liebesheirat, Pflicht und Neigung, Beruf und Freiheit und wie diese alltäglichen Weltspiegelfechtereien sonst noch heißen mögen – das wird mit leidenschaftlich bewegten Charakterpuppen und vor einem auswechselbaren Hintergrund, der hier Heidelberg, dort England, Rußland oder die Mark Brandenburg darstellt, vorgelebt. Dazu eine glänzende Apparatur von Regen-, Wind- und Donnermaschinen. Die Natur erblüht im bunten Scheinwerferlicht der Metaphern. Es pfeift der Sturm sein Lied, die Föhren bewegen sich leise im Winde, und das Meer ist natürlich eine Riesenschüssel geschmolzenen Silbers, als ob es niemals wesentlicher und wahrhaftiger auf der Welt zugehen könnte.

III
Der Scherl-Stratz

Die Revolution kam. Und Herr Stratz, dem der Boden der Situation noch ein wenig unter der Feder schwankt, flieht in die deutsche Vergangenheit. Hier gibt es noch allerlei zu exemplifizieren. Hier kann man vorerst einmal in Ruhe Atem schöpfen und Zeit für die Distanz gewinnen, die man der Zeit schuldig ist. Man schreibt eine große Romantrilogie: »Deutschlands Aufstieg und Niedergang«. Der erste Band ist allein 600 Seiten stark. Er heißt: »Der Väter Traum«.

Nämlich von einem einigen deutschen Reich und einem deutschen Kaiser. Geträumt im Revolutionsjahr 1848. Mittlerweile soll dieser Traum, wie uns von zuverlässiger Seite berichtet wird, bereits in Erfüllung gegangen sein. Näheres erfährt man aus den beiden folgenden Bänden »Das Schiff ohne Steuer« und »Der Platz an der Sonne«. (Jeder Band ist in sich abgeschlossen und kostet geheftet 5 Mark.) Stratz schildert. Stratz entrollt. Und so entrollen die ersten Jahre nach dem Kriege. Dann aber ... dann meldet sich plötzlich ein ganz anderer zum Wort. Ein dämonischer, mit Pech, Feuer und Schwefel vulkanisierter Stratz. Der *Scherl-Stratz*.

Das ist nicht mehr derselbe Mann. Der Sprung von der Koch- in die Zimmerstraße, vom komfortablen Ullstein- ins trutzig-verwegene Scherl-Haus hat ihn ganz und gar umgekrempelt. Nichts mehr von einem weltanschaulich verhaltenen Patriotismus! Aus dem geistige Überlegenheit posierenden Unterhaltungsschriftsteller ist ein subaltern belfernder Revolverheld geworden, dessen grobschlächtiger Teutonismus hemmungslos hinwegschreibt über alles, was deutsche Politik heißt. Es sind drei Romane, aus den Jahren 1923 bis 1925, welche den Verkalkungsgrad einer im Untergehen delirierenden Schreibkraft demonstrieren. Die ersten beiden, »Und wenn die Welt voll Teufel wär« und »Kinder der Zeit«, sind noch nicht exzessiv gewalttätig. Das übliche nationalistische Potpourri rund um die Dolchstoßlegende, noch etwas tastend und gedämpft – die gute Erziehung läßt sich nicht im Nu abstreifen –, jedoch schon mit Nachdruck hinführend zu dem dritten, dem »Drachentöter«-Roman, der offensichtlich unter dem sensationellen Eindruck von Herzogs »Wieland, der Schmied« entstanden ist. Der Roman »behandelt« die bekannten Separatistenunruhen vom Ende 1923 bis Anfang 1924. »Ein Monumentalgemälde unserer nationalen Erneuerung.« So schreibt die *Hessische Landeszeitung, Darmstadt.* »Drachen aber hausen noch in unserer Mitte: Spione und Separatisten. Aus Gefängnishaft befreit sich ein deutscher Held, bricht als Drachentöter auf zum Kampf gegen Pfälzer Separatistenbrut.« – Monumental aber ist in Wahrheit nur der Aufwand an Verkleidungen, Verfolgungen, Pistolenschüssen, Giftmordversuchen und Massenschlächtereien – das rasende Mobiliar des alten Verbrecher- und Detektivromans, nun im Dienst der vaterländischen Sache. Der deutsche Michel als Sherlock Holmes, mit Blendlaterne, Browning und fünfzig und mehr rasselnden Pferdekräften im Stall. Jede Zeile stratzt von Gemeinheiten. Aber nicht von jener direkten, plumpen Gesinnungssimpelei, wie sie bei Herzog tölpelhaft einherstampft, sondern von einem hinterhältig bohrenden, pseudonymen Machinationseifer, der auf dem Umweg über eine vorgetäuschte »Gestaltung« seine agitatorischen Sinnbilder in klug gewählten Dosierungen unter die epische Masse mischt.

Hiervon ein paar Beispiele. Es wird ein deutscher Pazifist geschildert, im Gespräch mit einem französischen Spion, der sich als amerikanischer Reporter in die Villa des Pazifisten eingeschlichen hat.

> »Das Breakfast – der Hausherr vermied es, dem Gast zu Ehren, dieses Stilleben von Steaks und Toast, Ham und Eggs, Jam und Porridge, ein simples, deutsches Frühstück zu nennen – das Breakfast wurde eben abgetragen. Die Gentlemen waren allein.
>
> Der Gast rauchte und meinte, während er sein Notizbuch herauszog, auf englisch:
>
> »Man könnte in der Tat glauben, sich auf einem britischen Landsitz zu befinden, Herr Dr. Splittgerber! Wie weise von Ihnen, Ihr Haus ganz in insularem Stil zu führen!«
>
> »Oh – sagen Sie nicht, daß ich das tue, Mr. Mirander! Mein Haus ist international – ist elastisch! Paßt sich der Nationalität seines jeweiligen Besuchers an! Kürzlich war ein spanischer Friedensfreund bei mir! Er hatte morgens seine Schokolade wie in Madrid. Der Moskauer Professor, der Jünger Tolstois, der vorgestern abreiste, erhielt seinen russischen Tee! Die deutschen Gäste, die jetzt hier sind, bekommen jetzt eben ihren gewohnten Kaffee zum Frühstück! Es sind Kleinigkeiten – gewiß! Aber diese Kleinigkeiten, mein verehrter amerikanischer Freund – so darf ich Sie doch nennen! – sind mir ein Gleichnis für den Daseinsberuf Deutschlands, im Herzen Europas, und selbst Europas Herz, alle Völker zu verstehen – allen Völkern mit seiner Kultur zu dienen! Warten Sie! Ich werde das Kaminfeuer anstochern! Sie sind das als Angelsachse gewohnt!«

Sie »plaudern« weiter. Der Interviewer erkundigt sich nach dem Befinden seines Wirtes.

> »Der große Krieg hat Ihnen nichts gemacht? Sie wurden niemals verwundet?«
>
> »Oh, nein!«
>
> »Da hatten Sie Glück! Wo kämpften Sie?«
>
> »In der Heimat! ... Der Gedanke, auf meine Mitmenschen zu

knallen – ich, der ich seit Jahren für die Völkerverbrüderung eintrat – ich wäre da draußen in wenigen Tagen unter diesem Gewissenszwiespalt mit den Nerven zusammengebrochen! Ich hatte ja auch nie gedient! Also wozu dieses unnütze Opfer meiner geistigen und leiblichen Persönlichkeit? ... Da macht man sich lieber daheim nützlich! Ich widmete mich den ganzen Krieg hindurch der Fürsorge für die Kriegsgefangenen!«

»Sie taten wohl daran! Nicht in den englischen Lagern, aber in Frankreich – man darf es ja jetzt sagen – wurden die deutschen Gefangenen grausam und schmählich behandelt! Diese Unglücklichen hatten Furchtbares zu erleiden!«

Dr. Otto Splittgerber machte ein erstauntes Gesicht. Er beugte sich betroffen vor. Er versetzte eifrig:

»Nicht doch, Mr. Mirander! Meine Fürsorge galt den feindlichen Kriegsgefangenen in Deutschland – besonders auch Ihren Landsleuten! Das Herz konnte einem ja bluten ... Wo waren sie überall hergekommen – von allen Enden der Welt – fern von der Heimat und ihren Lieben – in unserm rauhen, nordischen Klima – der ungewohnten, derben, deutschen Kost ... Und auch die oft schmal genug ...

In diesem Stil geht es lustig weiter. Der Interviewer zückt geschäftig seinen Bleistift.

»Denkt die große Mehrheit Ihrer Landsleute ebenso wie Sie, Mr. Splittgerber?«

»Leider nein! Im Gegenteil! Ich bin ja isoliert! Ich bin geboykottet ...« Der Pazifist wurde leidenschaftlich. Das Antlitz seines Gastes blieb steinern. »Es sind da blinde Kräfte am Werk ... Ihr draußen in Europa seht das bloß nicht in eurer Unschuld! Ihr seid große Kinder ... Ihr von der Entente ... Kräfte, über die ihr euch wundern würdet ...«

»Am Werke, sagen Sie! ... Wogegen?«

»Gegen das Einzige, was uns retten kann.« Otto Splittgerber machte große, besorgte Augen und legte zutraulich wie ein Kind seine Hand auf den Arm des andern. »Gegen die freudige Erfüllung des Friedens von Versailles, durch die allein wir Deutschen uns die allmähliche Wiederzulassung in die europäische Völkerfamilie verdienen können!«

»Die Stimmung in Deutschland ist dagegen?«

»Leidenschaftlich!« Der Pazifist seufzte.

»Kennen Sie solche, in den falschen Gedankengängen Bismarckscher Machtpolitik befangene deutsche Ideologen?«

»Leider genug!«

»Und auch ihre offenen und geheimen Umtriebe?«

»Na – ich könnte Ihnen da Geschichten erzählen... Geschichten.«

»Bitte!«

»Namen könnte ich Ihnen nennen...! Sie würden staunen!«

»Ich wäre dankbar!«

»Na, dann hören Sie mal! ... Natürlich ganz unter uns! – Nur so ein paar Beispiele...«

Der Pazifist schwatzte vertraulich und geheimnisvoll. Drüben kritzelte aufmerksam der Spion. Die Liste für die französische Geheimzentrale in Basel füllte sich. Es waren da auch Namen aus dem besetzten Gebiet. Ein Kreuz dahinter: Ausweisung... Verhaftung in den nächsten Tagen...«

Demagogie auf Gummisohlen! Und dieser selbe Mann, dessen verschlagener Lokalanzeigerreportage keine noch so perfide Denunziation ehrlich bemühter Volksgenossen fremd ist, dieser Mann schreibt ein Jahr später – in seinem, übrigens weitaus gemäßigteren, »Frauenlob«:

»Glauben Sie mir: ein Deutscher ist niemals deutscher, als wenn er sich für einen Weltbürger hält.«

Rückkehr zur Vernunft? Wir sind nicht dazu da, einem bis auf die Knochen Kompromittierten unverdrossen Glauben zu schenken. Die Peinlichkeiten von gestern sind noch frisch in unserer Erinnerung. Peinlichkeiten wie diese:

Man war schon halb aus Straßburg heraus... der alten, deutschen Stadt... Es läuteten Totenglocken im Ohr des Hauptmanns Kettrich: – Darinnen liegt begraben – manch tapferer Soldat... Ach – überall liegt ihr begraben – zu Hunderttausenden und Millionen – ihr wackeren Kameraden – von Bagdad bis Lille – von Kiautschou bis Mozambique – ihr... ihr könnt nichts dafür, daß es so kam... daheim schliffen sie den Dolch! Von hinten stießen sie zu! Nicht auf der Wahlstatt fiel Deutschland, sondern in Weimar. Nicht im Trichterfeld ward deutsche Ehre eingescharrt wie ein räudiger Hund, sondern in Versailles...«

Oder ein Stimmungsbild vor der Feldherrnhalle in München:

»Der blonde Siegfried ging inmitten seiner Freunde, sie um Kopfeslänge überragend, mit den langen, federnden Schritten des Sportlers durch das friedliche, halb stehende, halb bummelnde Gedränge. Ein paar Krankenschwestern, mit dem Hakenkreuz als Brosche, schauten ihm verklärt nach. Das Hakenkreuz war überall. In den Knopflöchern der Herren. An den Hüten. Das Hakenkreuz als Krawattennadel. Das Hakenkreuz als Damenarmband. Das Hakenkreuz als einendes Kabbalazeichen über diesem dutzendfach in einzelne Parteien und Richtungen gegliederten nationalen Aufmarsch der blau-weißen und schwarz-weiß-roten Sehnsucht, in dem jeder wußte, wer der andere war – ihm über die Köpfe weg zuwinkte – ihn beobachtete...«

Nicht etwa auf seinen Geisteszustand. Bewahre! Denn der dürfte bei allen der gleiche sein. Wohl aber, ob jeder vorschriftsmäßig sein Hakenkreuz an die polygonal gebrochene Innenarchitektur einer Schwabinger Bedürfnisanstalt gemalt hat. Geschäft ist Geschäft! Auch im Kleinen! Man höre etwa den Bericht über einen Besuch in Baden-Baden:

»...In der Palmenhalle innen spielte das Balalaikaorchester der unvermeidlichen russischen Fürsten und Prinzessinnen in rotem Männerhemd und buntem Frauen-Kakoschnik zum Beginn des Fünf-Uhr-Tees und Tanzes, und tummelten sich Mynheers und Yankees, Tschechen und Franzosen, Sarmaten, Japaner, Dänen wohlgelaunt im Sprachgewirr des Turmbaus zu Babel – seelenzufrieden mit dem neuen Deutschen Reich, dessen Tag und Nacht stampfende Noten-Guillotine seit Jahren die Witwen und Waisen, die Alten, die Sparer und die Opferwilligen zu Millionen köpfte, um den Schuhputzern von New York und den Straßenbahnschaffnern von Kopenhagen das Dasein eines Millionärs innerhalb der schwarz-rot-goldenen Grenzpfähle zu verschaffen...«

Also die Noten-Guillotine hat... geköpft, um... dem Schuhputzer von New York... das Dasein eines Millionärs... zu verschaffen. Eine kleine stilistische Verschiebung, ein leiser Druck nach rechts – es ist noch keine offenkundige Fälschung, o bitte, nur eine eben noch spürbare Wendung von der Sache fort in einen allgemeinen Stimmungsnebel. Das bekennt sich zum »Querschnitt durch die Zeit« und so, intoniert im Falsett eine mißtönende Vox populi und nennt deutsch sein: eine Sache um ihrer selbst willen tun. Aber von sachlicher Mitarbeit keine Spur, und der Durchmesser, unter dem diese Seismographen offentlicher Radaustimmungen ihren Schnitt quer durch die Zeit legen, reicht grade von den Bänken der Nationalsozialisten bis zum rechten Flügel der deutschen Volkspartei. Ein System wird bloßgelegt, ein System, voll von Überheblichkeit, Sophisterei und Egoismus, ein System, für welches Geschichte nichts weiter ist als eine Angelegenheit der Rasse, des Bluts, und der Tat – ein System ohne Kopf und Idee. »Wieland, der Schmied« und »Drachentöter« – es sind die letzten belletristischen Embleme einer im eigenen Blut ertrunkenen Bewegung. Am Schluß des »Drachentöter«-Romans aber stehen die prophetischen Worte:

»Wir sind noch nicht am Ende unserer Taten.«

IV
Skowronnecke und Zobeltitze

> *»Und wie hübsch war alles gemacht! Der Damast glänzte, es blitzte das Silber, im Kristall der Gläser sprühten die Funken des Lichts, rote Rosen blühten in der Mitte des Tisches ...«*
>
> *(Fedor von Zobeltitz, »Eine junge Dame von Welt«)*

> *»Das Dragonerregiment Graf Schmettau, drittes ostpreußisches Nr. 17, feierte die hundertste Wiederkehr des Tages, an dem es in glorreicher Zeit gestiftet worden war.«*
>
> *(Richard Skowronneck, »Das große Feuer«)*

Schreibende Militärs, schreibender Hoch-, Nieder-, Ur- und Briefadel, in der Diaspora verstädtert und nun für die schönen und zierlichen Wissenschaften des Schreibens, Lesens und Denkens mobil gemacht, gaben um die Jahrhundertwende dem deutschen Unterhaltungsroman seine bis auf den heutigen Tag lebendige, militärisch-junkerliche, seine wilhelminische Prägung. Der geräuschvoll-opernhafte Habitus einer in und um Berlin stationierten Hof- und Galagesellschaft verursachte auch auf dem Gebiet der Romanfabrikation Siegesalleen patriotischer Begeisterung. Immerhin: schon ein Fontane hatte von dieser Welt einen tiefen und nachhaltigen Eindruck empfangen. Er liebte den »trotz Egoismus und Quitzowtum ganz eigentümlichen Charme« jener besonderen Gattung Mensch, und der durch ihn auf ein künstlerisches Niveau gehobene märkisch-preußische Offiziers- und Feudalroman zeigte denn auch die Gestalt des liberalen Junkers in ihrer relativ vornehmsten und schätzenswertesten Aufmachung.

Aber was nach ihm Romane schrieb und sich an der Literatur verging, blieb nur selten dem fontaneschen Typus treu. Vollends, als die mit Harnisch, Schwert und Schild dekorierten Mauern, welche die Kaste der Adligen von den Bürgerlichen und »Proleten« trennte, einzustürzen drohten, wurde der märkisch-preußische Offiziers- und Feudalroman mehr und mehr dem allgemeinen Familienblattbedürfnis geopfert. Man glaubte, die Vertreter einer reaktionär gesinnten Gesellschaftsschicht der zuschauenden Volksmenge näherzubringen, indem man ihre menschlichen Qualitäten sentimental aufweichte und dem bürgerlichen Empfinden anpaßte, die literarische suchte mit der industriellen Massenproduktion Schritt zu halten, und so scharte sich denn eine Generation, welche den Krieg 1870/71 als Kind oder gar noch im Mutterleib erlebt hatte, um des Freiherrn von Omptedas harmlos dreiteiligen Romanzyklus »Deutscher Adel um 1900«, der, obwohl er es in diesem Maße zweifellos nicht verdient hatte, wahre Heuschreckenschwärme adelsgeschlechtlich reagierender Belletristen auf den Plan rief.

Daß es nicht immer nur zur Plage der Bevölkerung geschah, sei um der Gerechtigkeit willen zugegeben. Denn unter dem schwirrenden Geziefer, welches zwischen Himmel und Erde seine Schulweisheiten unentwegt träumen ließ, befand sich auch manch stattliches Exemplar von wohlgelungener Gestalt und angenehmer Färbung, das sich nur mit Mühe und Einschränkung der hier vorgesehenen Sammlung niederer, wenn auch zu ansehnlicher Popularität vorgedrungener Plagegeister einverleiben ließ, wir meinen die Gattung der *Skowronnecks* und *Zobeltitze*, und da jene in der Mehrzahl, sind wir im Recht, denn das Recht des Stärkeren gilt nicht für das Reich des Geistes. Die Skowronnecke, das sind also im ganzen zwei, *Fritz* und *Richard*, zwei Brüder, aber Richard ist zweifellos der begabtere und innerhalb seiner begrenzten Bedeutung nicht ohne eindringliche originale Kraft. Beide schreiben Masuren- und Romintenromane, Richard aus dem Vollen einer landsässigen Existenz höherer Ordnung, indessen Fritz, der sich mit Förstern, Gutsbesitzern und allerlei Stadt- und Landvolk jeglicher Herkunft vorzüglich versteht, im »Musterknaben«, im »Polenflüchtling« und vielen andern das ostmärkische Lokalkolorit in eine gröbere und konventionellere Sphäre volkstümlicher Feld-, Wald- und Wiesenaffären herabdrückt. Auch die Zobeltitze sind ein brüderlich schreibendes Paar, *Fedor* und *Hans*, und auch hier schlägt die emsig und mit fabelhafter Geschwindigkeit funktionierende Schreibarbeit Fedors die spärlicher fließenden Erzeugnisse seines jüngeren »Daheim«-Bruders.

Unter diesen vier Korybanten aber steht Richard Skowronneck an erster Stelle. Seine Romane sind ohne Zier, gesund und mit erzählerischem Behagen geschrieben, dessen darstellende Kraft sich einer durchaus nicht immer kunstlosen Primitivität des Schauens, Fühlens und Genießens erfreut. Wir haben bisher an dieser Stelle immer nur die Stilblüten vertrockneter Rhabarberstauden zerzausen dürfen. Hören wir einmal, zur Versöhnung, ein Stück normaler Unterhaltungsprosa:

> »... Auf einer kleinen Wiesenkuppe, vielleicht zweihundert Schritte vom Rande der Erlenschonung, saß ein granz braver Hirsch mit etlichen Geringeren zusammen, einem Alttier und einem Kalb. Ließ sich behaglich die wärmende Morgensonne auf die Decke scheinen, der »Aeser« bewegte sich hin und her in schmeckendem Wiederkäuen. Die Lauscher wehrten zudringliche Fliegen ab, und das Geweih, das zwölf gut vereckte Enden trug, prahlte ordentlich im klaren Licht. Nur an den Rosenstöcken hingen noch ein paar Bastfetzen herab, wie einem ungekämmten alten Weib die Haarzotteln, aber das machte nichts aus, das Geweih war gut. Ein paar Striche mit einem saftstrotzendem Erlenzweig, und die hellen Flecke waren braun gefärbt wie das übrige...«

Man muß wissen, daß diese sachliche Schilderung mit gutem Grund an eine Stelle (des Romans »Das Bataillon Sporck«) gesetzt ist, da die Erregung der beobachtenden Person, es handelt sich um einen wildernden Offizier dieses Regiments, durch den Anblick des Wildes gleichsam verklärt und in eine ruhige und körperliche Form gedrängt wird. Bald darauf wird der Offizier, wie er es erwartet und veranlaßt hatte, von einem Forstbeamten niedergeschossen. Und dies ist nun das bezeichnende für die epische Technik Skowronnecks: Er ist einer von den ganz wenigen Unterhaltungsschriftstellern, welche den Mut zur Tragödie aufbringen. Fast alle seine Romane haben ein tragisches Gesicht. Der »arme Henner«, der durch unglückliche Hemmungen und Irrtümer den Weg zur Liebe nicht mehr findet, fällt in Afrika von einer Kugel getroffen. In den »Liebschaften der Käte Keller« verbrennt das abenteuerliche Mädchen in dem Augenblick, da sie in die Freiheit, nach Berlin, fliehen wollte, und der Landrat in dem Roman »Der weiße Adler« wird irrtümlich im Dunkel von polnischer Hand erstochen. Eine unverfrorene Beugung des unterhaltenden Prinzips, wonach Menschen, denen der Autor die Liebe eingehender Betrachtung geschenkt hat, ein für allemal gegen die Unbill des Schicksals geschützt werden und am Leben bleiben, lieben, heiraten und Geld und Titel scheffelweise ernten müssen. Ich fürchte, daß Skowronneck diesen Verstoß gegen die guten Sitten der Leihbibliothek mit einer wesentlichen Verringerung seines Klassikerruhms hat büßen müssen.

Fedor von Zobeltitz dagegen ist ein konziliauterer Charakter und als Begründer und Herausgeber der *Zeitschrift für Bücherfreunde* zu harmonischen Aktschlüssen gern geneigt. Er schreibt als Bibliophiler. Seine Freude am Buch wird produktiv bis zur literarischen Selbstversorgung. Ich denke mir die Entstehung eines Buches von Zobeltitz etwa folgendermaßen: Zuerst werden Farbe und Zeichnung des Einbands, das Papier, der Satzspiegel und der Umfang des Buches bestimmt. Alsdann der Titel, und der ist immer sehr geschickt gewählt. Dann kommt das Schreiben, na, und das macht entschieden am wenigsten Arbeit. Denn Zobeltitz hat eine leichte Hand, Dinge hinzuschreiben, die dem schlechten Gedächtnis seiner Zeit entgegenkommen, etwa so:

> »Lebt nicht der junge Wein wie der Mensch und muß die Zeit seiner revolutionären Torheit überwinden?«

Leider – oder soll man besser sagen: zum Glück – hatte sie Zobeltitz bereits vor seinem Eintritt in diesen großen Weinkeller Welt überwunden. Das kleine Aperçuchen steht übrigens in einem anspruchslosen, leichtwiegenden Vorkriegsroman »Friedel halbsüß«, der Papachens Vorliebe für einen kräftigen Schluck aus der Champagnerpulle mit pastoser Gemütlichkeit ausmalt. Ein Sektroman. Und die halbsüße Schaumschlägerei, welche um den Konkurrenzkampf zweier Sektfirmen von Weltruf, einer deutschen und einer französischen (ihre Namen sind leicht zu erraten), getrieben wird, offenbart, neben einer nicht unbeträchtlichen Fähigkeit, sich in fremde Manufakturen einzuarbeiten, den sybaritischen Hang eines von allen Weinmarken der fünf Kontinente benetzten Kellermeisters des Ancien régime. Zobeltitz hat eine große Menge erfolgreicher Romane geschrieben, deren Titel noch heute nicht in Vergessenheit geraten sind: »Der Herr Intendant«, »Das Gasthaus zur Ehe«, »Das Geschlecht der Schelme«,

»Das Expreßkind«, »Eine junge Dame von Welt« usw. usw., Erzeugnisse eines belesenen und nicht sonderlich differenzierten Geschmacks, der sein Handwerk versteht, ohne tiefer, als eben gerade erforderlich, in die Materie einzudringen, und mit Anstand und Takt hin und wieder ein paar Stichworte über Im- und Expressionismus, Monet und Ingres, Balzac und Dostojewski in die Debatte – nicht zu schleudern, sondern sanft zu lancieren versteht. Auch muß man einmal seinen dickbändigen Romanwälzer »Die Junker« gelesen haben, der um das Jahr 1918 bei Ullstein erschien, um den Ernst und die fachliche Anstrengung zu bestaunen, mit der ein Problem wie dieses im Jahre der Revolution, als, weiß Gott!, andere Dinge zur Diskussion standen als die Reformierung der Adelsgeschlechter, entwickelt und in breiter Front abgeschritten wird. Zobeltitz schildert den Zersetzungsprozeß innerhalb der Junkerschaft, den Einbruch liberaler Anschauungen in die Standesgenossenschaft kurz vor und nach Kriegsbeginn. Er schildert ein künstlerisch infiziertes Mitglied dieser Gesellschaft; und man kann, bei einigem guten Willen, in diesem hoffnungsvollen Sprößling ein jugendliches Konterfei des Junkers Fedor erblicken. Darüber hinaus aber verdient der Roman in seiner verschollenen und verschütteten Problematik kaum noch irgendein Interesse, und Zobeltitz selbst hat sich als echter und rechter Schreibtischler nach diesen Versuchen durchaus wieder dem Lesebedürfnis einer neuen Zeit anzupassen versucht. Sein letzter Roman, »Das Fräulein und der Levantiner«, ist nun freilich von einem so rührenden Willen zur Modernität getragen, daß wir uns nicht versagen können, einige Proben dieser, an expressionistischer Knittelprosa intensiv gebildeten Erzählungskunst zum besten zu geben.

> »... Seiner indolenten Kraft behagte das deutsche Klima sowieso nicht... Sentimental war er nicht, und wenn so eine zache Sonnensehnsucht kam, entsprang sie nur einer geistigen Faulheit, die sich episodisch in das Ausgeturnte und Gewohnheitsmäßige seiner Tätigkeit schob...«

Auch wenn die zache Sonnensehnsucht einmal ausbleibt, sieht es noch kurios genug in dieser Menschenseele aus.

> »Die Niedrigkeit seiner Gesinnung in ihrem fast rhythmischen Schwunge war unterhaltend für sie...«

Oder:

> »Sie fand nicht gleich die rechte Art, ihm zu antworten, ihr Auge

rätselte über sein Gesicht, als suche sie da nach Spuren einer verwilderten Psychologie, aber seine Züge waren gelassen...«

Jetzt fängt sogar schon die Gesinnung an, zu mensendiecken! Doch hören wir weiter.

»Sie ließ ihren gewaltigen Schoß auf einem Stuhle nieder und äugelte fragend das Mädchen an...«

Ein Akrobatenstückchen von besonderer Fertigkeit! Nun, der gewaltige Schoß, wo auch immer, er sei uns willkommen! Lieber Herr von Zobeltitz! Sie haben da einmal eine recht hübsche Geschichte geschrieben, die Geschichte von dem »vorschnell vermählten Ehepaar«. Ich will sie kurz erzählen. Zwei Menschen, auf einem Ozeandampfer. Ein Deutscher und eine Engländerin. Beide von Jugend an Freunde, nun auf einer gemeinsamen Reise nach Deutschland, sie, Daisy, um ihren Bruder in einer wichtigen Mission aufzusuchen. Da wird die Kriegserklärung Deutschlands an Bord bekannt, man fährt in einen neutralen Hafen. Daisy ist nun sehr unglücklich, sie kann nicht nach Deutschland, es sei denn als Gattin eines Deutschen, und so beschließen beide, sich unverzüglich trauen zu lassen, vorläufig nur auf vier Wochen. Es geschieht, und das improvisierte Ehepaar setzt, in getrennten Kabinen, seine Reise nach Deutschland fort. In Berlin werden sofort die nötigen Schritte zur Scheidung unternommen. Mittlerweile aber haben sich beide gegenseitig schätzen und lieben gelernt, ohne daß es der eine dem andern eingestehen möchte. So kommt es zu einigen hübsch gestellten Situationen. Schließlich nimmt Daisy Alexander und Alexander Daisy, nun für immer und unter Anerkenntnis aller aus dem Ehevertrag entstandenen Verpflichtungen.

Zugegeben: es ist eine konstruierte, auf lachtechnischem Wege lustspielhaft zurechtgestutzte und approbierte Heiterkeit – aber man ist schon froh, so etwas im Deutschland der düsteren Herzöge zu finden. Es ist die großväterlich-schmunzelnde Heiterkeit offizieller Instanzen, Humor der vorschnell vermählten Ehepaare, fabulös, unverbindlich und ohne tiefere menschliche Realität, es ist eine gar nicht grimmige, gar nicht eindringlich existente Heiterkeit, ein Humor unter Vorbehalt des Letzten und Absoluten, gelassen, ausgeruht und im Innersten zufrieden mit dem »Wahren, Edlen und Schönen« auf diesem manierlichsten aller schriftstellerisch zu erfassenden Planeten.

V
Ludwig Wolff

»Das Orchester spielt ohne innere Überzeugung Grieg.«
(Ludwig Wolff: »Die Prinzessin Suwarin«)

Als vor ein paar Monaten deutsche Publizisten, ein wenig verschämt zwar, aber nicht ohne heimliche Freude, ans Glas klopften, um den fünfzigjährigen Kollegen in Rottach am Tegernsee einige freundlich-verzeihende Glückwunschepisteln ins Haus zu schicken, taten sie's gut und gern im Namen von mindestens zwei bis drei Millionen überzeugter Ludwig-Wolff-Konsumenten. Sie scherten sich den Teufel um ihre sogenannte geistige Haltung und huldigten in stiller Ehrfurcht der erfolggekrönten Majestät, in deren Hand die geheimnisvollen Fäden einer durch kühne Erfindungen nicht sonderlich belasteten Massenfabrikation von psychologischen Knallbonbons, buntschillernden Papierschlangen und ähnlichen karnevalistischen Vergnügungsartikeln zusammenliefen.

Der also im verborgenen Gefeierte, ein elegant gekleideter Herr mit zweifellos verlebten, aber nicht unsympathischen Manieren, mag wohl mit einigem Mißtrauen von diesen Kundgebungen Notiz genommen haben. Sein Schreiben und Trachten zielte auf ganz andere Kategorien menschlicher Befriedigung, als mancher, der ihn beglückwünschte, je anzuerkennen imstande war. Er durfte sich rühmen, das Lied vom braven Ullsteinmann über die Mauern der Leihbibliothek hinaus in sämtliche Bahnhofsbuchhandlungen und Kioske getragen und somit die Einigung aller deutschen Stämme, inklusive der Juden und Radfahrer, unter einer geistigen Parole in die Wege geleitet zu haben. Diese Parole hieß: Rückkehr zur allumfassenden *Berliner Illustrirten.* Tagtäglich rollt die deutsche Einheitsseele mit der schwarzrotgoldenen Gösch in Tausenden von losen und gebundenen Exemplaren von Altona bis Miesbach, von zitternden Händen gehalten, welche vergeblich das Gleichgewicht zwischen dem schwankenden Innen einer dazugehörigen Brust und dem nicht minder schaukelnden Außen eines in Bewegung befindlichen D-Zug-Wagens zu halten bestrebt sind. Und während draußen Rinder, Schafe und Ziegen in naturalistischer Aufdringlichkeit ihre Existenz dartun, träumen jene wolffshungrigen Zeitungs- und Buchhalter von den Abenteuern einer Welt, die es nicht gibt, in der man sich aber, scheint's, nicht minder langweilt wie in der leibhaftig-realen. Sie meinen, indem sie sich, ohne Unterschied der Wagenklasse, an den glänzenden Frackbrüsten, den parfümierten Dekolletés und Seidenstrümpfen erlesener Leiber ergötzen, daß es zwar keine Lust sei, zu leben, daß aber die Lust, die man empfängt, indem andere ihrer Unlust Luft machen, nicht ohne eine empfindliche Steigerung der Lebenslust für beide Teile vorübergeht.

Ludwig Wolff begann nicht ohne literarische Ambitionen. Sein erster Roman, der vor nunmehr 27 Jahren mit einem Vorwort von Jakob Wassermann unter dem etwas absonderlichen Titel »Im toten Wasser« erschien, zeigt den jungen Wolff bereits im Schafspelz einer psychologischen Geheimniskrämerei, wie sie dann später, in eine niedere Region des abenteuerlichen Salonromans versetzt, zu triumphalen Auflagenziffern führen sollte. Fünfzehn Jahre später startet »Der Sohn des Hannibal«, der Roman eines Rennpferdes, das, ebenso seelischen Depressionen zugänglich wie sein Herr, sich als ein rechtes Stückchen Unglück durch's Leben schlägt. Der Parallelismus in der Menschen- und Pferdepsychologie ist erstaunlich, namentlich in den subtilen Liebesszenen. Im übrigen ist der Roman glänzend geschrieben, routiniert, witzig, adrett und mit einem Reichtum an hippologischen Kenntnissen, der einem Rennstallbesitzer zur Ehre gereichen würde. Hier wie in den »Spielern« erfährt der ganze Apparat von Jockeys, Managern, Trainern und Buchmachern, die Sensationsluft der Bars und Vergnügungsetablissements rund um den grünen Rasen durch einen langjährigen Habitué der Sport- und Rennwelt eindringliche Schilderung. In den »Spielern« verbindet sich diese Atmosphäre dann mit der nächtlichen Szenerie unheimlich fadenscheiniger Spielklubinterieurs, in denen Entgleiste der aristokratischen und bürgerlichen Schicht sich mehrfach zu lebhaften Verwünschungen gegen das ihnen vom Verfasser aufgezwungene Lokalkolorit hinreißen lassen.

Nach dem »Sohn des Hannibal« regnete es Erfolge. »Der Krieg im Dunkel« – ein Spionageroman. Schauplatz: Deutschland und Rußland im Kriegsjahr 1914. Motto: Hab' Spionage im Herzen! Denn es gilt Deutschland. Die Gefährlichkeit solcher Unternehmungen wird erst am Schluß so recht deutlich, wenn der Held, da dem Verfasser nichts mehr einfällt, nach abenteuerlichen Fahrten durch Rußland beim Überfliegen der Grenze abgeschossen wird. Künftige Wolff-Forscher werden hier wie auch in dem 1916 erschienenen »Flaggenlied« ein wenig genauer in die feineren Unterschiede zwischen eigenem und fremdem Kriegserleben hineinzuleuchten haben.

Die Technik des Fortsetzungsromans, jenes plötzliche Hin- und Herspringen der Handlung, wird dann von Wolff filmgerecht weitergeführt. »Die Prinzessin Suwarin«, »Garragan« und »Kopf hoch, Charly!« sind Filmmanuskripte. Kurze, wenig ausgespielte Szenen, ein prägnanter Dialog im Zwischentitelstil, dazu Galerien unbeschäftigter Komparsen, die nur auf das Stichwort warten, um dem Verfasser wieder einmal aus einer verflucht psychologischen Sackgasse herauszuhelfen. Die Schauplätze wachsen, es dehnt sich das Haus, und New York ist gar nicht mehr weit und fast schon so groß wie Neukölln. Man trifft sich hüben und drüben so todsicher wie am Kurfürstendamm, akkurat wie sich's die kleinen Modistinnen und Mannequins schon immer vorgestellt haben. Was würde auch, gottbehüte, alles noch passieren ohne jenes barmherzige Marionettenspiel der blinden Zufälle, der »unerwarteten« Begegnungen und stets zur rechten Zeit versagenden Revolver- und Gefühlsdetonationen! Diese abgegriffenen Kolportagemätzchen passen eigentlich recht schlecht zu dem verfeinerten Mechanismus einer Nerventechnik, die man nicht ohne weiteres unter die Elaborate der abgefeimten Herzöglinge und Kraftstratze einordnen möchte. Es offenbart sich da nämlich zuweilen bei Wolff, trotz Backfischromantik und Kinematographik, ein liebenswürdig gefärbter Skeptizismus, der nicht immer nur Stimmungstrick ist und bei einer Wassermannschen Untersuchung keineswegs schlecht abschneiden würde. Zwischendurch dann wieder die Allüren eines Snobs, der immer mitreden möchte, über Coué und Majong, über atonale Musik und Lenin. Da bestellt man sich natürlich auch keine Zitronenlimonade, sondern eine Orangeade, man raucht unter gar keinen Umständen Zigaretten, sondern »Papyros« – kurz und gut, man benimmt sich so, als wäre man auf dem Dachgarten eines Luxushotels geboren. Denn was verlangt der deutsche Leser vom Unterhaltungsroman? Vor allem: Lebensunwahrheit. Wenn Herzog in »Wieland, der Schmied«, wenn Stratz im »Drachentöter« die politische Situation nach dem Kriege als »Völkischer Beobachter« beschwatzt und beschwindelt; wenn Papa Zobeltitz Fabeln aus dem Kinderland auspackt, um glücklich zwei harmlose Menschen zu einem »Vorschnell vermählten Ehepaar« zusammenzuschweißen; und wenn schließlich, in einer höheren literarischen Sphäre, Ludwig Wolff duftende Komtessen durch eine zinnoberrote Seelenlandschaft wandern läßt – es sind im Grunde immer dieselben Goldschnittmuster einer unheilbar sentimentalisch infizierten Gefühlsparalyse. Ob sie nun Stratz oder Herzog, Zobeltitz oder selbst Ludwig Wolff heißen, ob sie der »rauhen Wirklichkeit« aus der Perspektive des Kampfflugzeugs oder vom Schreibtisch eines Magistratsbeamten her die Gefolgschaft aufkündigen mögen – die Romantik singt sie mütterlich in den Schlaf, und so spielen sie lieber ohne innere Überzeugung Grieg als die gestrafften Jazzrhythmen einer unerbittlich gegenwärtigen Zeit.

(1926)

Postscriptum: Bleibt als letzte Erkenntnis nach der Lektüre von Dutzenden der am meisten angeforderten Leihbibliotheksromane die keineswegs tröstliche Einsicht: Das deutsche Volk liest weniger Thomas Mann oder Hermann Hesse als die von Rassenwahn und Revanchekriegsgedanken verzerrten Elaborate einer Blut- und Bodenromantik, oder, was allerdings weniger besorgniserregend ist, den Gefühlskitsch einer sich in Bars und Hotelhallen langweilenden internationalen Halbwelt von Parvenues und Nichtstuern. Tief unten steht fest: Tief unten auf dem Boden der deutschen Gesellschaft schlummern Instinkte, die darauf warten, an die Oberfläche zu kommen und die bereits in Romanen wie »Der Drachentöter« oder »Wieland der Schmied« sehr erschreckenden Ausdruck gefunden haben.

Ein Revolutionär der Leihbibliothek

Der Gesinnungsfuror, mit dem sich unsere Leihbuchmacher zum Nationalismus bekennen, sichert ihren Elaboraten jedenfalls das zu fordernde Existenzminimum an Spannung. Kitsch, mit patriotischem Indianergeheul verbunden, ist ein ganz besonderer Saft, an dem sich auch Höherbemittelte berauschen. Wenn so ein Stratz im Drang seiner konvulsivischen Unterhaltungsmanöver ein wenig ins Schleudern der Probleme gerät, flugs läßt er die schwarz-weiß-rote Fahne hochgehen und ergreift die Gedankenflucht. Der deutsche Spießer, verbildet und verblendet, schämt sich seiner Kolportage. Er verwischt die Spuren ihrer Handlung sorgfältig mit dem Klebstoff abgestempelter Made-in-Germany-Gesinnung.

Amerika hat den Mut zur uneingeschränkten Kolportage. Hat ihn auch dann, wenn sie sich als revolutionäres Kampfmittel präsentiert. In Deutschland treibt man revolutionäre Propaganda mit lyrischem Augenaufschlag und ekstatischen Menschheitsgebärden, tausend Worte Kommunismus für die schreibende Zunft. In Amerika macht man ein paar wilde, aufregende Kriminalromane mit hundertprozentigem Tendenzgehalt, Bücher von einer vitalen Revolverspannung, wie sie uns in den Romanen »Ejus« und »An den Ufern des Hudson« von Lawrence H. Desberry, die der Verlag »Neue Welt« (Jena) in der Übersetzung H. zur Mühlens erscheinen läßt, entgegentritt.

»Ejus« ist ein Schönheitsmittel, das seinem Fabrikanten Millionen einbringt. »Ejus« ist die große Mode der oberen Zehntausend, »Ejus« verheißt: Ewige Jugend und Schönheit. Wolkenkratzer verkünden in Leuchtschrift seinen Namen, Flugzeuge überschütten New York mit »Ejus«-Zettelregen. Wie dieser echt amerikanische Reklamewahnsinn sich des öffentlichen Lebens bemächtigt, mag man bei Desberry selbst nachlesen. Hier nur ein Beispiel.

> »Unterwegs begegnete er einem Zug der Heilsarmee; voran zwei junge Mädchen mit Tambourinen, die einen Choral sangen. Niemand beachtete sie, nur Mannister blieb einen Augenblick stehen. Da trat das junge Mädchen auf ihn zu und fragte salbungsvoll: »Wollen Sie Ihre Seele retten, mein Bruder? Kommen Sie zu Jesus. Jesus streckt Ihnen vom Kreuz die Arme entgegen.« – Sie drückte ihm einen Zettel in die Hand und entfernte sich. Mannister betrachtete den purpurroten Zettel; auf der einen Seite stand mit Goldbuchstaben geschrieben: »Komme zu Jesus«, auf der anderen aber stand: »Jesus liebt dich. Liebt dich so sehr, daß er nicht nur dein ewiges, sondern auch dein irdisches Glück will. Was aber ist Glück? Jugend und Schönheit. Verlangt es dich nach ewiger Jugend und Schönheit? Dann kaufe EJUS! In allen Drogerien erhältlich. Preis der Dose 75 Dollars.«

Die Herstellung dieses sensationellen Präparates ist geheim. Eine Haupthandlung, die im sozialistischen Lager spielt, führt sehr bald auf die Spur einer obskuren Insel im Karibischen Meer, woselbst Menschen unter absonderlichen Krankheitssymptomen dahinsiechen. Es sind, wie sich später herausstellt, heimlich vom Klu-Klux-Klan nach der »Hölleninsel« verschleppte Arbeiter, die sich dort bei der Fabrikation von »Ejus«-Präparaten durch gesundheitsschädliche Dämpfe vergiftet haben, und während man sich in New York ewige Jugend und Schönheit erkauft, sterben jene in geistiger Umnachtung. Ein paar detektivisch veranlagte Sozialisten, deren klassenkämpferischer Elan durch kein gewerkschaftliches Stempelsystem getrübt ist, begeben sich auf die Insel, und in einem wüsten Massaker finden die skrupellosen Unternehmer ihren Tod.

Desberrys Fanatismus kämpft, wie man sieht, mit allen Mitteln abenteuerlicher Erfindung gegen den schrecklichen Klu-Klux-Klan. Wenn er im »Ejus« an einem Fabelbeispiel demonstrierte, wie alle

Errungenschaften der Zivilisation, die den Reichen Vergnügen bereiten, auf Kosten der Arbeiter geschehen, so kommt er in dem Roman »An den Ufern des Hudson« dem Bereich des Wahrscheinlichen näher. An den Ufern des Hudson steht ein Sanatorium, dessen Patienten, in der Hauptsache Neger, Juden, Radikale, allzuhäufig operativen Eingriffen erliegen. Es gelingt den unermüdlichen Amateurdetektiven des Marxismus, in der Person des leitenden Arztes ein besonders gefährliches Mitglied des Klu-Klux-Klan unschädlich zu machen. Aber hinter ihm steht die Organisation. Und ihr Präsident, ein bekannter Automobilfabrikant, hat soeben einen der führenden Sozialisten ermorden lassen. Wie nun Schritt für Schritt dieses unterirdische terroristische System aufgespürt, berannt und vernichtet wird, das ist von einer nie erlahmenden Wucht und Lebendigkeit der Kolportage. Ein ehrlicher, anständiger Manneshaß bekennt sich hier mit Mut und Geschick zur Nerventechnik des Detektivromans. Und dieses revolutionäre Erzählertum holt sich seine Helden aus den Slums von New York, kämpft mit Negern, Juden, Anarchisten um die Freiheit der ausgebeuteten Klassen. Gewiß, Desberry malt viele Teufel an die Wand, grinsende, amerikanische Klu-Klux-Klan-Teufel. Das ist sein gutes Recht als Unterhaltungsschriftsteller. Gegner der »Verallgemeinerung«, honigmilde »Objektivitäts«-Priester mögen es ihm immerhin verübeln. Sie werden weiter ihren Herzog, ihren Stratz am Busen halten und mit ihm genießen. Unsere Leihbibliotheken aber tun gut daran, sich beizeiten mit Desberry einzudecken. Denn solche Unterhaltungskost übertrifft alle Wassersuppen nationalistischer Massenspeisungen an Salz und Würze der Zubereitung.

(1926)

Heute, da der massenbestimmende Einfluß auf das Fernsehen und die Videoverleihkultur übergegangen ist, lassen sich dennoch viele der von Hans Sahl analysierten Stereotype und Klischees in den noch immer millionenfach verbreiteten Groschenromanen und in den Berichten der sogenannten »yellow press« wiederfinden. Zur Entschlüsselung des kulturellen Umfelds der historischen Leihbibliothekskultur ist es aufschlußreich, ergänzend Siegfried Kracauers Skizze »Eine kleine Leihbibliothek« von 1931 heranzuziehen. (In: Siegfried Kracauer, Schriften 5.2, Frankfurt 1990, S. 360 f.) Anm. d. Herausgebers

Franz Kafka: »Das Schloß«

Es ist das Klassisch-Große an Franz Kafkas letzten Büchern, daß sie kaum jemals den Eindruck des Geschriebenen aufkommen lassen. Selbst in diesem unvollendeten Roman vom »Schloß«, der soeben erscheint, zeigt die fragmentarische Gestalt bereits alle Richtlinien der Vollendung. Wie ein antiker Torso, wie jedes genial angelegte Kunstwerk in seinen kleinsten Teilchen die Gesamtkonzeption offenbart, so auch bei Kafka. Nichts von den knarrenden Geräuschen des Zustandekommens, der eben bewältigten künstlerischen Arbeit –, ja, diese Prosa, in deren durchsichtiger Luft die Reflexe des öffentlichen Lebens ihre unheimlich anziehende Bedeutung gewinnen, scheint überhaupt ganz jenseits aller handwerklichen Pläne und Maximen zu stehen –, ein Kosmos für sich, ein Sprachbild der Welt, der Inbrunst, der Gottgelassenheit.

Dieser, Franz Kafkas, sublim-dichterische Adel erhebt sich in den Romanen »Der Prozeß« und »Das Schloß«, die Max Brod aus des Dichters Nachlaß hingebungsvoll publiziert hat, zu verwirrender Größe. Kaum, daß wir zu ihr aufsehen können. Es ist hier eine Ordnung der imaginären Schau, die uns den Atem verschlägt, eine klare, kristallhelle Ordnung, die Traum ist und doch Realität. In dieser magischen Zwischenwelt, die gleichwohl alle Formen deutlicher Sichtbarkeit trägt, offenbart sich das göttliche Weltprinzip selbst. Wir spüren seine Nähe. Wir sind erkannt und eingeordnet. Wo aber ist Gott? In seiner Emanation als juridische Instanz trat er uns im »Prozeß« entgegen. Nun, auf einer fast idyllischen Parallelebene, im ländlich-pastoralen Distrikt der »Schloß«-Behörde. Was ist das Thema? Wovon handelt es? Man höre die ersten Sätze:

»Es war spät abends, als K. ankam. Das Dorf lag in tiefem Schnee. Vom Schloßberg war nichts zu sehen, Nebel und Finsternis umgaben ihn, auch nicht der schwächste Lichtschein deutete das große Schloß an. Lange stand K. auf der Holzbrücke, die von der Landstraße zum Dorf führte, und blickte in die scheinbare Leere empor.«

K. – wir begegneten ihm als Joseph K. im »Prozeß« – K. übernachtet im Dorf. Am nächsten Morgen geht er ins Schloß. Aber er verfehlt den Weg und muß umkehren. So wiederholt es sich täglich. Was K. auch versucht, er gelangt nicht ins Schloß. Inzwischen erhält er geheimnisvolle Botschaften und Briefe. Man hat ihn bereits im Schloß avisiert, man weiß um seine Ankunft. K. geht zum Gemeindevorsteher. Sagt der es ihm? Auch der Gemeindevorsteher ist nur ein Untergebener der Schloßbehörde. Wohl weiß er, daß K. als Landvermesser – was für ein Kafkasches Metier! – vom Schloß bestellt wurde, aber, nun ja, ein Irrtum vielleicht, der behördliche Apparat... Da ist ein gewisser Klamm. Klamm ist Vorstand im Schloß des Grafen. K. sieht ihn einmal durchs Schlüsselloch. Klamm sitzt am Tisch, die Virginia zwischen den Fingern. Das ist seine Schlafstellung. Ein unvergeßliches, ein mythisches Bild. Und nun versucht K., bis zu Klamm vorzudringen, und jeder Schritt zu ihm drückt ihn in eine tiefere Position der Erwartung hinab, und das ganze Dorf, in dem er sich festzusetzen versucht, ist eine einzige, gespenstische Station auf dem Passionsweg zu Klamm, ins Schloß – das er nie erreicht.

K. kämpft gegen eine geschlossene Lebensfront, die mit jedem Atemzug anwächst, er kämpft um seine Existenz. In diesem Kampf findet er hier und da Unterstützung, zum Beispiel durch Frieda, Klamms frühere Geliebte. Aber dieser Kampf um Klamm ist auch ein Kampf um Frieda, und dann gibt es noch einige absonderliche Gestalten um K., eine Olga und eine Amalie, den himmlischen Boten Barnabas und vor allem jene zwei armselig-närrischen Gehilfen, die K. zugeteilt sind, und alle diese müssen erkämpft werden, denn es handelt sich um Klamm, und so sucht K. über die Frauen Beziehungen zum Schloß. Dieses Schloß aber, mit seiner merkwürdigen Aktenwirtschaft, seinem Instanzen- und Beamtenapparat ist nichts anderes als das erhabene Spiegelbild von K.'s religiöser Unruhe. Es ist, wie Max Brod in einem tiefen und schönen Nachwort bemerkt, »genau das, was die Theologen ›Gnade‹ nennen. – Somit wären im ›Prozeß‹ und im ›Schloß‹ die beiden Erscheinungsformen der Gottheit (im Sinne der Kabbala) – Gericht und Gnade – dargestellt.«

Also ein Gleichnisbuch? Ja und nein. Es gehört zum Spezifisch-Kafkaschen dieser Dichtung, daß sie niemals ihre gleichnishafte Absicht verrät. Das unterscheidet sie im Prinzip von jeder rationalistisch aufgeputzten Symbolpoesie, die da meint, ihre Gottheit mit den billigen Requisiten eines Liebhabertheaters behängen zu können. Bei Kafka aber schillert und oszilliert die leibhaftige Gestalt in einem feinen, unmerklichen Changeant zwischen Diesseits und Jenseits, es ist ein spukhaft leises Hin und Her von Welt und Vision, Dasein und Bedeutung. Da sind Bilder, deren geschärfte Konturen fieberhaft in den Raum schneiden, da sind Gespräche, wie sie bisher zwischen Mann und Weib noch nicht gewechselt wurden. Wenn es einen Surrealismus in der Dichtung gibt, der, jenseits aller modischen Doktrin, die Tatbestände der Welt nahtlos aneinanderschmilzt – hier ist er.

Alles, was über dieses Buch gesagt werden kann, ist nur tastendes Nebenher. Man muß es selbst nachlesen, Zeile für Zeile, wie hier aus einem oft lieblichen Zusammensein von Ironie und Pietät die drohende Strenge des letzten Gerichts auftaucht. Franz Kafka war uns längst ein Besitz. Mit diesem Buch nun wächst er vollends in die Nähe großer, zeitlos-prophetischer Kunst, eines Dante, eines Hölderlin. Was einer stammelnden Generation versagt blieb, woran sie sich ekstatisch verblutete: In diesen Fragmenten tritt es als künstlerische Vollendung in unsere Tage.

(1927)

Kafka und Hofmannsthal

Ein Nachtrag 1983

Ich habe dem Herausgeber dieser Blätter, Leonhard Fiedler, nur zögernd die Genehmigung zum Abdruck meiner Besprechung von Kafkas »Schloß« aus dem Jahre 1927 in der Zeitschrift *Das Tagebuch* gegeben. Nicht etwa, als ob ich mich heute von dem Thema distanzieren wollte – meine Bewunderung für Kafka ist dieselbe geblieben –, sondern aus Gründen meiner eigenen späteren Entwicklung als Schriftsteller und Kritiker. Ich wollte mit dem Hinweis, den ich als 24jähriger schrieb, meiner uneingeschränkten Bewunderung für einen Autor Ausdruck geben, der damals nur einem kleinen Kreis von Kennern bekannt war, dort aber um so mehr gefeiert wurde. Inzwischen ist Kafka ein Bestandteil unseres modernen Bewußtseins geworden, wie etwa Joyce oder Chaplin oder Proust. Abhandlungen in allen Sprachen der Welt und von den besten Autoren liegen vor, auf die man zurückgreifen müßte, wenn man heute noch etwas Wesentliches über Kafka sagen wollte. Wie könnte ich da, mir nichts, dir nichts, mit einer Arbeit ins Haus fallen, die anscheinend noch nichts von den Untersuchungen eines Walter Benjamin oder einer Susan Sontag gehört hat, und die noch dazu in einer Rubrik »Das Buch, das Das Tagebuch empfiehlt« erschien. Als ob *Das Tagebuch* ein Recht gehabt hätte, ein Genie wie Kafka zu »empfehlen«, wie man etwa ein Ullsteinbuch oder eine Weinsorte einem Stammkunden anrät, und ich entsinne mich meiner lebhaften Kontroversen mit dem Herausgeber des Tagebuch, Leopold Schwarzschild, wegen dieser Rubrik, wobei ich auch das dreimalige »das« in dem Titel »Das

Buch, das Das...« als sprachlich unschön, ja sogar bedenklich beanstandete.

Nun muß ich allerdings zugeben, daß diese Jugendarbeit von mir heute, fast 60 Jahre nach ihrem Erscheinen, beinahe etwas Rührendes für mich hat, eben weil sie sich durch ihre Unmittelbarkeit und Einsatzbereitschaft von den gängigen Buchkritiken jener Jahre unterscheidet. Die Begeisterung ist echt, auch der Wunsch, etwas Verbindliches zu sagen, sich festzulegen, dem Leser nicht nur die Lektüre eines bestimmten Buches vorzuschlagen, sondern ihm Kafka quasi zu verordnen, wie ein Arzt einem Unheilbaren eine Medizin, die ihn vielleicht noch retten könnte, verschreibt. In einem Empfehlungsschreiben an einen amerikanischen Verleger hat der stets hilfsbereite Hermann Broch an mir das »element of immediacy« rühmen zu müssen geglaubt. »Mehr nicht?« fragte ich etwas enttäuscht. »Seien Sie froh«, antwortete Broch, der mit dem Schreiben rang wie Laokoon mit den Schlangen, »mir ist es leider nicht gegeben«.

Ob Hofmannsthal durch meine Besprechung, die er sich aufgehoben hatte, zu Kafka hingeführt worden ist? Es ist reizvoll, dem Reigen der Gedanken im Raum, ihren zarten Begegnungen und Beeinflussungen nachzusinnen, zum Beispiel sich auszumalen, wie Hofmannsthal auf Kafka reagiert haben mag. Sicher hätte er, etwa im Gegensatz zu Max Brod, der Kafka allzu einseitig auf das Metaphysische festlegte, an ihm vor allem das schalkhaft Spielerische gesehen, den Ironiker, den großen Humoristen, der er, bei allem Schrecken, den er heraufzubeschwören liebte, war. Freunde erzählten, daß Kafka sich über seine Geschichten und die Wirkung, die sie bei seinen Zuhörern auslösten, totgelacht habe. Er war ein Humorist des Entsetzens, und das Entsetzen setzt sich oft mit einer Grazie in Szene, die der Autor des »Rosenkavalier« gewiß nicht übersehen hätte. Um nur ein Beispiel zu nennen, »Die Verwandlung«, eine der unheimlichsten Erzählungen, die Kafka geschrieben hat, ist ja nicht nur der Angsttraum eines jüdischen Sohnes, der an einem Vaterkomplex und an Minderwertigkeitsgefühlen gegenüber seiner Familie leidet, der Einfall, daß jemand am Morgen als Käfer aufwacht, ist so lustig, und die Konsequenzen, die sich daraus ergeben, sind so »beängstigend« komisch, daß man nicht weiß, was man mehr bewundern soll: die Fähigkeit des Autors, seine Neurosen zu objektivieren, oder die Meisterschaft einer Prosa, die ihren eigenen Weg zu gehen scheint, ohne jedoch die Erinnerung an ihren Anlaß je aufzugeben. Kafka schrieb Horrorstories zu seinem und dem Vergnügen anderer. Gibt es etwas Lustigeres und zugleich

Beklemmenderes als die Geschichte von dem Angestellten der am Abend nach Hause kommt und Mühe hat, mit den drei Bällen fertigzuwerden, die mit ihm ein unerklärlich geisterhaftes Spiel treiben? Man hat deshalb Grund anzunehmen, daß Hofmannsthal, falls er Kafka gekannt hat, an ihm vor allem diesen listigen und verschlagenen Humor geschätzt haben mag, mit dem er die Leute und sich selbst an der Nase herumführte. Neurotiker suchen die Vollkommenheit aus Angst, sich eine Blöße zu geben, und die bei Kafka oft bis zur Parodie getriebene Vollkommenheit ist reich an Anspielungen auf überwundene Unvollkommenheiten. Ich kann mich beim Lesen von Kafka nicht des Gefühls erwehren, als ob er die Umständlichkeit der K. und K. österreichischen Kanzleisprache, die in Prag in einem noch umständlicheren Deutsch gesprochen und geschrieben wurde, als ein Stilmittel benutzte und in eine Prosa von klassischer Schönheit verwandelte.

Daß er selbst als Autor sich so unsicher fühlte und Max Brod bat, seine Bücher nach seinem Tode zu vernichten, bestätigt seinen tragischen Mangel an Selbsteinschätzung. Nur einem Genie konnte es gelingen, das Private zum Gleichnis werden zu lassen. Kafka wußte nicht, daß er ein Genie war. Er hätte sich wahrscheinlich die Hände gerieben angesichts der gelehrten Abhandlungen, die nach seinem Tod über ihn erschienen. Er machte den Leuten etwas vor, er zog aus, ihnen das Gruseln beizubringen. Er konnte ja noch nicht ahnen, daß er beispielsweise in der »Strafkolonie« eine Wirklichkeit von heute vorweggenommen hatte, indem er seine eigene Lebensangst zu Ende dachte und auf die Welt projizierte.

Bleibt die Frage: hat Kafka Hofmannsthal gekannt? Man kann sich vorstellen, daß er ihn um sein Selbstbewußtsein als Künstler beneidete, um sein Maßhalten, um die Vielseitigkeit der Form, die er benutzte, Lyrik, Essay, Theater, sein ästhetisches Engagement und um ein stets parates Schönheitsideal in seinen Werken. Anzunehmen, daß beide einander in einer Art von skeptischer Bewunderung zur Kenntnis genommen haben, denn bei aller Verschiedenheit waren sie zwei Aspekte einer geistigen Landschaft, die von Kafkas Prag, dem Prag der Altneu-Synagoge und des Golem, bis zu Hofmannsthals Wien und dessen verfeinerter aristokratischer Lebensweise reichte, und die mit ihnen unterging.

(1983)

»Die Weber«

Im Staatstheater

Jeßner hat lange gezögert, bevor er sich seinen Gegnern stellte. Er hat in dieser Zeit planlosen Wartens, verwilderter Spielplanpolitik Fehler begangen, die eine Krise des »Staatstheaters« offenbar werden ließen. Jeßner hat diese Krise jetzt überwunden. Seit gestern weiß man, daß wieder ein Intendant, eine Persönlichkeit an der Spitze des »Staatstheaters« steht. Der Regisseur hat den Intendanten gerettet, der Künstler den opportunistischen Theaterpolitiker Jeßner.

Groß, überwältigend an dieser »Weber«-Inszenierung ist die sachliche Einfachheit der Regieführung und die Rückkehr zum reinen, gegenständlichen Theater. Jeßner hat auf jeden außerkünstlerischen Effekt verzichtet. Es ist eine Inszenierung ganz aus dem Geist der Dichtung, aus dem Geist der Sprache und des Theaters. Als vor sieben Jahren Hauptmanns »Weber« im großen Schauspielhaus aufgeführt wurden, griff die revolutionäre Erregung der Nachkriegszeit den (bereits historisch gewordenen) Stoff auf. Sie wurde zum unmittelbar ausgesprochenen Inhalt der Inszenierung. Heute, in einer Zeit der äußerlich beruhigten, sachlich-fanatisch weiterarbeitenden Klassenbewegung hat sich die Anschauung gewandelt. Nicht das äußere Schauspiel, nicht der leidenschaftliche Anblick der Revolution stehen mehr im Vordergrund, sondern ihre innere Struktur, die Gewalt des Beispiels und die Gewalt der ökonomischen Tatsachen. So betrachtet, sind Hauptmanns »Weber« heute das geniale Schauspiel einer wirtschaftlich ausgenutzten, niedergehaltenen, ausgehungerten Menschenschicht und ihrer Existenzkämpfe. Was vor 36 Jahren als Mahnruf, als Appell an das humane Gewissen in die Welt ging, ist heute ein Dokument der sozialen Argumentation geworden. So war es einmal, so darf es nicht wieder sein. Das Dokument lebt fort im Bewußtsein der Gegenwart. Es wächst mit dem Grad der historischen Entfernung, es wirkt, es blüht auf. Dahinter werden die ewigen Linien einer Dichtung sichtbar.

Jeßners Distanz zum Werk läßt dieses Dichterische wundervoll klar und hell hervortreten. Etwa: das Aufmurren, Aufbrausen der Rebellion. Großartiger Augenblick, wenn durch eine jäh aufgerissene Tür im Hintergrund der Kegelbahn die Masse aufmarschiert, wenn die Empörung rings um den Polizisten anwächst, wenn sie ihm Moritz Jäger, den Veit Harlan in herrlicher Schärfe gibt, ins Gesicht pfeift, johlt, entgegenstammelt. Höhepunkt aber ist die große Demolierungsszene in Dreißigers Haus. Jeder Regisseur pflegt hier Orgien der Zerstörungswut und des entfesselnden Vernichtungswillens aufzuspielen. Jeßner bringt diese Szene erschütternd einfach, erschütternd unpathetisch. Der Dialog wird zum raunenden Gebärdenspiel der Erbitterung. Es ist eine Explosion nach innen.

Die Schauspieler: für diese Aufführung ist kein Star, keine Prominente mit phantastischer Abendgage verpflichtet worden. Aus dem Personal des »Staatstheaters« hat Jeßner ein Ensemble ausgewählt, das in der Diszipliniertheit des Zusammenspiels, in der nahezu vollkommenen Einordnung vorbildlich ist. Man müßte das ganze Programm abschreiben, um jede dieser neu und charakteristisch gesehenen Figuren zu schildern. Hier nur ein paar Namen: der famose Dreißiger Hans Leibelts, Carl Götz als alter Hilse, ein vergeistigter, ergreifend schlichter Arbeiterpatriarch, die proletarische Empörerin der Maria Koppenhöfer, Fritz Valk als dunkel sinnierender Ansorge.

Die Entscheidungsschlacht am Gendarmenmarkt ist geschlagen. Jeßners Sieg: ein Sieg des Ensembles, der sachlichen, verantwortungsbewußten Regiearbeit, des ewigen Theaters.

(1928)

Axel Eggebrecht: »Katzen«

Ein Katzenfanatiker stellt hier der populären Hundekultur eine aristokratischere Liebhaberei entgegen: Lob und Apologie der Katze, vor deren rätselhaft-animalischem Charakter die Beziehung von Mensch zu Tier eine immer neue, zwiespältige, aufreizende Spannung erfährt. Axel Eggebrecht, der verzückte Zoologe, nähert sich dem verkannten Objekt seiner Zuneigung mit wahrhaft franziskanischer Liebe. Er spürt ihrer geschmeidigen, geistreichen Form nach, ihrem »dialektischen Körper«, dessen Laune und Sprünge die Beredsamkeit der Bewegung in zahllosen Variationen verkünden. Sehr hübsch ist dieses schnurrende, mauzende, kapriolende Körperspiel in einigen Zeichnungen Dolbins festgehalten. Oft gibt nur ein flüchtiger Umriß, ein lächerlich hingeschwungener Schnörkel das spezifisch »Katzenhafte« dieser Bewegungsstudien an.

Über Katzen und Katzenverehrung hinaus aber führt dieses Buch unmittelbar in den Höllenlärm des Weltkrieges. Die Geschicht heißt »Heldentod«, aber es ist nicht der Mensch an der Front, der ihn stirbt, sondern wiederum eine Katze. Sie streicht als erschrockene, vom Spektakel der Geschütze aufgescheuchte Kreatur um den Unterstand einer zusammengepferchten Schar; nah, schwesterlich, unerreichbar im fahlen Dunst einer von Regen und Ratten überschwemmten Stellung. Ein feindlicher Angriff treibt die Leute aus ihrem Wasserloch. Als sie wiederkommen, ist die Katze fort. Aufgefressen von den Ratten, die sich klatschend in das faulige Grundwasser stürzen.

In diesem mit Dixscher Phantasie erschütternd aufgezeichnetem Kriegserlebnis klingt das Motiv dieses Buches in seiner tiefsten, dunkelsten, furchtbarsten Wahrheit; jenes Motiv, das bald leicht und spielerisch, bald ernst und mit welthistorischer Bedeutung den Verfasser über das Schicksal menschlicher Zivilisation nachdenken ließ: die Sehnsucht nach dem Tier.

(1927)

Ein neuer Erzähler

Seghers, ein neuer Autor, der vom Verlag Gustav Kiepenheuer, Potsdam, mit einer Novelle, »Aufstand der Fischer von St. Barbara«, herausgebracht wird, ist eine sensationelle Begabung. Die Geschichte eines Fischeraufstandes, knapp, episch, berichtend, erzählt eine Polizeichronik aufrührerischer Begebenheiten, eine Novelle vom Elend hungernder, primitiver Küstenmenschen. Geschildert wird, wie sich die Fischer von St. Barbara gegen die Schiffahrtsgesellschaften empören. Sie verlangen höhere Tarife. Es wird ihnen abgeschlagen. Sie halten die Schiffe im Hafen zurück. Man legt ihnen Soldaten ins Dorf, nimmt ihre Rädelsführer fest. Der Rest wird auf der Flucht erschossen. Der Präfekt berichtet in die Hauptstadt, daß der Aufstand niedergeschlagen sei. Die Fischer von St. Barbara melden sich wieder zur Arbeit.

Wer ist Seghers? Seine erste Novelle ist ein Meisterwerk, seine Sprache hat den dramatischen Rhythmus, die hinreißende Prägnanz kleistischer Erzählungen. Großartig, wie die Armut und Weltverlorenheit dieser in den Dünen vergrabenen Hütten, das Mürrische und Unzugänglich-Verdrossene ihrer Bewohner beobachtet ist. Man schmeckt die Nähe des Meeres, den beizenden Schiffsgeruch in den Kneipen, den Geruch von Salzwasser und Sand, von durchnäßten Seemannskleidern, von Weibern, Fischen, Speck und Branntwein. Seghers hat die Vision des Dorfes, die Vision der sozialen Not in die

Sprache der Lokalchronik übersetzt. Kein anklägerisches Pathos, keine Mitleidsdichtung. Ein Vorfall wird zu Protokoll genommen, eine Situation auf der Landkarte abgesteckt. Und dieser planmäßige, man möchte sagen: strategische Verlauf, mit dem die Ereignisse vorbereitet, entwickelt, ausgelöst werden, gibt dieser Novelle ihre Strenge, ihre klassische Form. Ein neuer Erzähler, dessen Name überraschend auf dem deutschen Büchermarkt erschien, hat sich mit diesem kleinen Werk schlagend eingeführt. Wer ist Seghers? Seine Personalien sind überflüssig. Ihn legitimiert eine Leistung.
(1928)

Der Autor hielt die Verfasserin der Novelle »Aufstand der Fischer von St. Barbara«, die 1928 debütierende A. Seghers, für einen Mann, da ihr Vorname im Buch nicht ausgeschrieben war. Im gleichen Jahr erhielt Anna Seghers für diese Novelle den Kleistpreis. Anm. d. Herausgebers

Ernst Glaeser: »Jahrgang 1902«

Mit diesem Roman Ernst Glaesers tritt ein neuer, bisher unbeachteter Jahrgang in die Diskussion über das Generationsproblem ein: der Jahrgang jener, die nicht denkend, kämpfend, urteilend, sondern als stumm betrachtende, halbwüchsige Heimreserven den Krieg erlebt haben. Ernst Glaeser, dem der Ruhm vorausging, die Komödie einer Kasseler Uraufführung durch einen Gotteslästerungsprozeß abgebüßt zu haben, hat sich hier, in seinem ersten Prosabuch, zu einer episch bedeutenden, repräsentativen Leistung gesammelt. Auf ihn dürfen sich hinfort die heute Sechsundzwanzigjährigen als den Wortführer einer Jugend berufen, deren Schicksal es war, kurze Hosen zu tragen, als die andern mit Gasmasken und Handgranaten den Krieg absolvierten.

»Jahrgang 1902«: Ein Knabendasein wird erzählt, wie es sich in einer deutschen Kleinstadt, ebenso bezeichnend für den, der es erlebte, wie für jene, die es verantworteten, zutrug. »La guerre – ce sont nos parents.« In diesem Satz, den ein französischer Ferienfreund, während bereits die Kanonen in Stellung gebracht werden, ausspricht, wird noch einmal alles das zusammengefaßt, was für jede Jugend und nicht nur für diese entscheidend ist: der Kampf mit den bestehenden Einrichtungen und Institutionen des Lebens, die Konflikte im Elternhaus und in der Schule, das Erlebnis der Pubertät. Also ein autobiographischer Roman? Aber Glaeser geht viel weiter. Denn je mehr sich das Verhängnis seiner Generation mit dem der Erwachsenen und Zeitgenossen verstrickt, um so nachdrücklicher wächst er über das Autobiographische hinaus, um so überzeugender wird der Roman zum literarischen Porträt einer ganzen Epoche. Da ist in dem knappen Zeilenbericht über ein nächtliches Schützenfest die Physiognomie des deutschen Vorkriegsbürgertums erschöpfend festgehalten. Und wie sich nun alle diese Stammtischpatrioten und Klassenkampfhelden unter der Parole von 1914 verbrüdern, der wilhelminische Oberlehrer mit dem jüdischen Warenhausbesitzer, der Arbeiterführer mit dem kaisertreuen Amtsgerichtsrat, wie sie auf die Bänke steigen und die »Wacht am Rhein« singen. Das ist in seiner dokumentarischen Feststellung zeitpolitischer Zusammenhänge von bleibendem Wert.

Im zweiten Teil des Romans wird nun der Krieg selbst geschildert, wie er sich in den Augen eines Jungen, der ihn von der Heimat aus gesehen hat, spiegelte. Die Siegerstimmung, der Rüstungsrummel ist vorüber. Zu Hause kämpft die Front der Frauen, Kinder und Greise einen Lebensmittelkrieg, der nicht minder aufreibend ist als der im Schützengraben. Vergangene und längst vergessene Erinnerungen an jenen schweigenden, ruhmlosen Kampf, den die Heimat mit dem Hunger führte, werden wieder lebendig: die heimlichen Hamsterfahrten aufs Land, die Kohlrüben- und Ersatzbrotverzweiflung in den Städten. So war es, so wird es durch Glaesers Aufzeichnungen noch einmal ins Bewußtsein der Gegenwart gerückt. Ein Tatsachenroman. Endlich ist man so weit, die Dinge wieder klar und unverbildet auf sich wirken zu lassen, den heftiger denn je sich anbietenden Stoff der Wirklichkeit zu ordnen. Deshalb und weil es der erste, überzeugende Versuch ist, mit dem sich eine bedrängte und verwirrte Nachkriegsjugend ins Schöpferische erhebt, ist Glaesers »Jahrgang 1902« eine Tat.

Der Dichter Hans Henny Jahnn, der den Kleistpreis für das Jahr 1928 verteilt, möge nicht versäumen, diesem bewundernswert wahren und aufrichtigen Zeitdokument seine Aufmerksamkeit zu schenken.

(1928)

Thornton Wilder: »Die Brücke von San Luis Rey«

Im Jahre 1714 zerriß in Peru eine alte, aus Lianen geflochtene Brücke. Fünf Reisende stürzten in den Abgrund: eine groteske, alte Marquesa, ihre Zofe, ein zweiundzwanzigjähriger Jüngling, ein Knabe und ein Impresario, der ihn begleitete. Ein Franziskanermönch, der das Unglück beobachtete, beschloß, das Leben dieser Fünf, die als Opfer der Katastrophe starben, nachzuschreiben. Für ihn, dem es hohe Zeit schien, »daß die Theologie ihren Platz unter den exakten Wissenschaften einnähme«, war dieser Brückeneinsturz ein willkommener Anlaß, den Gottesbeweis logisch, mathematisch genau anzutreten: In jedem dieser fünf Menschenleben mußte ein Gesetz verborgen sein, ein geheimer Sinn, durch den sich erkennen ließe, warum sie Gott an jenem Tage und zu jener Stunde abberief, um seine Weisheit zu offenbaren.

Das Resultat dieser Nachforschungen war ein ungeheuerer Foliant. Der Mönch wurde verbrannt. Ebenso das Manuskript, von dem eine geheime Abschrift (so lautet die Fiktion des Verfassers) der Nachwelt erhalten blieb. Nach dieser Vorlage erzählt Thornton Wilder die Geschichte der Toten von San Luis Rey. Fünf historisch abgeschlossene Lebenskreise, lose miteinander verknüpft, aber von einer seltsam mystischen Verbundenheit, erfüllt vom Glanz des spanischen Katholizismus, dessen barockes Zeremoniell die Geschehnisse überstrahlt. Jedes einzelne dieser kunstvoll aufgebauten und ineinander verzahnten Schicksalsbilder ist ein episches Meisterwerk. Die Durchdringung der Materie mit dem Geist vergangener Zeiten, die sprachliche Zucht, das Gefühl für Maß, Ordnung und Gesetz, das dem Ablauf seelischer Erregungen nur soviel Raum läßt, als nötig ist, um die Personen in den magischen Kreis ihres Daseins einzuschließen; all das offenbart einen Dichter, der die Kunst des Romans mit einer seltenen Reife und Vollendung ausübt. Thornton Wilder ist Amerikaner. Aber sein Werk ist innerhalb der durch Namen wie Sinclair Lewis, Dos Passos, Jack London usw. bezeichneten Reihe zeitgenössischer, amerikanischer Erzähler ohne Beispiel. Ein strenges, abseitiges Buch, eine erhabene Seelenmesse, eine Totenfeier in Prosa. (Die ausgezeichnete Übersetzung stammt von Herbert E. Herlitschka.)

(1929)

Zwanzig Jahre später wurde Hans Sahl der deutsche Übersetzer Thornton Wilders. Den Beginn der Zusammenarbeit hat Hans Sahl im zweiten Band seiner Erinnerungen, »Das Exil im Exil«, beschrieben, Seite 156 ff. Anm. d. Herausgebers

Joseph Conrads »Lebenserinnerungen«

Den ins Deutsche übersetzten Romanen und Novellen Joseph Conrads läßt der Verlag S. Fischer nun seine »Lebenserinnerungen« folgen – vielleicht der interessanteste Beitrag, um die Erscheinung dieses seltsamen Dichterkapitäns in ihrer geistigen Originalität zu begreifen.

»A Personal Record«, wie der englische Titel lautet, ist kein Bekenntnisbuch, eher eine Abhandlung über das Schreiben, über das Verhältnis von Leben und Werk, von Stoff und Eingebung. »Die Eingebung kommt von der Erde, die eine Vergangenheit, eine Geschichte und eine Zukunft hat, nicht von dem kalten, unerschütterlichen Himmel.« In diesem Satz, der sich mit programmatischer Entschiedenheit gegen das Poetentum der »höheren Eingebung« richtet, ist alles das enthalten, was Conrads Beschreibung für unsere Zeit ausmacht: sein abenteuerlicher Realismus, jene höchst merkwürdige Mischung aus Sachlichkeit und visionärer Eingebung, die seinen Ruhm in Europa begründete.

Er war ein romantischer Realist, romantisch in seiner Hingabe an den Geist des Abenteuers, in dem er lebte. Einmal wendet er sich gegen Rousseau, dessen naives Bekennertum er ablehnt. Er besaß keine Phantasie, meint Conrad, und darum konnte er nur von sich sprechen. In der Tat, wenn man beide miteinander vergleicht, ist der Gegensatz enorm. Rousseau beichtet, um seine eigene Existenz vor der Welt zu rechtfertigen. Conrad, auch wenn er, wie hier, von sich selbst erzählt, läßt eine Welt von Farben und Figuren, von absonderlichen Menschen und Situationen entstehen, die bald wichtiger wird als seine eigene Person. Ein Erlebnis muß gut erzählt sein, damit andere daran glauben. Aber es muß auch authentisch sein. Für diese authentische Erzählmethode ist die Entstehungsgeschichte seines ersten Romans »Almayers Traum« ein bedeutsames Beispiel.

Eines Tages, während er in Borneo vor Anker liegt, sieht er plötzlich jenen Almayer vor sich, der ihn sofort aufs lebhafteste interessiert. Vier Jahre später, in seiner Offizierskabine, beginnt er auf einmal, planlos und ohne jede dichterische Absicht (es ist sein erster Roman), einige Sätze auf das Papier zu kritzeln. Allmählich entwickelt sich aus der Anfangsvision ein Schicksal, eine Geschichte. Es ist ein langsames

Abtragen, ein Ausgraben von Erinnerungsgeschichten, die sich um jene erste Begegnung mit Almayer gebildet haben. Die Eingebung kommt von der Erde. In diesem Sinne formuliert Conrad seine »Askese der Empfindung«. Nüchternheit um jeden Preis. Nüchternheit um der furchtbaren Verantwortung willen, die das Schreiben dem Schreibenden auferlegt. Es ist wie ein Manövrieren auf hoher See. Jedes Abweichen vom vorgeschriebenen Kurs führt ins sichere Verderben. Mit jedem überflüssigen Wortmanöver vergrößert sich die Gefahr der geistigen Havarie. Conrad hatte diese Gefahr am eigenen Leib verspürt. Aber er war Seemann genug, um seine Gegenmaßregeln zu treffen. Er schrieb, wie ein Kapitän schreibt, der über den Verlauf einer Fahrt berichtet. 200 Worte auf jeder Seite, nicht mehr und nicht weniger. Sein Schreibtisch glich einer Kommandobrücke. Befehle wurden ausgeteilt, Schicksale disponiert. Er war ein Dichter mit Achterdeckschulung, fanatisch dem Wort hingegeben wie Flaubert, psychologisch differenziert wie Dostojewski – der letzte Europäer aus dem Geschlecht der geistigen Abenteurer, deren Erbteil er dichtend über die Meere trug.

Ein europäisches Buch. Europäisch ist der Glaube an die Tradition, an den Zusammenhang von Vergangenheit und Schicksal, Rasse und Bestimmung. Europäisch ist, vor allem, die Gewißheit einer geistigen Wertordnung. Insofern enthalten diese »Lebenserinnerungen« allerdings ein Bekenntnis. Es sind Glaubensartikel des Schaffens. Argumente des künstlerischen Gewissens. Ein Bekenntnis zur Dichtung, gegen die Zunft und ihre literarischen Rezepte. Ein bedeutendes Buch.
(1929)

Kurt Tucholsky: »Das Lächeln der Mona Lisa«

Kurt Tucholsky, unter den deutschen Publizisten vielleicht der lebendigste, aktuellste Geist, läßt in seinem Band »Das Lächeln der Mona Lisa« eine neue Folge von Beiträgen aus den letzten Jahrgängen der *Weltbühne* erscheinen. Wieder überrascht die Fülle der Themen, an denen sich sein journalistisches Temperament entzündet. Themen, die, vom Geist der Polemik getragen, in allen Variationen, vom Gedicht bis zum Essay, vom Chanson bis zur funkelnden, aggressiven Randglosse satirisch abbrennen. Auch wird nun deutlich, in welchem Maße Tucholsky, der Berliner, für dieses neuzeitliche, preußisch-amerikanische Berlin literarisch repräsentativ geworden ist. Was

Wien für Karl Krauss, München für den *Simplicissimus*-Kreis bedeutete, das ist in Tucholskys Schriften Berlin als Inhalt, Objekt und Dialekt der Polemik geworden. Er hat den Berliner Treppenwitz, den Berliner Jargon für die deutsche Publizistik fruchtbar gemacht. Arbeit, Betrieb, Konjunktur, Liebe, die amtliche Wichtigmacherei und das zur Karikatur verzerrte Lebenstempo, dies alles wird in Tucholskys scharf pointierter Redeprosa zum schlagenden Abbild neurepublikanischen Berlinertums. »Neulich habe ich einen Hund gesehen, der ging ins Geschäft.« Ein Satz, meisterhaft hingehauen, enthüllt den ganzen Apparat dumpfer Geschäftigkeit und kleinbürgerlichen Berufsglaubens, den bürokratischen Leerlauf, die künstliche Gliederpuppe, die morgens um acht ins Büro fährt und »ze tun« hat. Tucholsky ist der George Grosz unter den Berliner Publizisten. Er zeichnet das Skelett, das unter den Kleidern verborgen ist. Er klappt den Gehirnkasten auf und setzt aus den Schlagwörtern und Assoziationen, die er dort vorfindet, ein neues Reallexikon bürgerlicher Gemeinplatzideologie zusammen. Es ist der nun schon klassisch gewordene Herr Wendriner, der nach dieser Vivisektion vom Operationstisch aufsteht, und wiewohl keiner seiner köstlichen Alltagsmonologe in diesem Buch steht (sie sind in Tucholskys früherem Essayband »Mit 5 PS« vollzählig beisammen), spricht sein schwadronierender Banalitätenbaß dennoch aus jeder Zeile.

Denn diese Gestalt ist die Inkarnation des Berliner Geistes, an dem sich Tucholskys Angriff lebendig hält. Er hat ihn studiert, im Büro, auf der Straße, im Parlament und Gerichtssaal, er hat selbst ein Stück Wendrinertum in seine Sprache übernommen, um den Gegner mit seinen eigenen Worten zu treffen. Das ist das Geheimnis seiner ins Große, auf die Massen wirkenden Zeitsatire. Die Dinge beim richtigen Namen nennen, so wie sie die Leute in den Versammlungen, beim Friseur, in der Straßenbahn, wenn sie unter sich sind, aussprechen, salopp, drastisch, zum Greifen nah. »Man sollte mal...« meint Tucholsky, die Grammatik der Alltagssprache mitstenographieren, ohne Verkürzung, ohne Beschönigung. Ist das so schwer? Als die *Neue Bücherschau* vor einiger Zeit ein Tucholsky-Heft veranstaltete, bestätigten fünf Arbeiter seine Wirkung auf ein literarisch unverbildetes Publikum. Es ist die Wirkung des Unfeierlichen, des Unzünftigen, die mit der Vokabulatur des Tages, der Straße den Zeitgenossen anredet, eine Wirkung, die geistig nuanciert und verfeinert, die Kunst der Improvisation über den Tag hinaus fortsetzt. Dann entstehen Meisterwerke deutscher Prosa, wie jenes dichterisch erfüllte, herbstlich glühende »Wirtshaus im Spessart«, eine herrlich betrunkene, mainfränkische Elegie auf Bocksbeutel, Würzburger Barock, Jägerplatten und den heiligen Nepomuk. Es gibt auch Literatur, Theater und etwas Musik in diesem neuen Band, Berichte über Pariser Chansonniers und ein liebevoll gezeichnetes Porträt von Richard Alexander, das zu den schönsten Nekrologen gehört, die jemals über einen toten Schauspieler geschrieben wurden. Das ist der andere Tucholsky, einer von den »5 PS«, die gelegentlich im Theater der großen Städte auftauchen, um mit dem unverfälschten Kunstinstinkt des literarischen Selfmademan für eine gute und wahre Sache einzutreten. Theaterkritik? Tucholsky schreibt für die Galerie. Er ist der Mann in Hemdsärmeln, der ewige Zwischenrufer im vierten Rang des politischen Theaters. Seine Stimme entscheidet. Es ist die Stimme, die bis ins Parkett dringt, die Stimme des unbekannten Berliners.

(1929)

Erich Kästner

Zu seinem Gedichtband »Lärm im Spiegel«

Talente gibt es genug, man kann sie sortieren und aufspießen wie Käfer in einer Insektensammlung. Da gibt es Gestreifte und Gefleckte, Eintagsfliegen und Parasiten, die sich zwischen den Moden festsetzen und reimend in den letzten Zügen liegen. Wer sich umtut, hat es nicht schwer, die Aufmerksamkeit der Sammler auf sich zu lenken, und je geringer die Auswahl, desto größer die Wahrscheinlichkeit, als Kuriosität auf dem Markt der Begabungen ausgeboten zu werden.

Erich Kästner ist mehr. Er hat weder die gesuchte Heftigkeit derer, die sich beizeiten um schillernde Originalität bemühen, noch die besondere Schattierung einer im verborgenen blühenden Spezialgattung. Seine Gedichte sind einfach, weil Einfachheit die einzige Ausdrucksform ist, in der wir uns heute noch etwas zu sagen haben. Sie sind zeitgemäß, weil sie von einem jungen Menschen geschrieben sind, der im lebendigen Umgang mit der Gegenwart gelernt hat, seine Gefühle nicht höher zu veranschlagen als die seiner Mitmenschen. Diese Haltung ist nicht besser und nicht schlechter als die andere. Aber sie ist vielleicht wichtiger, weil sie aus Protest gegen eine Welt entstanden ist, die sich in ihren Schmerzen ausruhte, wie in einem warmen Bade. Wer den lyrischen Luxus liebt, wird mit diesen

»Zweckgedichten« wenig anfangen können. Aber wer die Brauchbarkeit einer Strophe an dem Vergnügen mißt, das sie uns bereitet, indem wir uns in ihr wiederfinden, wird nicht zögern, »Herz auf Taille«, diesen Erich Kästner zu begrüßen, der soeben mit seinem neuen Gedichtband (erschienen bei C. Weller & Co., Leipzig) ein wenig »Lärm im Spiegel« seiner Zeitgenossen verursacht.

Hier meldet sich ein anderer Jahrgang als jener, der sich in elegischen Stanzen auf seine Niedergeschlagenheit beruft, um »Rundherum«, von Europa bis Asien und zurück, als »Junge Generation« weitergereicht zu werden. Kästner schreibt Gedichte für den täglichen Gebrauch. Sachliche Romanzen, kleine Predigten über ein profanes Thema, die mit einer bezaubernden Musikalität in Reime gesetzt sind. Dabei ist die metrische Form niemals Selbstzweck, sondern Ausdruck einer ungewöhnlich prägnanten und schlagfertigen Dialektik. Kästner komponiert einen Song: »Vornehme Leute, 1200 Meter hoch«, leise, gedämpft wie ein Tango, wie ein Blues, und man *hört* die Musik der Langeweile, die Musik der Grandhotels und dinierenden Smokings, die auf ihre Post warten. Oder er läßt im »Chor der Girls« das ewige Einerlei von Synkopen, tanzenden Beinen und Paradedrill in kurzen, monotonen Takten Revue passieren, immer ist der Kampf um die Form zugleich der Kampf um einen neuen Inhalt. Nachdem Brecht die Kunst der Ballade, Mehring und Tucholsky das politische Chanson aus dem Geist der Gegenwart erneuern, hat Kästner diesen Kampf gegen eine feierliche, abseitige Tradition überraschend fortgesetzt. Seine Gedichte sind vergeistigtes, lyrisches Kabarett, Großstadtpoesie, die ihre Gefühle zusammenhält, anstatt sie zu verschwenden, die mit Ironie auftrumpft, um ihre Ergriffenheit zu verbergen, und entschlossen den Weg in eine Zukunft antritt, die nicht Verwirrung, sondern Klarheit und Ordnung der menschlichen Beziehungen zueinander verspricht.

Rudolf Großmann hat zu diesem Buch zarte, wie mit der Nadel geritzte Vignetten gezeichnet. Was Kästner im Gedicht, hat Großmann mit graphischen Mitteln unternommen: aus Linien und Figuren eine Welt entstehen zu lassen, die in charakteristischen Umrissen die Kunst der Einfachheit in den Dienst einer Gesinnung stellt.

(1929)

Der Mann mit der Kamera

Ein sehr wichtiges Experiment, eine für die Entwicklung der Filmkunst entscheidende und bestimmende Anregung ist dieser Tage im »Marmorhaus« gezeigt worden. Sie stammt von Djigor Werthoff [Dziga Vertor], dem Begründer des Moskauer »Kino-Auge«, der mit diesem »Mann mit der Kamera« einem theoretisch und praktisch genau ausgearbeiteten Produktionsprogramm folgt. Seine Theorie, die in dem Manifest des »Kino-Auge« Punkt für Punkt niedergelegt ist, besagt etwa, daß auch die Kamera, analog dem menschlichen Auge, eine Art Netzhaut darstellt, in der sich die Reflexe der Wirklichkeit um so vielfältiger und verwirrender widerspiegeln. »Kino-Auge« kämpft für den vorgestellten, für den dokumentarischen Film; aus einer unendlichen Summe von Bildern, Motiven, Eindrücken die einzig mögliche Lösung für das Auge zu finden – das ist »Kino-Auge«.

Als vor einigen Wochen Teile und Proben aus diesen Arbeiten im »Phöbus-Palast« gezeigt wurden, habe ich Werthoff den »rasenden Reporter an der Kamera« genannt. Der Eindruck bestätigt sich, wenn man den Film als Ganzes betrachtet. Man sieht eine wild heruntergedrehte Wochenschau, ein Maschinengewehrfeuer von Bildern, die Schlag auf Schlag einander ablösen. Straßen, Plätze, Verkehr, eine Gebärende, ein Hochzeitszug, ein Leichenbegängnis, Wasser, Maschinen, Eisenbahnzüge – eine entfesselte Tageschronik. Freilich: es ist dasselbe Prinzip der Bildmontage, der kontrapunktischen Schneidetechnik, wie es Ruttmann in seiner »Melodie der Welt«, wie es Blum und Lamia in ihren Maschinenfilmen versuchten; nur daß Werthoff diese Bewegungsmontage mit dem Fanatismus und der doktrinären Schärfe der Russen bis in ihre letzten Konsequenzen durchdacht und berechnet hat.

(1929)

Franz Hessel: »Nachfeier«

»Nachfeier« heißt ein neuer Prosaband von Franz Hessel, in dem sich einer der liebenswertesten Vertreter hauptstädtischer Feuilletonkunst dem Nachklang romantischer und verschollener Refrains hingibt. Man kennt diese blankgeputzten, in herbstlichen Farben abschattierten Geschichten, in deren abgerundeten und gepflegten Formen sich spiegelt, was an flüchtigen und schimmernden Impressionen vorüberzieht, und man bewundert aufs neue die Meisterschaft einer Erzählung, die vom Vergangenen den Hauch und vom Erlebten die Bereitschaft des Augenblicks aufzubewahren vermag. Hier ist ein Mann in den reiferen Jahren, Repräsentant und Dichter jener zweiten und nicht mehr sehr programmatischen Jugend, die aus der Schule des Genusses einen unvergänglichen Restbestand an aphoristischer Lebensweisheit davongetragen hat.

Solch eine »Nachfeier«, die noch einmal das Gestrige nachkostet, beschwört Franz Hessel, indem er zugleich das Heutige in gesicherter Distanz zu umfassen sucht. Er hat den leisen Anschlag, der gleichsam eine Partitur von Tönen und Zwischentönen, von schwebenden und musizierenden Stimmen mitnimmt, und seine Geschichten, die mit Vorliebe schweigsame und abgelegene Seitenstraßen aufsuchen, verraten die gute Tradition eines prüfenden und erlesenen Kunstgeschmacks. Ob er eine Gasse in Paris oder ein Haus im Berliner Westen, ob er die Gegend um den Montparnasse oder einen Theaterabend in den »Zelten« beschreibt – immer ist in dem zufällig Aufgegriffenen das Besondere, in dem Verborgenen zugleich das Sinnfällige und Charakteristische einer ganzen Stadt enthalten. Hessels Geschichten sind selbst ein Teil jener Atmosphäre geworden, in der sie spielen, und man könnte versucht sein, sie an einer Stelle anzusiedeln, deren »hochherrschaftliche« Umgebung wohl zu ihnen passen würde. Es ist der alte Westen, jene zurückgezogene, ein wenig geheimrätliche, aber äußerst noble und gediegene Gegend, eben jenes »Heimliche Berlin«, das, am Rande des Tiergartens, zwischen City und Kurfürstendamm dahinträumend, den Ruf und die Erinnerung an eine Zeit bewahrt, der auch dieses neue Buch Franz Hessels eine verschwiegene und unausgesprochene Huldigung darzubringen scheint.

(1929)

Der Fall Stroheim

Erich von Stroheim, drüben einfach »Von« genannt, ist neben Chaplin eine der eigenwilligsten, radikalsten Regieerscheinungen von Hollywood. Sein Name ist Legende geworden, jedes Kind kennt ihn, kennt »the man you love to hate« – den Mann, den man gern haßt –, den Schrecken aller Produktionsleiter, dessen Filme Jahre dauern und Millionen aufbrauchen, bis man sie ihm aus der Hand windet, ein Fanatiker der Arbeit, liebenswert und gehaßt, ein sehr problematischer Fall. Seine Laufbahn begann bereits vor dem Krieg. »Von« quittierte seinen Dienst in der österreichischen Armee, ging nach Amerika und schlug sich als Kellner, Straßenbahnschaffner, Flößer und Eisenbahnarbeiter bis nach Kalifornien durch, wo ihn D. W. Griffith als Komparse für seinen »Alt-Heidelberg«-Film entdeckte. Von da ab datiert sein rascher Aufstieg. Stroheims harter Couleurschädel brachte einen neuen Typus nach Hollywood: den k. k. Gardeleutnant, prunkend im Glanz seiner Ordenssterne und Epauletten, der, zur Karikatur erhoben, mit erbarmungsloser Schärfe einen Menschentypus von gestern abzeichnete. Das ist der *Schauspieler* Erich von Stroheim, wie er uns aus seinem »Hochzeitsmarsch«, der, kein Zufall, in den »Terra-Lichtspielen« und nicht in Hugenbergs Ufa-Pavillon herauskommt, scharf, schneidend, aggressiv, eine salutierende Witzblattfigur, entgegenblickt.

Den *Regisseur* Stroheim, diese »Spottgeburt aus Dreck und Feuer«, haben wir, gezähmt, musikalisch verfeinert, in der »Lustigen Witwe« und, großartig entfesselt, in dem monomanischen Haßdialog »Gier nach Geld« erlebt, der nach einem Pfeifkonzert im »Ufa-Palast am Zoo« der Sensationserfolg der »Kamera« wurde. »Hochzeitsmarsch«, sein vorletzter Film (der nächste wird Remarques »Im Westen nichts Neues« sein), ist, als Ganzes betrachtet, eine ins Maßlose, Chaotische auseinanderfließende, aber in Einzelheiten grandiose und unerhörte Bilddichtung, eine infernalische Mischung aus Besessenheit und Kitsch, aus Genie und Wahnsinn. Eine banale Liebesgeschichte, »Alt-Heidelberg« auf oberösterreichisch, wird hier zum phantastischen Geschichtsspuk, zum Parademarsch unheimlich defilierender Vorkriegsgespenster. Stroheim beschwört sie noch einmal in den Bannkreis seiner pathologischen Haßliebe, er läßt in Bildern, die wie aus einer verschollenen Wochenschau geschnitten sind, den Kaiser, die Generäle und Würdenträger durch den Weihrauch der Fronleichnamsprozession schreiten – eine zusammengeleimte, mechanisch absurrende Automatenwelt, eine unvergeßliche welthistorische Vision. Rings herum, in satirisch zugespitzter Zeichnung, ein paar phänomenale Einzelköpfe: etwa die zigarrenrauchende, grell überschminkte Fürstin Maude Georges, ein Geschöpf aus dem Umkreis Dixscher Hexenphantastik, oder der Fürst mit Bartbinde und Hühneraugenpflaster, die hinkende Millionärin und dann, auf der Gegenseite, die vertierte Fleischlichkeit des Schlachtergesellen, eine faszinierende Schaubudennummer. George Grosz in Hollywood.

Daneben aber gibt es noch einen anderen Stroheim, der von dem romantischen Wien, von dem Wien der Donaunixen und Märchenkarossen, der Apfelblüten und des Vogelgezwitschers nicht mehr loskommt. Und seltsam: auch dieser handgreiflich aufgemalte Öldruckkitsch ist wieder mit einer solchen Besessenheit ins Bild gehämmert, daß man fast glauben möchte, hier sei etwas ganz Neues und Unerhörtes gewollt, etwa eine Übersteigerung, eine Art Überrealismus des Kitsches, der durch sich selbst ad absurdum geführt wird. So ist die Liebe, ebenso banal und kitschig wie das Vogelgezwitscher in Erich von Stroheims blumenüberschütteten Atelier-Nußdorf. Mag sein. In Hollywood, wo man bekanntlich weniger scharf und angestrengt nachzudenken pflegt, hat der »Hochzeitsmarsch« eine begeisterte Aufnahme gefunden. Und während sich bei uns die Rechtspresse anschickt, Herrn von Stroheim mit Rücksicht auf seine »militärische Vergangenheit« in vieler Beziehung als »unverbesserlich« zu bezeichnen, hat Berlin einen Film erlebt, der in all seinen Widersprüchen, in all seiner schillernden und doppeldeutigen Problematik ein Ereignis in der Geschichte der Kinematographie bedeutet.

(1929)

Hugo Balls »Briefe«

Wenige kannten ihn, wenige hatten seine Bücher gelesen, als vor zwei Jahren die Nachricht vom Tode Hugo Balls durch die Zeitungen ging. Klabund, der ihm nahestand, hatte mir einmal von der mönchischen Strenge, von der Abgeschiedenheit und Religiosität dieses suchenden, geistig fordernden Lebens erzählt. Bald darauf erschien sein letztes Buch »Die Flucht aus der Zeit«, ein Rechenschaftsbericht in Tagebuchform, in dem sich Hugo Ball mit dem Problem der deutschen Tradition bis in unsere Zeit hinein auseinandersetzte und unter dem Einfluß mythischer und scholastischer Denksysteme sein neues Menschheitsideal formulierte: die Askese.

Man hat diese Schrift, die zu den ergreifendsten Gewissensdokumenten dieser Zeit gehört, dadurch zu entwerten versucht, daß man sie in ein Bekenntnis zur Weltflucht und Weltmüdigkeit umfälschte. Welch ein Mißverständnis! Gewiß war Ball, nachdem er als Schauspieler und Dramaturg, als politischer und dadaistischer Schriftsteller die Öffentlichkeit gesucht, ja sogar herausgefordert hatte, zu einem Leben der Vereinsamung, der gewollten Verschollenheit zurückgekehrt. Aber dieses Leben, so streng und abseitig, so hart und unerbittlich es auch geführt wurde, hatte nur den einen Sinn, sich um so fanatischer mit der Zeit zu konfrontieren. Nur wer die Gegenwart bis zur Erschöpfung in sich aufgenommen, nur wer sich ganz von ihr erfüllt und durchdrungen fühlte, konnte es wagen, eine »Kritik der deutschen Intelligenz« zu schreiben und sich der geistigen und moralischen Ursachen bewußt zu werden, die zum Weltkrieg und zur Existenzkrise Deutschlands nach dem Weltkrieg führten. Ball war kein Romantiker, wenn man unter »Romantik« die Flucht vor der Entscheidung und die Abkehr von den Forderungen der Wirklichkeit versteht; er war es am wenigsten dort, wo er sich privat, heimlich, inoffiziell geben durfte: in seinen Briefen.

Sie sind jetzt, gemeinsam mit denen seiner Frau Emmy Hennings und mit einem Vorwort Hermann Hesses, das für den toten Freund bewundernd Zeugnis ablegt, als Buch bei S. Fischer, Berlin, erschienen. Ein erschütterndes Buch. Briefe aus der Schweiz, aus dem Tessin, aus Süditalien, Briefe, die von Blumen und Tieren, von Träumen und Büchern berichten, Briefe der Armut und der Entbehrung, der Selbstüberwindung und der Selbstkasteiung. Hier kämpft ein Mensch, eingesponnen in Arbeit, in Glaubenseifer, in Gott, mit den Mächten des Gewissens und der religiösen Verantwortung, ein asketischer Geist, einer der letzten Menschen aus dem Geschlecht der Heiligen und der Auserwählten. »Einmal essen und dann sterben wir alle drei«, schreibt Emmy Hennings aus Zürich, wo sie in einer Zigarettenfabrik Arbeit angenommen hatte, um sich und ihr Kind durchzubringen. Es ist die Zeit, in der Ball am Bakuninbrevier schrieb und sich seinen Unterhalt als Klavierspieler einer kleinen Wanderbühne verdiente. Gleich darauf kommt die Antwort: »Ich verlasse dich nicht.« So ist das ganze Buch. Ein mystischer Liebesdialog, in einer glühenden, hingerissenen Sprache geschrieben, eine stammelnde, fiebernde Kommunion, ein lyrischer Rausch der Vertrautheit und des Verbundenseins. »Es ist eine Sage, die wir leben.« Eine Sage? Gemeint ist jene Verzauberung durch das Wort, jene innige Verschmelzung von Welt und Wunder, von Traum und Wirklichkeit, wie sie nur Kinder oder große, ungebrochene Menschen erleben. Hugo Balls Briefe zeigen den Punkt auf, wo sich dieses Leben zum Gleichnis, zur Legende erhob. Ein Glaubensschicksal in Gedichten und Kapiteln. Man liest sie nicht ohne Ergriffenheit.

(1929)

»Micky und Silly«

Aus dem Tierparadies des amerikanischen Trickfilms, in dem auch Felix, der Kater, und Oswald, das verrückte Karnickel, geboren wurden, ist ein neuer Groteskstar zu uns herübergekommen: Micky, die Filmmaus, eine Erfindung des Zeichners Walter Sidney, der mit dieser musikalischen Schwarzweißserie dem Tonfilm ein bisher ungeahntes Wirkungsgebiet erschlossen hat. Sidneys Tierkarikaturen, die in einer Interessentenvorstellung im »Marmorhaus« gezeigt wurden, sind in ihrer Verbindung von Bild und Ton, von zeichnerischem Witz und akustischer Illustration schlechthin vollendet; welch ein Reichtum an Einfällen, welche Biegsamkeit und Elastizität im Graphischen! Ein Käse wird als Musikwalze in ein elektrisches Klavier gespannt; Gänse schnattern, Schweine quieken, Papageien krächzen; ein Ochsenmaul wird zum Grammophontrichter und ein Nilpferdgebiß zum Schlagzeug, auf dem Micky zum Takt der »Silly-Symphonies«, einer Art Jazzband in Tiergestalt, ihre klappernden Späße vollführt.

Es ist derselbe Galgenhumor, dieselbe unbändige Freude am Trick, am Bluff, an der entfesselten Bewegung, die den amerikanischen Groteskfilm in der Welt berühmt gemacht hat; nur daß hier zum erstenmal das Element der Musik als ein *schöpferischer* Bestandteil in den Film hineinkomponiert ist. Die Instrumente der Jazzmusik, Saxophon, Banjo, Xylophon usw. sind in ihren spezifischen Klang- und Geräuschwirkungen derart auf das Bild abgestimmt, daß von einer »nachträglichen Synchronisierung« kaum mehr die Rede sein kann. Der zeichnerischen Vision entspricht die musikalische; beide sind nicht mehr voneinander zu trennen; eine Einheit ist hergestellt.

Man wird zugeben müssen, daß die Konsequenzen, die sich aus dieser *optisch-akustischen* Form des Trickfilms ergeben, für die neue Musik noch gar nicht abzusehen sind. Wenn es gelingen sollte, die deutsche Industrie für ähnliche Tonfilmkompositionen zu interessieren, dürfte eine Zusammenarbeit von Zeichnern und Musikern außerordentlich fruchtbar werden. Man wird einsehen lernen, daß die in Zeichnung umgesetzte Musik, die in Musik umgesetzte Zeichnung den Tonfilm vor völlig neue Aufgaben stellt. »Micky und Silly« ist der erste und in seiner Art bisher einmalige Versuch, dieses Prinzip zu verwirklichen. Andere müssen folgen! *(1930)*

Durch einen Übertragungsfehler wurde aus dem Namen Disney irrtümlich Sidney. Anm. d. Herausgebers

»Der blaue Engel«

Weil über diesem Film, hergestellt von der Erich-Pommer-Produktion der Ufa, der Name eines Dichters steht, den wir lieben, und weil durch diesen Namen der Anschein erweckt wird, es sei Heinrich Mann, dessen Roman hier verfilmt wurde – deshalb, und weil auch sonst manches, was die Herren des dramaturgischen »Kollektivs« hinzugedichtet haben, uns bedenklich erscheinen will, deshalb ist dieser »Blaue Engel«, so vorzüglich er im einzelnen auch gemacht ist, als repräsentative Leistung – eine Enttäuschung.

Ein Film *gegen* Heinrich Mann. Im Roman ist Unrat ein entfesselter Schultyrann, der, seines Postens enthoben, eine ganze Stadt mit seiner Rache heimsucht. Im Film: ein wehleidig gewordener Clown, der sich gackernd in der Zwangsjacke windet, nachdem sein »Krähe, Bajazzo« die Rührstimmung dieser Bilder um eine peinliche Sensation vermehrt hat. Aber nicht dies allein, die ganze Figur ist verzeichnet. Es hätte gezeigt werden müssen, wie das Gerücht, wie der Klatsch um Unrat allmählich die Stadt ergreift (welch ein Tonfilm-Vorwurf!); und wie nun Unrat selbst sich an dieser Stadt zu rächen versucht, indem er sie moralisch vergiftet. Ein grandioser Filmstoff: der Untergang eines ins Verbrecherische abgedrängten Kleinbürgers, ist von den Autoren Zuckmayer und Vollmoeller, auf deren Mitarbeit sich die Ufa triumphierend berufen wird, dem sentimentalen Handlungsklischee überantwortet worden.

Dies alles aber, dieses Verborgene und Verlogene eines Schicksals, wird verdeckt durch die gedrängte, in jedem Detail ausgewogene Regie Josef von Sternbergs. Freilich, als Tonfilm betrachtet, war die »Letzte Kompagnie« technisch verblüffender, akustisch kühner und interessanter. Bernhardt stellte zum erstenmal das Problem »Ton und Landschaft« zur Diskussion; er arbeitete mit Geräuschvisionen, auf die Sternberg, nicht nur deshalb, weil das Thema ein anderes ist, bewußt verzichtet. Dafür ist der »Blaue Engel« künstlerisch reifer, darstellerisch präziser und ausgeglichener.

Das Ereignis dieses Films aber ist nicht Sternberg, auch nicht Emil Jannings, der als Unrat noch einmal die Galerie seiner gedemütigten, deklassierten, vom Leben zersägten Mitleidsattrappen um ein neurasthenisches Prachtexemplar vermehrt – so überwältigend, so großartig diese Leistung auch angelegt ist, sie wiederholt, nur in anderm Kostüm, ein Wirkungsschema, von dem sich Jannings endlich befreien müßte. Nein, das Ereignis dieses Films ist Marlene Dietrich.

Und hier wird die Regie Josef von Sternbergs am stärksten spürbar: Das ist keine falsche Garbo mehr, alles an ihr ist neu und aufreizend; dieser lockende, einladende Gang, diese kühle Verdorbenheit, diese sinnliche Aggressivität in Ton und Bewegung – Marlene Dietrich ist nach Hollywood gegangen. Der deutsche Film ist um eine Künstlerin ärmer.

(1930)

Zapfenstreich bei der Ufa

In demselben »Ufa-Pavillon«, in dem »Ein Burschenlied aus Heidelberg« den Nollendorfplatz für die Ideale des Paukbodens zu keilen versucht, ist im Vorprogramm ein Film zu sehen, der wie eine Wochenschau aus wilhelminischen Tagen anmutet: »Zapfenstreich bei der Reichswehr«. Wenn es noch eines Kommentars bedurft hätte, um den Geist einer Produktion zu kennzeichnen, die nunmehr, im Augenblick des Wahlkampfes, ihre Parteifahne unverhüllt flattern läßt, so ist es die Tatsache, daß dieser selbe Film als Vorspann für eine Wahlversammlung benutzt wurde, die unter dem Motto »Hugenberg spricht«, im »Ufa-Pavillon« angekündigt war.

Darüber ist nun nicht mehr viel zu diskutieren. Herr Hugenberg ist in der beneidenswerten Lage, Filme herzustellen, die auf ihre Weise dazu beitragen, die Verdummung der Scherlabonnenten durch das gesprochene Wort zu unterstützen, und er hat das Glück, über einen Theaterpark zu verfügen, der es ihm gestattet, diese Filme unauffällig unter das Repertoire zu mischen. Denen aber, die weder Zeit noch Lust haben, sich durch Parademärsche, Säbelmensuren und Salamanderreiben politisch aufklären zu lassen, sei der Film einer kleinen Außenseiterfirma empfohlen: »Lohnbuchhalter Kremke« (hergestellt vom »Naturfilm Herbert Schonger«, Berlin), der das Arbeitslosenproblem behandelt und als Gegenstoß gegen die Überschwemmung mit schwarzweißroter Bildpropaganda grade in diesem Augenblick eine Bedeutung erfährt, die sich nun hoffentlich bald im Rahmen einer Berliner Uraufführung praktisch auswirken möge.

Um aber auf Hugenberg und seine politischen Zapfenstreiche zurückzukommen: Regisseur jener klingenden Reichswehrparade, die auf dem Kasernenhof von Neubabelsberg zum Klappen kam, ist Hans Steinhoff, ein Mann, der vom Unterhaltungsfilm herkommt und mit

Rosenmontag
Ufa-Palast am Zoo

der Ufa einen Militärmarsch aufspielt, der mit Pauken und Trompeten den Geist von Potsdam in die Gegenwart hinüberzuretten versucht. Man weiß, worauf es den Veranstaltern dieser Vorkriegsmaskerade ankam, als sie Otto Erich Hartlebens Schauspiel verfilmten: gewiß nicht auf eine künstlerische Bereicherung des Tonfilms, dessen Möglichkeiten unter der reißerisch geschickten Regie Hans Steinhoffs unberücksichtigt bleiben; auch nicht auf die Schauspieler, obwohl Matthias Wiemann einen Offizier spielt, dessen geistige Strenge den Rahmen dieses Films zu sprengen scheint – wichtiger als die Menschen sind die Uniformen, die bei der Premiere begeisterte Ovationen auslösten, und wichtiger als die Uniformen ist der Geist, der aus ihnen spricht und einen Film inspirierte, in dem ein Offizier sich und sein Liebchen tötet, nur weil er ein unter falschen Voraussetzungen gegebenes Ehrenwort nicht mehr zurücknehmen will. – Soviel über den Tonfilm als deutsches Trauerspiel.

(1930)

King Vidors »Hallelujah«

Fast unbegreiflich, mit der Gewalt eines Naturereignisses ist der Negerfilm »Hallelujah« (Mozartsaal) in Berlin eingebrochen, ein Ereignis, so abseits von allem, was der amerikanische Tonfilm, was der große Regisseur King Vidor bisher geschaffen hat, daß man sich einen Augenblick lang besinnen muß, um zu begreifen, was in diesen Bildern vorgefallen ist.

Vorgefallen ist, zunächst, nichts weiter, als daß man einen Film gesehen hat, der unter Negern spielt und dessen Handlung nicht origineller ist als hundert andere, in denen ein Mann von einem Vamp verführt wird – das also ist unwichtig. Vorgefallen aber ist etwas anderes, nämlich: der Einbruch der schwarzen Rasse in den Tonfilm. Eine ekstatisch ferne Welt wird hier zum erstenmal und mit einer künstlerischen Geschlossenheit, wie man sie nur noch im Russenfilm erlebt hat, auf die Leinwand gebracht. Und so fremd und abstoßend uns diese Welt auch erscheinen mag, so unverständlich ihre Sprache, so gewalttätig der Fanatismus, der uns aus diesem Film entgegenschlägt – es ist die Welt des amerikanischen Negerchristentums; sie existiert, man kann sie nicht ableugnen. Was bisher, etwa in den Tänzen einer Baker, in den schwarzen Revuen, in den Gesängen der Revellers zu uns herüberkam, war mehr oder weniger Exportkunst – hier, in diesem Film, spürt man zum erstenmal den großen, kultischen Zusammenhang, in dem sich die Elemente dieser Kunst vermischen: Chorgesang und Niggersong, Gottesdienst und Stepptanz, Urwald und Christian Science. Es ist der Zusammenprall zweier Rassen, zweier Weltanschauungen, zweier Kulturkreise, und ihre Verschmelzung auf dem Boden der amerikanischen Zivilisation. Heidnisches mischt sich mit Christlichem, das Zeremoniell der Kirche mit der Hysterie religiöser Orgien. Eine Rasse vergeht, löst sich auf, aber in der Auflösung kehrt sie noch einmal, einen letzten, großartigen Augenblick lang, zu ihren wilden, barbarischen Ursprüngen zurück.

Wo King Vidor diesen Massenrausch, diese trunkene Erhebung zeigt, wächst der Film ins Grandiose: die Ekstase der Getauften, die in triefenden Gewändern schreiend durch die Reihen der Wartenden zurücktaumeln; die Teufelsaustreibung; das gezogene, aufheulende Totengebet der Klageweiber.

Amerika hat große und bedeutende Regisseure, Künstler von Genie und solche, deren Genie sich in Hollywood festgefahren hat. King Vidor gehört zu den ganz wenigen, die sich mit jedem Film von neuem auf die Probe stellen, um dorthin zu gelangen, wo Hollywood aufhört und das Unbekannte beginnt. Ein solcher Durchbruch ins Elementare ist »Hallelujah«, und er ist deshalb überwältigend, weil er zugleich Kunst ist und Dokument, die Kunst eines Erdteils und das Dokument einer Rasse.

(1930)

Ernest Hemingway

Als Sinclair Lewis anläßlich seiner Stockholmer Nobelpreisrede auf den amerikanischen Roman der Gegenwart zu sprechen kam, nannte er unter anderem auch den Namen eines Schriftstellers, der ihm den Geist einer jüngeren, leidenschaftlich an sich arbeitenden Generation am eindringlichsten zu repräsentieren schien. Es war Ernest Hemingway, von dem Lewis sagte, daß er »ein echter Künstler« sei, »dessen Heimat das ganze Leben ist«; und auch wir, die wir von anderen Voraussetzungen her, belastet mit der literarischen Tradition von Jahrhunderten, an diesen Mann herangehen, begrüßen in ihm eine der großartigsten, der faszinierendsten Erscheinungen, die das schreibende Amerika von heute hervorgebracht hat.

Zwei Romane und ein Band Kurzgeschichten, das ist alles, was Hemingway bisher veröffentlicht hat. Woher er kommt, welche literarischen Einflüsse er in seinem Werk verarbeitet hat – wir wissen es nicht. Eingeweihte erzählen, daß er von Zeit zu Zeit unterzutauchen pflegt, um als Taxichauffeur in Paris, als Bärenjäger in Kanada oder als Skilehrer in der Schweiz Amerika und die amerikanische Zivilisation zu vergessen. Aber, auch wenn es nur erfunden wäre – es würde sehr gut zu einem Menschen passen, der alle Brücken einer ruhigen, behaglichen Konvention hinter sich abgebrochen zu haben scheint. Um Hemingway zu verstehen, dazu muß man ihn vor allem aus seiner geistigen Besonderheit heraus verstehen, aus dem Abenteuerlichen und Unbehausten einer Existenz, deren Heimat die Internationale der Hotelzimmer, der Eisenbahnen und Nachtcafés ist.

Er ist der Mann, der in sich den Kampf zwischen Amerikanischem und Europäischem, zwischen dem Optimismus einer jungen und der Dekadenz einer alten, müden Welt auszutragen hat; der Mann zwischen zwei Kontinenten, hineinverschlagen in die Traurigkeit einer von Granattrichtern und Massengräbern aufgewühlten Zeit, umhergeschoben auf allen Schauplätzen einer hemmungslos ausgelassenen Nachkriegsboheme, ein Amerikaner in Europa, ein Europäer in Amerika. Das ist seine geistige und geographische Fixierung. Für ihn, den Entwurzelten, vom Krieg entwurzelten Amerikaner, ist Europa nur ein Schauspiel, bei dem er auf eine tragische Weise dazu verurteilt ist, den Zaungast zu spielen. Aber es hilft nichts, man muß das Abenteuer zu Ende leben, dieses von allen Künsten der Zerstreuung, von allen Sensationen der Selbstbetäubung großartig inszenierte, entfesselte Abenteuer Europa.

Das ungefähr ist die Stimmung, die seinem ersten Roman »The sun also rises« das Gepräge gab, jenem unvergeßlichen Stierkampfroman, der bei uns unter dem Titel »Fiesta« erschienen ist. Es ist schwer, einen Begriff von diesem Buch zu geben, dessen stoffliche Spannkraft sich auf die mit verblüffender Präzision und Sachkenntnis geschriebenen Arenaberichte konzentriert, das aber in seinem tieferen, in seinem eigentlichen Gehalt ein Problem ahnen läßt, dessen Zartheit durch die Brutalität und Bewegtheit der äußeren Vorgänge auf eine merkwürdige Weise kontrastiert wird. Ein Mann liebt eine Frau, aber weil der Mann durch einen Bauchschuß das, was ihn zum Manne macht, verloren hat, darum ist es eine hoffnungslose, eine verstümmelte

Liebe, und darum müssen beide sich einander versagen. Der Konflikt selbst wird nur angedeutet. Er verschwindet in dem Amüsierbetrieb einer amerikanischen Cocktailparty, die von Paris nach Pamplona aufbricht, um sich aus spanischen Weinschläuchen neuen Lebensmut anzutrinken.

Hemingway gibt dieser Gesellschaft von Dollarspekulanten und Whiskypiraten als Motto den Satz mit auf den Weg: »Ihr gehört alle einer hoffnungslosen Generation an.« Warum hoffnungslos? Menschen werden gezeigt, Literaten, Boxer, Bankrotteure, die mit dem Leben fertig sind und nicht wissen, was sie noch mit sich anfangen sollen. Sie vagabundieren in der Welt umher, schreiben Romane oder Zeitungsartikel, lieben, trinken, angeln, aber alles, was sie unternehmen, wird von der Erkenntnis beherrscht, daß es im Grunde nutzlos sei, irgend etwas zu versuchen. Es ist eine Flucht ohne Ende.

Hemingway war damals Korrespondent eines kanadischen Zeitungskonzerns in Paris. Es mochte ihn gereizt haben, den Krieg in seinen seelischen Nachwirkungen auf die amerikanische Kolonie rings um das Café du Dome zu zeigen. Wenige Jahre später erscheint ein Buch, in dem nun der Krieg selbst zum Inhalt der Darstellung geworden ist. Es ist Hemingways reifstes, ausgeglichenstes Werk. Wir sehen ihn als Offizier an der italienischen Front, 1917, »in einem anderen Land«, dessen Sprache man spricht und dessen Schlachten man kämpft, als hätte man von Anfang an nichts anderes gekämpft, gedacht und gesprochen. Plötzlich ist alles aus. Man hat den Krieg in der Feuerlinie erlebt, als Kraftfahrer einer Sanitätskolonne, man ist sogar einmal verschüttet worden und hat ein paar Monate im Lazarett gelegen. Man hat eine Frau kennengelernt, hat mit ihr zusammen gelebt, und man ist wieder an die Front zurückgekehrt, in den Boxring, um in einer letzten, großartigen Runde den Rückzug der italienischen Armee als ein phantastisches Wildwestdrama zu erleben. Noch ist der Krieg nicht zu Ende, aber man selbst ist zu Ende, k. o., zu Boden geschlagen, fünf Minuten vor Schluß, Glocke des Schiedsrichters, Abtrocknen, Anziehen, raus. Man vertauscht die Uniform mit dem Sakko, fährt in ein Grandhotel am See, setzt sich an die Bar, trinkt, bezahlt, sagt der Frau, die man geliebt hat, »Guten Tag« und flieht mit ihr im Ruderboot über die Grenze.

Das Buch heißt: »A farewell to arms« (Titel der deutschen Ausgabe: »In einem andern Land«), und es ist nicht nur das abenteuerlichste, das verwegenste, das männlichste Buch über den Krieg, sondern zugleich einer der schönsten Liebesromane unserer Zeit, ein

Buch, in dem von zwei Menschen die Rede ist, die in ihren Umarmungen das Grauen einer entgötterten, vernichteten Welt zu vergessen suchen. Das alles ist ohne eine Spur von Sentimentalität erzählt. Hemingway verstummt, wo andere laut und gefühlvoll werden, und er gibt uns in diesem Roman eine Definition von Liebe, bei der die Beziehungen zwischen Mann und Frau auf eine großartige Weise nüchtern, auf eine nüchterne Weise großartig und überzeugend geschildert werden. Kein Wort zuviel, kein Satz, der nicht mit einem Äußersten an Sparsamkeit und Zurückhaltung des Ausdrucks geschrieben wäre. Hemingway steht hier auf der Höhe seiner epischen Kunst.

Es gibt Schriftsteller, die mit breit und dick aufgetragenen Farben erzählen, Schriftsteller, die das Direkte lieben und weite Flächen des Gefühls mit den Valeurs ihrer Leidenschaften ausmalen. Hemingway ist ein Graphiker des Wortes. Einer, der mit der kalten Nadel arbeitet, der nicht Flächen gibt, sondern Konturen, nicht Gefühle, sondern Tatbestände, ein Meister des Andeutens und Weglassens, des Aussparens und Umschreibens tragisch verhüllter Lebensumstände.

In Deutschland ist Hemingway bei Ernst Rowohlt, Berlin, erschienen: »Fiesta«, »In einem anderen Land« und der Geschichtenband »Männer« – drei Bücher, die unter anderem auch den Vorzug besitzen, daß sie nicht nur große Literatur, sondern auch große, ganz große Unterhaltung sind. Amerikanischer und europäischer Geist, die Kunst des Abenteuers und das Abenteuer der Kunst – beides verbindet sich in Hemingway zu einer fast klassischen Strenge und Geschlossenheit der Erzählung.

(1931)

Paris und Düsseldorf

Die Geschmäcker rings um den Kurfürstendamm sind verschieden. Zwischen Gedächtniskirche und Bahnhof Zoo, dort, wo man sich schon so manches Flötenkonzert um die Nase pfeifen ließ, hat Fritz Lang den Fall Kürten zu einem Ganovenlustspiel für die Berliner Unterwelt ausgeschlachtet. Leser der *B.M.Z.* applaudieren, wenn der Schrecken von Düsseldorf vor einem Forum von Gaunern und Salonapachen dem Scharfrichter übergeben wird. Und während die Frau im Mond, der wir dieses Plädoyer für die Todesstrafe verdanken, vor den Vorhang rauscht, um sich, ganz in Weiß, an die Spitze des von Herrn

Lang inszenierten Volksbegehrens zu stellen – klingt von drüben her eine andere Musik.

René Clair, der Lubitsch der jungen Generation, zeigt im Gloria-Palast seinen neuesten Tonfilm: »Die Million«. Und der Jubel, der den Schöpfer von »Sous les toits de Paris« zum zweitenmal in Berlin begrüßt, läßt uns für einen Augenblick vergessen, was sich drüben, auf der Nachtseite des Berliner Filmgeschäfts, zugetragen hat. Dort: ein auf die niedrigsten Instinkte berechnetes Spiel mit dem Schafott; hier: ein beglückend leicht gedrehtes Tonfilm-Vaudeville, in dem sich französischer und amerikanischer Lustspielgeist aufs köstlichste durchdringen.

René Clair hat viele Anregungen aufgenommen. Chaplin und »Drei von der Tankstelle«, Buster Keaton und Micky Maus – das alles ist in diesem Film enthalten. Aber welch ein Unterschied zwischen der verfeinerten Regiekunst des Franzosen und dem goldenen Ufa-Humor einer Erich-Pommer-Operette. Welch ein Gegensatz der Rassen, der Stile, des künstlerischen Empfindens! Alles, was bei Pommer den Widerspruch zwischen der realen, ungestellten Welt des Films und einer stilisierten Operettenwelt aufdeckt, das wird hier ohne jede Gewaltsamkeit und mit einem sehr delikaten, filmischen Instinkt in Bild und Musik aufgelöst. Gewiß, es gibt leere Stellen. Die Einleitung ist zu lang, und auch die beiden deutschen Ansager, die dem Onkel aus Neuruppin den Inhalt erklären sollen, sind eine überflüssige Konzession an das Provinzpublikum. Aber was dann kommt und den Höhepunkt des Ganzen bildet: jene hinreißend komische Opernparodie, in der die Jagd nach dem großen Los auf die Bühne übergreift, das ist ganz aus dem satirischen Geist der Franzosen entwickelt und als Tonfilmeinfall von wahrhaft chaplinischer Größe. Ein Blütenregen der Ironie, so fein und behutsam, daß die Parodie auf das Ariengeschmetter unversehens in ein echtes Liebesduett übergeht, gibt dem Film jene Heiterkeit, die wie ein Hauch über diesen Bildern liegt. Das ist die Operettenkunst unserer Zeit! Offenbach 1931.

Die Blamage, diesem zauberhaften Werk das Prädikat »künstlerisch wertvoll« versagt zu haben, trifft den von Regierungsrat Dr. Voelger geleiteten Steuerausschuß, der gleichzeitig auch den »Kleinen Faun«, einen reizenden Trickfilm aus der Micky-Maus-Produktion, von dieser Auszeichnung ausgeschlossen hat. Ich bin gespannt, was Herr Regierungsrat Dr. Voelger zu dem neuen Fritz-Lang-Film »M« sagen wird, der jetzt im Ufa-Palast am Zoo zu sehen ist. Über die »Gesinnung« dieses Films haben wir bereits gesprochen. Bleibt das

Künstlerische. Wo Fritz Lang sich auf den reinen Mordfall beschränkt, wo er sein technisches Können in den Dienst einer Kriminalhandlung stellt, gelingen ihm große und überraschende Aspekte. Ein Kindermord wird geschildert. Man sieht nur, wie ein Ball aus dem Gebüsch rollt und der Luftballon sich in den Telegraphendrähten verfängt. Die Atmosphäre des Verbrechens ist sofort geschaffen. Oder: die Razzia im Bouillonkeller; drastische, unmittelbar packende Kolportage-Effekte. – Abstoßend und gefährlich wird der Film erst dort, wo er die unheimlich-düstere Welt des Mörders zu einer Metropolenposse umstilisiert. Um nur ein Beispiel zu nehmen: Wie kann man es wagen, während auf dem Dachboden der Massenmörder hinter einem Lattenverschlag kauert, dicht an ihm vorbei eine fröhliche Fuchsjagd zu inszenieren? Und wie muß ein Mann aussehen, der es fertigbringt, sich mit einem Auge an dem Auf- und Zuklappen des Messers sadistisch zu berauschen und mit dem andern verstohlen nach dem Scharfrichter zu blinzeln? Hier stimmt etwas nicht, hier wird eine Konjunktur ausgenutzt, hier werden mit einer Volksempörung Filmgeschäfte gemacht.

Peter Lorre spielt den Mörder mit dem kalten, infantilen Blick des Geisteskranken; ein Schatten, der pfeifend durch die Straßen streicht und Äpfel kaut; ein Nachttier, das ausbricht und böse wird, wenn der Trieb über ihn kommt. Er ist die einzige, große Entdeckung in diesem Tonfilm. Sonst: Otto Wernicke als Kriminalkommissar Lohmann. Ihm fällt die Aufgabe zu, so viel an Humor und Heiterkeit aufzubringen, um die Diskussion über Tod und Leben auch den Stammtischbrüdern Hugenbergs verständlich zu machen.

(1931)

Europäische Emigration
Prag, Zürich, Paris 1933–1941

Emigration – eine Bewährungsfrist

In seiner Antwort an Manno ter Braak hat Erich Andermann bereits festgestellt, daß die Emigrationsliteratur keine geistige Einheit darstellt, sondern eine mehr oder weniger zufällige Schicksalsgemeinschaft. Aber welche Folgerungen zieht er daraus? Andermann resigniert. Er ist der Meinung, der emigrierte Schriftsteller habe keine anderen Aufgaben als: erstens, die deutsche Sprache zu pflegen, und, zweitens, sich bewußt zu werden, daß die Traditionen des deutschen Geistes in seinen Hut gelegt sind. Mit Verlaub, wir können mit solchen Formulierungen nicht mehr viel anfangen. Auch der Nationalsozialismus behauptet, an die Tradition des deutschen Geistes anzuknüpfen, wenn er an das Unbewußte, an das Dunkle, an das Mystische und Gefühlsmäßige appelliert. Wir müssen uns also bemühen, unsere Ansprüche klarer, verpflichtender und unmißverständlicher zu begründen, als es denen gegeben ist, die mit dem historischen Vermächtnis von Generationen propagandistisch Mißbrauch treiben.

Dazu gehört vor allem, daß man sich anderer Kategorien bedient, nicht nur ästhetischer, um den Daseinswert einer Literatur abzuleiten, die sich ebensowenig auf einen gemeinsamen Nenner bringen läßt wie die Emigration selbst, in der sie entstanden ist. Diese Literatur wird auch in Zukunft gute und schlechte Bücher produzieren, Liebesromane, Gedichte, Unterhaltungsstücke; sie wird auch, vielleicht, eines Tages das große Genie, die große Persönlichkeit hervorbringen, niemand wird es ihr verwehren, aber diese Frage ist im Grunde uninteressant. Entscheidender ist: Was hat diese Emigration aus sich gemacht? Hat sie ihr einen Sinn gegeben? Hat sie die Zeit, die sie jenseits der Konzentrationslager verbringen durfte, dazu benutzt, neue Inhalte zu entdecken, neue Erkenntnisse und Gestaltungsmöglichkeiten zu entwickeln? »Emigration ist kein Zustand, Emigration ist eine Verpflichtung«, wurde neulich in einer Pariser Schriftstellerversammlung gesagt. Auf die Literatur übertragen, heißt das: Emigration ist nicht nur ein von Hitler aufgezwungener Verlagswechsel, Emigration ist eine geistige Haltung.

Wir glauben, daß es bereits Beispiele gibt, an denen sich diese geistige Haltung ablesen läßt.

Dies alles sind gewiß erst Ansätze. Aber die Arbeit geht weiter. Sie wird darin bestehen müssen, aus sich selbst heraus neue Gesetze zu entwickeln, ohne den Kontakt mit der deutschen Wirklichkeit zu verlieren und an ihr den Maßstab für ihre eigene Wirklichkeit zu kontrollieren. Indem sie versucht, den geographischen Abstand, der sie von den deutschen Ereignissen trennt, durch *geistige Nähe* zu überwinden, arbeitet sie daran mit, ein neues Deutschland vorzubereiten, das schon heute fragend und Antwort heischend, sich seiner zukünftigen Repräsentanten vergewissert.

(1935)

Der holländische Schriftsteller Menno ter Braak hatte in einem Artikel, der unter dem Titel »Emigranten Literatur« im *Neuen Tage-Buch* (Nr. 52, 1934) erschienen war, der deutschen Literatur im Exil vorgehalten, sie habe keine eigenständigen Qualitätsmerkmale ausgeprägt, sondern bruchlos an die deutsche Literatur vor 1933 angeknüpft. Damit verfehle sie ihre Aufgabe, auf die epochale Herausforderung durch den Nationalsozialismus angemessen zu reagieren. Auf diesen Beitrag replizierten im *Neuen Tage-Buch* Erich Andermann, Ludwig Marcuse und Hans Sahl. Marcuse sprach dem Begriff Exilliteratur, über die rein äußerliche Zustandsbeschreibung hinaus, jegliche inhaltliche Berechtigung ab (*Neues Tage-Buch* 2/35). Am 19. Januar resümierte Menno ter Braak die Debatte und bezog sich bei dieser Gelegenheit positiv auf den obigen Artikel Hans Sahls.

Das Dritte Reich des Films

Wollte man den Proklamationen Glauben schenken, in denen sich das Dritte Reich bemüht, das Heldische in der Kunst mit den Kontoauszügen der Verleihbranche in Einklang zu bringen, so steht der deutsche Film am Beginn einer neuen, einer unerhörten Epoche. Verflogen der Novemberspuk einer Konjunktur, die mit Sektkübeln und Kasernenhofwitzen, mit singenden Rheinterrassen und verkleideten Duodezfürsten das demokratische Prinzip »Alles für die Masse« in die Wirklichkeit der Kassenrapporte umzusetzen versuchte; verflogen jener trübe Dunst aus Bockbier, Nacktkultur und patriotischer Begeisterung, in dem sich das schale Parfüm der Absteigequartiere mit dem Ledergeruch preußischer Offiziersstiefel vermischte; verflogen all das, was in vierzehn Jahren deutscher Filmrepublik dem Vergnügen der Handlungsgehilfen und Stenotypistinnen geopfert wurde – eben jener, die nunmehr, vom Rausch der Gleichschaltung ergriffen, gegen ihre Lustspender von gestern das Hakenkreuz schwingen. Ein deutscher Film, mit deutschem Kapital, deutschen Schauspielern, deutschen Regisseuren gedreht, erhebt sich über dem Zusammenbruch einer Produktion, die nichts unversucht gelassen hatte, um die subalternsten Wunschbilder von Millionen am laufenden Band zu befriedigen: eine Filmkunst, die – anknüpfend an die großen Beispiele russischer, schwedischer und französischer Menschendarstellung – nachzuholen trachtet, was ihr im Zeitalter der Tonfilmoperetten und Amüsierschwänke mehr und mehr abhanden gekommen war.

So wenigstens stellt man sich eine künstlerische Erneuerung vor, die Modisches durch Heldisches, Klischee durch Gestaltung, Massenverschleiß durch individuelle Werkarbeit zu überwinden versprach. Aber die Wirklichkeit? Dieselben patriotischen Reiter, derselbe Spießbürgerhumor, dieselben Unterhaltungs- und Animierschlager bestimmen nach wie vor den Spielplan; nach wie vor schwingt der ins Wachsfigurenkabinett abgewanderte Preußenkönig Otto Gebühr den friderizianischen Krückstock, schlägt der finstere Hagen an seinen Pappschild, übernimmt sich Henny Porten als tränenfeuchte deutsche Mutter; nach wie vor darf das Gigolo-Draufgängertum eines Hans Albers, der Feldwebelhumor eines Fritz Kampers, das Girllächeln von Dutzenden uniformierter Mannequins den Film bevölkern. Nur eben, daß dies alles jetzt mit einem programmatischen, einem rassisch-nationalen Vorzeichen abrollt. Aus den Konjunkturfilmen von gestern wurden die Konjunkturfilme von heute, und wie man früher die Befreiungskriege drehte, unter Mitwirkung von Theodor Körner, Blücher und den als Totenkopfhusaren verkleideten Reichswehrbrigaden, so dreht man jetzt »SA-Mann Brand« und »Hitlerjunge Quex« – Filme, die sich von ihren zahllosen Ufa-Vorgängern nur insofern unterscheiden, als die Rolle des Erbfeindes an die Marxisten und Fremdstämmigen übergegangen ist.

Wer dazu verurteilt war, Jahr um Jahr und Woche für Woche den Weg des deutschen Films von G. W. Papst zu Goebbels, von der »Dreigroschenoper« zum »Blutenden Deutschland« kritisch zu verfolgen, mußte diese Entwicklung voraussehn. Lange bevor sich der Fascismus in Deutschland etablierte, hatte er sich bereits in den Bildstreifen, die seiner Herrschaft vorausgingen, angekündigt. Die Spekulation auf die Uniform (Militärschwank), der Hymnus an Blut und Scholle (»Grün ist die Heide«), die Verfälschung der Geschichte zu politischen Zwecken (»Yorck«, »Flötenkonzert von Sanssouci«, »Der Rebell«), die Vorliebe für feudale Adelsinterieurs (sämtliche Ufa-Operetten), die sozialen Märchen vom guten Generaldirektor, der seine Privatsekretärin frisch von der Schreibmaschine zum Standesamt und in sein komfortables Märchenschloß am Wannsee heimführt (sämtliche Ufa-, Afa-, Efa- und Ifa-Operetten), sowie all die andern großen und kleinen Unwahrhaftigkeiten, die in einer Zeit, in der sechs Millionen Arbeitslose nicht wissen, wovon sie am nächsten Tag leben sollen, den Massen einreden: »Man braucht kein Geld« und »Es wird schon wieder besser«; ganz zu schweigen von jenen Ufa-Wochenschauen, die zwischen milchtrinkenden Elefantenbabys, sensationellen Flugzeugabstürzen und Fußballwettkämpfen geschickt für die militärische Aufrüstung Deutschlands Propaganda zu machen wußten – das alles brauchte nicht erst auf Hitler zu warten, um in Ton und Bild auf den Markt geworfen zu werden. Nun aber, nachdem auch die letzte Dorfleinwand in den Dienst der »nationalen Erhebung« gestellt wurde, konnte sich die Ideologie der Skat- und Kegelvereine um so hemmungsloser ausleben. Was die Unterwelt für den Amerikaner, das Boudoir für den Franzosen, der Golfplatz für den Engländer, das bedeutet die rheinische Gartenlaube für den Deutschen. »Traum vom Rhein« – »Heimat am Rhein« – »Die vom Niederrhein« – ein Blick in die Fachpresse genügt, um zu wissen, welche Trümpfe eine Bewegung noch auszuspielen hat, die aus solchem Stimmungszauber ihre größten Wahlerfolge bezog. »Johannisnacht« – »Der Ruf der Heimat« – »Wenn am Sonntag Abend die Dorfmusik spielt« – »Die Fahrt ins Grüne« – »Das Schwarzwaldmädel« – »Heideschulmeister Uwe Karsten« – »Gruß und Kuß – Veronika« – »Des alten Dessauers große Liebe« – der Konsum an Rührfilmen, an Heimatfilmen, an Öldruckfilmen ist außerordentlich. Stratz und Herzog, die Klassiker der Leihbibliothek, liefern die Storys. Ein neues Biedermeier der Seele hat angehoben.

Vergebens sucht man von oben her abzuschütteln, was von unten mit der Gewalt einer Naturkatastrophe hereinbricht. Schon muß die NSDAP mitteilen, daß »alle zur Zeit unter den verschiedensten Titeln angekündigten, sogenannten nationalen Filme außerhalb jeder Verantwortung der Partei stehn«. Und auch der *Film-Kurier*, der längst aufgehört hat ein Fachblatt zu sein und nur noch parteioffiziösen Charakter trägt, erhebt warnend seine Stimme gegen diese neue patriotische Ramschware. Unter der Überschrift »Neuer Wein in alten Schläuchen« finden wir da folgende sehr bezeichnende Randglosse zum Thema:

> »Was zu erwarten war, ist prompt eingetroffen: die Ankündigungen von Filmen mit nationaler Tendenz häufen sich in der Redaktionspost. Völlig unbekannte Personen und Gruppen ergehen sich in bombastischen Worten über ihre Pläne. Stoffe wie ›Horst Wessel‹

> liegen zahlenmäßig in Front... Diese Einsender vertrauen offensichtlich auf die Naivität der Öffentlichkeit. Sie probieren eine neue Art der Finanzierung und Lancierung von Filmen aus.«

Das haben sie nicht gewollt, die Goebbels, Hinkels, Rusts und Raethers, so meinten sie es wohl nicht, als sie das Schlagwort vom »völkischen Film« in die Debatte warfen. Sie glaubten, eine neue Kunstepoche einläuten zu können, die »heroisch, sachlich, stählern romantisch, national, gemeinsam und verpflichtend zugleich« sein sollte (Goebbels). Aber der deutsche Film wird unter ihren Händen nicht heroisch, sondern sentimental, nicht sachlich, sondern hysterisch, nicht stählern romantisch, sondern kleinbürgerlich idyllisch, nicht gemeinsam und verpflichtend, sondern abgeschmackt und gewöhnlich. Wieder zeigt sich, daß eine Weltanschauung, die nicht von konstruktiven Ideen, sondern von politischen Ressentiments getragen wird, auch in künstlerischen Dingen über ein hausbackenes Feierstundenideal nicht hinausgelangt. Mit Stahlruten und Rizinus läßt sich keine neue Werkgesinnung heraufbeschwören, und was nützt es, da man die Friedrichstraße von ein paar prononciert geschäftstüchtigen Filmschmarotzern säuberte, wenn die Männer, die an ihre Stelle treten, Harry Piel und Hanns Heinz Ewers, Otto Gebühr und Hans Albers heißen? Glaubt man, mit solchen Wildwestattrappen aus der Rumpelkammer des deutschen Provinzkinos eine Produktion in die Flucht zu schlagen, die übrigens von niemandem leidenschaftlicher bekämpft worden war als von jener Avantgarde der Berliner Filmkritik, die heute teils im Konzentrationslager, teils in Prag, Wien oder Paris Gelegenheit hat, über die Ergebnislosigkeit ihrer Bemühungen nachzudenken? Nein, es hat sich nichts geändert. Es rauscht der Rhein, die Dorfmusik spielt, und von den Bergen rauchen die Scheiterhaufen einer Bewegung, die mit Trommeln und Standarten an ihren heimatlichen Stammtisch zurückkehrt.

(1933)

Die braune Leinwand

Nirgends lassen sich die psychologischen Voraussetzungen, die zur Eroberung des deutschen Films führten, so genau bis in alle Phasen der Gleichschaltung verfolgen wie in der Sphäre seiner Mitgliederverbände; nirgends zeigt sich aber auch mit solcher Deutlichkeit, was die deutsche Linke und die Regierungen, die von ihr gestützt wurden, in den Jahren vorher versäumt hatten, indem sie den Film in den Inserateteil ihrer Kunstpolitik abschoben. Hier nun setzte der Nationalsozialismus propagandistisch ein.

Wie er alle Formen der Unzufriedenheit in sich aufnahm – um ein Wort von Leo Trotzki aus einem dieser Hefte zu zitieren –, so bemächtigte er sich auch der Unzufriedenheit jener, die mit wachsender Erbitterung erkennen mußten, daß der deutsche Film, sich selbst überlassen, seinem wirtschaftlichen und künstlerischen Zusammenbruch nicht mehr entgehen würde. Diese Unzufriedenheit abzufangen – vom Produktionsleiter bis zum Tonmixer, vom Verleiher bis zum Atelierarbeiter – mußte den Obleuten der verschiedenen Fachgruppen und Betriebszellen um so mehr gelingen, als die Anarchie auch auf diesem Gebiet der kapitalistischen Produktion zur Entscheidung drängte.

Jeder, der den Filmbetrieb nicht nur aus der Perspektive des Parkettsessels kennt, weiß, wie sich die Jagd nach dem Profit hinter den Kulissen der Friedrichstraße abspielte. Da gab es den Kampf um die Elektrolizenzen, jenes ebenso unwürdige wie bezeichnende Schauspiel monopolistischer Preispolitik; und hier war es vor allem die Tobis, die ihre Sonderstellung auf dem Gebiet der Tonfilmapparaturen dazu ausnutzte, jeden Drehtag ins Maßlose zu verteuern. Die Wirkungen sind bekannt. Es ergab sich, daß die Produzenten, um billiger zu arbeiten, einen Film anstatt in vierzehn in zehn, acht oder sogar sechs Tagen herunterdrehten, was wiederum zur Folge hatte, daß die Kunst nach der Stoppuhr gemessen und das Niveau des deutschen Films immer unerträglicher wurde. Da gab es jene unverhältnismäßig hohe Belastung der Produktion durch Stargagen, wie sie an die Aufnahmeleiter, Regisseure, Schauspieler – je nach ihrem Ansehn und nach der Geschicklichkeit ihrer Manager – gezahlt wurden, indes die vom Publikum weniger Umschmeichelten, die Chargenspieler und Komparsen, sich mit Hungergagen abfinden mußten. Und da gab es schließlich die große, unzufriedene Armee der Kinobesitzer, jene Kleingewerbetreibenden des Films, die nicht müde wurden, bei den zuständigen Stellen auf eine Herabsetzung der Vergnügungssteuer zu dringen.

Sie alle glaubten, durch Adolf Hitler bessere Geschäfte zu machen. Jahrelang hatte man ihre Forderungen ignoriert, hatten sich unsre republikanischen Redslobs um den deutschen Film nicht gekümmert. Jetzt plötzlich nahm man ihn ernst. Jetzt plötzlich fand sich ein Mann auf dem Platz, den einst Bismarck eingenommen hatte, und plauschte bei Kaffee und Kuchen mit Tony van Eyck, Harry Piel und Otto Gebühr über das, was wir lieben, über den Film, über das Blut, über das Blut im Film und den Film im Blut. Was Wunder, daß auch dem Kinobesitzer in Chemnitz oder Neu-Ruppin, der sich mit Tom Mix und Leo Peukert recht und schlecht durchs Leben schlug, das Herz an der Abendkasse lauter klopfte, wenn ihm durch den Mund seines Verbandsvorsitzenden verkündet wurde, daß der Film nicht mehr »Handelsware« sei, sondern »Kulturträger«, und daß man in Zukunft alles vernichten würde, was dem entgegenwirke: die Juden, die Tobis und die Lustbarkeitssteuer. Kein Zweifel: seine Sache war in guten Händen. Man dachte wieder für ihn, er wurde umworben und getröstet – die große Zeit des kleinen Filmmannes war gekommen.

Es begann damit, daß Herr Adolf Engl, Inhaber eines Vorstadtkinos in München, den schlechte Einnahmen um seine gute Laune gebracht hatten, zum kommissarischen Leiter des »Reichsverbandes der Deutschen Lichtspieltheaterbesitzer« bestellt wurde, wobei man nicht versäumte, auch den *Film-Kurier*, der inzwischen ebenfalls eine redaktionelle Umgruppierung erfahren hatte, zum offiziellen Organ des Verbandes zu machen. Es folgte die zweite Etappe: Gleichschaltung der Spio (Spitzenorganisation der deutschen Filmindustrie) und ihre Überwachung durch eine besondere Kommission (NSK Spio), zu deren Obliegenheiten es gehörte, alle Fragen auf dem Gebiet des Filmwesens zu überprüfen, als da sind: Programmgestaltung, Eintrittspreise, Platzangebot, Theaterpacht, Musiktantiemen, Elektrolizenzen, Stargagen, Schleuderwettbewerb, Zweischlagersystem und so weiter. Gleichzeitig damit vollzog sich die Zusammenfassung aller Mittel- und Kleinbetriebe in Produktion, Verleih und Vertrieb unter Einbeziehung des »Kampfbundes für deutsche Kultur«, der nunmehr als eine Art Vorzensur in den Produktionsprozeß eingeschaltet wurde. Wo aber blieben die Geldgeber? Um ihnen Appetit zu machen, gründete Goebbels seine mit vielem Reklameaufwand in Szene gesetzte Filmkreditbank, ein Unternehmen, das nun freilich nichts andres darstellt als eine bereits im Entwurf verfehlte Selbsthilfeaktion der deutschen Filmindustrie, die unter staatlicher Obhut, aber auf rein privatwirtschaftlicher Grundlage sich neue Kredite zu verschaffen hoffte. Freilich, von einer Verstaatlichung der Produktion als dem allein möglichen Ausweg, das Gegeneinander der Interessen planmäßig auszuschalten, war auch hier nicht die Rede. Man begnügte sich damit, zu organisieren, ohne zu wissen, was nun eigentlich organisiert werden sollte, und dieser Selbstgenuß, dieser Leerlauf der Organisation fand seinen letzten, symptomatischen Ausdruck in der Gründung jener Filmkammer, die – wie es in der amtlichen Verlautbarung heißt – die Aufgabe habe, »einen gerechten Ausgleich zwischen Arbeitgeber und Arbeitnehmer herbeizuführen«. Diese Filmkammer, der beizutreten allen Berufsgruppen zur Pflicht gemacht wird, umfaßt sämtliche Sparten des Filmgewerbes: Atelier, Rohfilm, Kopieranstalten, Vertrieb, Vorführung und so weiter, sowie alle Filmschaffenden. Das Projekt ist, zumindest auf dem Papier, von einer gewissen Großzügigkeit; aber was nützt der ganze ständische Aufbau, wenn das Privatkapital sich mehr und mehr aus dem deutschen Film zurückzieht? Nicht zuletzt deshalb, weil durch den Fortfall fast des gesamten Auslandsgeschäfts keine allzu große Neigung mehr bestehn dürfte, sich auf solche Defizitabenteuer einzulassen. Und weiter: Wie will man den »gerechten Ausgleich zwischen Arbeitgeber und Arbeitnehmer« herbeizwingen, wenn schon in der Steuerfrage sich die kleinen Lichtspieltheater den Bescheid holen mußten, »daß angesichts der Finanznot der Gemeinden eine völlige Aufhebung der Lustbarkeitssteuer oder auch nur eine entscheidende Senkung nicht in Frage kommen könne«? Grade an einem solchen Beispiel zeigt sich, daß die ökonomischen Gegensätze nicht am grünen Tisch auszutragen sind. Solange es eine kapitalistische Wirtschaft gibt, so lange behält auch der Film seinen Warencharakter und so lange wird auch der Kinobesitzer in Neu-Ruppin nicht verhindern können, daß die Tobis von ihrem Monopol, der Verleiher von seinem Zwischenverdienst und die Gemeinden von ihrer Vergnügungssteuer Gebrauch machen.

Es blieb also den SA-Führern der Leinwand nichts weiter übrig, als wieder einmal die Aufmerksamkeit von den Elektrolizenzen auf die Judenfrage abzulenken. Infolgedessen brachte man ein »Ariergesetz« heraus, wonach jeder Film, der nicht ausschließlich von Deutschstämmigen gedreht würde, unter die Kontingentbestimmungen falle und demgemäß als ausländischer Bildstreifen zu betrachten sei. Allerdings mit der Einschränkung, daß Schutzjuden wie Ludwig Berger, Hans Behrendt, Otto Wallburg, die sich beizeiten um die Pflege des deutschen Rassegefühls verdient gemacht hatten, der Zutritt zum Dritten Reich nicht verwehrt wurde. (Daß sie von diesem Ausnahmerecht auch Gebrauch machten, überrascht uns weniger als es diejenigen vielleicht noch enttäuschen mag, die von einem Filmregisseur erwarten, er werde sich in Paris als Emigrant durchhungern, anstatt in Berlin seinen Rolls-Royce mit dem Hakenkreuzwimpel spazierenzufahren.) Was aber die Situation der Lichtspieltheater im besondern anlangt, so dürfte selbst in Neu-Ruppin die Einsicht nicht auf sich warten lassen, daß Filmkammern und Arierparagraphen keine geeigneten Mittel sind, ein verkrachtes Gewerbe wieder produktiv zu machen. Dafür ist man in die Verbände gegangen, dafür hat man sich ohne Ausnahme gleichschalten lassen, daß auch unter dem Hakenkreuz gelten soll, was schon unter Brüning und Schleicher den Mittelstand der Vernichtung preisgab? Die Organisation steht, aber dahinter wartet der Gerichtsvollzieher. Aufbruch der Nation? Gesundung der Filmwirtschaft? Die in Chemnitz und Neu-Ruppin seufzen: Der Tag von Potsdam hat ihnen die Steuerschulden nicht gestrichen. Der Film vom kleinen Kinobesitzer ist abgelaufen. Wo blieb das Happy-End?

(1933)

Humor, ausgebürgert

Zur Ausbürgerung Ernst Lubitschs

Sie wissen nicht, warum Ernst Lubitsch ausgebürgert wurde? Wir wissen es auch nicht. Aber wir haben uns seinen neuesten Film angesehen, »Die lustige Witwe«, der allabendlich in Paris vor ausverkauften Häusern abrollt.

Es ist ein heiteres, musikalisches Spiel, in dem man, trotz verschiedener Längen, Wiederholungen – und Abschwächungen –, all das noch einmal findet, was seit mehr als einem Jahrzehnt den Namen dieses Regisseurs in der Welt berühmt gemacht hat: Humor, Geschmack, Geist, kurz, jene ganz besondere, eben von Lubitsch auf den Film übertragene Grazie, die seitdem eine Welt von Epigonen und nur einige, wenige Meisterschüler auf den Plan gerufen hat. Alle lebten von ihm, die Großen jenseits des Ozeans ebenso wie die Kleinen des deutschen Unterhaltungsmarktes, jene Possenreißer und Schwankfabrikanten, die auch heute noch ihre alten Sektpfropfen munter über die angeblich neue Leinwand knallen lassen. Ihnen allen hat Lubitsch, der Schöpfer der ersten Tonfilmoperette, überhaupt erst beigebracht, was eine Komödie ist, wie man eine Pointe setzt und ein Chanson zu »bringen« hat. Und auch das intellektuelle Paradepferd unter den Gleichgeschalteten – jener Erich Engel, der einmal Brecht inszenierte und heute, da es nun mal verlangt wird, sich mit kosmischen Erklärungen über Gott und die Welt dem Propagandaministerium anbietet –, auch er ist ohne Lubitsch undenkbar.

Man sagt, er wäre »Ostjude«, obwohl er in Berlin geboren, in Berlin zur Schule gegangen, mit Berlin groß geworden ist. Sein Witz – der Witz eines Berliner Jungen, der unter die feinen Leute gegangen ist – hat eine ganze Industrie befruchtet. Aber sie haben ihm schlecht ins Regiebuch geguckt. Sie haben seine Einfälle vergröbert, seinem Spott die Spitze genommen; sie haben mit der Faust auf den Tisch geschlagen, wo er, der immer Liebenswürdige, immer Ironische, nur leicht die Mundwinkel verzog. Sie haben aus ihm ein Provinzgeschäft gemacht, und was dabei herauskam, war keine »Liebesparade«, sondern eine Parade krachender Anzüglichkeiten und subalterner Feldwebelwitze.

Das sollte, so hieß es, im Dritten Reich anders werden. Der Führer selbst hatte es den Prominenten im Kaiserhof gelobt. Aber zum Lustspiel gehört Humor, und wie kann man Humor haben, wenn die schlechte Laune regiert und die Regierenden verlernt haben, über sich selbst zu lächeln? Nein, in diesem Deutschland ist kein Platz für Menschen, die von der Kunst leben, andere zum Lachen zu bringen. In diesem Deutschland gibt es nur verkniffene Gesichter, Heuchelei und jenen tierischen Ernst, der sich mit Schädelmessungen und Betriebsappellen die Zeit bis zum nächsten Sturmangriff vertreibt. Kein Wunder, daß Ernst Lubitsch diesen Leuten auf die Nerven geht. Ihr »Humor« pflegt sich in SA-Kellern oder vor versammelter Lagermannschaft auszutoben. Sie finden es »komisch«, einem Mann die Hosen abzuschneiden und ihm ein Schild um den Hals zu hängen: »Ich bin ein Jude.« Und sie halten sich die Seiten vor Lachen, wenn der Sohn den Vater, der Vater den Sohn, auspeitschen muß.

Sie fragen, warum Ernst Lubitsch ausgebürgert wurde?

Weil er Humor hat.

(1935)

Die Moorsoldaten

Der Bericht von Wolfgang Langhoff

Der Schauspieler Wolfgang Langhoff hat elf Monate im Konzentrationslager Börgermoor zugebracht. Den Bericht über diese elf Monate liefert sein Buch »Die Moorsoldaten«, das im Schweizer Spiegel-Verlag, Zürich, erschienen ist.

Ein erschütterndes Buch. Einer, der schon den Hahn des Revolvers hinter sich knacken hörte, erzählt hier von jenem finstersten, anonymen Deutschland, das die Hitler-Interviewer allerdings nicht zu sehen bekommen, wenn sie sich beim 5-Uhr-Tee über die Errungenschaften des Nationalsozialismus belehren lassen. »Ich schwöre, die reine Wahrheit zu sagen«, schreibt Langhoff in seinem Vorwort. Diese Wahrheit aber ist grauenhaft. Es gibt Szenen in diesem Buch, die uns bis in den Traum hinein verfolgen: jenes »Verhör« im Kohlenbunker zum Beispiel oder die Nacht der langen Latten ... Man muß das selbst nachlesen, Wort für Wort, und die Widerstandskraft eines Menschen bewundern, der nach alledem noch den Mut findet, an ein anderes, besseres Deutschland zu glauben.

Zum Erstaunlichsten aber gehört, was Langhoff über die illegale Arbeit im Lager berichtet. Da ist die geheime Leitung, die vor den Augen der SS-Mannschaft Parolen ausgibt und Revolutionsfeiern abhält. Da gibt es einen »roten Sender«, der aus dem Dunkel der Schlafbaracke zu den Lagerinsassen spricht. Und da gibt es, vor allem, jene großartige Schilderung einer Zirkusvorstellung, die mit dem Absingen des nun schon berühmt gewordenen »Börgermoorliedes« ihren melancholisch-rebellischen Abschluß findet.

Dies alles ist in einer Sprache geschrieben, die über das Dokumentarische hinaus dichterische Züge trägt. Kann hier noch von Tendenz gesprochen werden? Es ist die Tendenz zur Wahrheit, die für die Wahrheit einer Tendenz Zeugnis ablegt. Schon jetzt, wenige Wochen nach Erscheinen des Buches, sind bereits mehr als dreitausend Exemplare verkauft worden. Die amerikanische, die dänische, die russische und die französische Ausgabe steht bevor. Kein Zweifel: dieses Buch wird ein Weltecho finden, dem selbst die Lautsprecher des Dritten Reiches nicht mehr gewachsen sind.

(1935)

Karriere eines Herrenmenschen

Arnolt Bronnen

Dem Dichter und Herrenmenschen Arnolt Bronnen war es beschieden, mit dem von ihm bekämpften »System« die besten Literaturgeschäfte zu tätigen. Theaterdirektoren wie Leopold Jessner, Schauspieler wie Elisabeth Bergner und Fritz Kortner traten als erste für einen Autor ein, dessen dramatische Anfänge in jedem Fall neuartig, interessant und von jenem provozierenden Draufgängertum getragen waren, bei dem man noch nicht genau wußte, ob sich daraus ein Revolutionär oder ein Flegel entwickeln würde. Seine Stücke – die Stücke eines den Bürger jäh erschreckenden Exhibitionisten – redeten eine Sprache, die in ihrem erotischen Zynismus zumindest ein Verdienst hatte: das Ding beim Namen zu nennen, und obwohl diese Sprache, wie sich später herausstellte, den Landsknechtston der braunen Bataillone vorwegnahm, ließ man es sich nicht entgehen, sie zum Gegenstand heftiger Debatten und Theaterskandale zu machen.

Bronnen aber blieb, was er war: ein Herrenmensch. Von der Kritiken Haß und Gunst verrissen, schwankte sein Charakterbild durch die Geschichte dieser vierzehn Jahre – bis sich herausstellte, daß der Dichter des pornographischen Nationalismus, der Freund von Goebbels und Johst, in Wahrheit der Sohn des jüdischen Gymnasialprofessors Bronner in Wien und deshalb für die Bewegung nicht mehr tauglich sei. Aber dem Autor dramatisierter Ödipuskomplexe, der bereits die Fanfaren des Dritten Reiches schmettern hörte, kam es auf einen »Vatermord« mehr oder weniger nicht an. Er redete sich damit heraus, das uneheliche Produkt eines Fehltritts zu sein, den seine arische Mutter mit einem Gleichgesinnten begangen hatte. Und nachdem er solchermaßen die Ehre seiner Familie und sich selbst von dem Verdacht, ein Judenstämmling zu sein, rein gewaschen, ließ er sich weiterhin von den »Novembergrößen« Flesch und Braun sein Monatsgehalt als Rundfunkdramaturg ausbezahlen.

Dann verschwand er plötzlich in der Versenkung. Man hörte nicht mehr viel von ihm, seitdem jene Mischung aus Pornographie und Rassenmoral, die er in seinen Stücken propagiert, inzwischen regierungsfähig und die »Exzesse« Arnolt Bronnens durch den *Stürmer* Julius Streichers um mehrere antisemitische Nasenlängen geschlagen worden waren.

Aber den Seinen gibt es der Führer im Schlafe ... Und so kommt aus

Berlin die Nachricht, daß »der Schriftsteller Arnolt Bronnen zum *Fernsehdramaturgen* ernannt worden ist. Er wurde zugleich beauftragt, das erste *Sichtfunkspiel* zu verfassen«.

Welch eine Aufgabe für einen Herrenmenschen, der schon immer ein Fernseher der politischen Konjunktur war und der nun hinreichend Gelegenheit haben wird, seine dramaturgischen Erfahrungen auf dem Gebiet artbewußter Kinderzeugung in die gewünschte Wellenlänge umzusetzen. Leider erwähnt die Notiz nicht, ob dieses erste nationale Sichtfunkspiel dazu ausersehen ist, über das Privatkino Adolf Hitlers hinaus der Öffentlichkeit zugänglich gemacht zu werden. Aber wir glauben, daß es dem Dichter Bronnen schon gelingen wird, den Kompromiß zwischen Libido und völkischer Erneuerung fernseherisch zu bewältigen.

Nicht alles, was in diesem Deutschland geschah, ist unverschuldet geschehen.

Auch daß wir diesen Fehltritt einer arischen Mutter einmal ernst genommen haben, gehört in dieses Kapitel.

(1935)

Ein junger Mann in Polen

Der Wunsch, von sich reden zu machen – nicht durch eine Leistung, die man präsentiert, sondern durch einen Skandal, in den man hineingezogen wurde –, liegt niemandem ferner als dem Autor dieser Erklärung. Noch dazu in einem Augenblick, in dem ganz andere Ereignisse unsere Aufmerksamkeit beanspruchen als die törichten Abenteuer eines 22jährigen Taugenichts, der im Dienste der Geheimen Staatspolizei in die Literatur emigrierte. Ich gestehe, daß ich nur ungern von jenem Martin Ginsburg spreche, der, deutscher Staatsbürger jüdischen Glaubens, sich als Agent einer Spitzelzentrale anwerben ließ, die Emigranten auf deutsches Gebiet lockt oder sie schon vorher unschädlich zu machen versucht. Trotzdem: die Sache entbehrt nicht einer gewissen Komik. Es gibt Einzelheiten in dieser Affäre, die mir, als dem unmittelbar Betroffenen, doch ein Staunen darüber abnötigen, wie gut es jener andere verstanden hat, einen Hans Sahl in Szene zu setzen, den der echte nur mit Neid bewundern kann. Darüber ließen sich noch mancherlei Betrachtungen anstellen. Aber der Platz, den mir diese Zeitschrift einräumt, ist zu kostbar, um ihn mit persönlichen Impressionen auszufüllen. Lassen wir also die Tatsachen sprechen.

In Polen ist ein junger Mann verhaftet worden, der sich *Hans Sahl* nannte und seit geraumer Zeit in den literarischen und politischen Zirkeln von Warschau, Lodz und Krakau verkehrte. Er behauptete, aus einem deutschen Konzentrationslager geflohen zu sein, veranstaltete Vortragsabende »eigener« Dichtungen, die aber nicht von ihm, sondern von Mehring, Tucholsky und jenem andern Hans Sahl stammten, dessen Beiträge auch in dieser Zeitschrift er gewissenhaft für sich reklamierte. Diese Vortragsabende, zu denen auch prominente Vertreter der polnischen Literatur geladen waren, gestalteten sich zu machtvollen Kundgebungen für das »kämpfende deutsche Proletariat«, in dessen Namen sich Hans Sahl von den Anwesenden feiern ließ. Nachdem er sich solchermaßen als ein Mann von Haltung und Charakter ausgewiesen, widmete er sich dem Studium der teuersten Nachtlokale von Warschau und erwarb sich damit auch die Sympathie derjenigen, die sich bei einem Glase Sekt nicht ungern über die Weltrevolution unterhalten. Kurzum: er lebte wie Gott in Polen, und da er über sehr viel Geld verfügte und sich auf die verschiedensten literarischen Beziehungen berief, so gelang es ihm, bis in die besten und einflußreichsten Kreise der polnischen Gesellschaft vorzudringen. Allmählich aber wurde sein Auftreten verdächtig. *Neues Tage-Buch* und *Neue Deutsche Blätter*, die er, verstohlen aus der Tasche ziehend, mit seiner Mitarbeit zu beehren vorgab, reichten auf die Dauer nicht aus, den Argwohn seiner Neider zu beschwichtigen. Bei seiner Verhaftung, im Anschluß an einen Vortragsabend in Krakau, gab er schließlich zu, Martin Ginsburg zu heißen und Agent der Gestapo zu sein. Damit endet die Karriere jenes Hans Sahl, dessen Betriebsamkeit ich die Ehre verdanke, auch in Polen gelesen und bekannt geworden zu sein.

(1935)

Nachruf auf einen Theaterkritiker

Herbert Ihering

Aus Berlin kommt die Nachricht, daß dem Theaterkritiker Herbert Ihering jede weitere Mitarbeit an deutschen Zeitungen verboten worden ist.

Für den, der sich einmal zu seinen »Anhängern« gezählt hat, entbehrt das Schicksal dieses Mannes nicht einer gewissen tragischen

Ironie. Wir wollen hier nicht eine Handlungsweise beschönigen, die durch keine noch so wohlwollende »Psychologie« entschuldigt werden kann. Aber der Fall Ihering – das ist zugleich ein Fall Berlin, ein Fall Berliner Betrieb und Betriebsamkeit der Nachkriegsjahre. Er war der Repräsentant jener atemlosen »Up-to-date«-Gesinnung, die aus Angst, »nicht dabei zu sein«, immer und überall dabei war und den ganzen Wochenzettel Berliner Novitäten im D-Zug-Tempo durchrezensierte. Da war nichts jung, nichts lebendig, nichts kämpferisch genug; da wurde am nächsten Morgen dem Leser jede Neuentdekkung als »dernier cri« der Weltgeschichte serviert. Vom Sechstagerennen bis zu Eisenstein, von Schmeling bis zum Lachpillen-Caro, von Buster Keaton bis zu Ernst Busch kritisierte man vom Tag her für den Tag, aber man tat so, als ginge es um die Ewigkeit. Aus der Traditionslosigkeit dieser ewig jungen und begeisterungsfähigen Stadt wurde ein Prinzip, eine Weltanschauung gemacht, und Ihering war ihr Vornotizenprophet. Er lobte das Junge, nur weil es jung, er bejahte das Neue, nur weil es neu war, und als nun das Neueste vom Neuen, nämlich der Nationalsozialismus kam, da legte er nicht die Feder weg, sondern schrieb, die Tinte war noch nicht trocken, mit derselben Begeisterung über Göring und Goebbels, mit der er eben noch über Brecht und Piscator geschrieben hatte. Er, der von jedem Kinobesitzer in Neu-Ruppin verlangt hatte, er müsse sich »entscheiden«, der mit Feuer und Schwert dreinfuhr, wenn eine Inszenierung bei Reinhardt nicht den Gesetzen des revolutionären Theaters entsprach, er machte sich selbst zum Akteur einer politischen Komödie, bei der einige andere, die auch etwas von Gesinnung und Charakter verstanden, es vorzogen, den Zuschauerraum zu verlassen.

Man hat über diesen »Umfall« eines der führenden Repräsentanten linker Berliner Publizistik im Ausland viel diskutiert. Aber ich glaube nicht, daß dieser Umfall nur aus Konjunkturgründen erfolgt ist. Ihering war ein Berufsavantgardist, wie andere Berufsboxer oder Berufsfotografen sind. Es ging ihm nicht so sehr um die Idee als um den Theaterkrach, der um diese Idee gemacht wird. Als aber der große Theaterkrach von rechts kam statt von links, gab er seinen Beruf nicht auf, sondern referierte den kleinen Szenenwechsel mit dem Eifer des Rezensenten, der auch dann noch für etwas »eintreten« muß, wenn nichts mehr da ist, wofür man eintreten kann.

Er hat sich lange, viel zu lange gehalten. Wenn er jetzt abtreten muß, so geschieht es sozusagen aus Gründen jener »inneren Logik«, gegen die es keine Berufung mehr gibt. Hier hat eine Existenz sich selbst

vernichtet. Wir gestehen, daß wir uns eine Auseinandersetzung mit ihm anders vorgestellt haben.
(1936)

»Sekundenzeiger«

Das neue Buch von Alfred Polgar

Wenn ein neues Buch von Alfred Polgar erscheint, fehlt es nicht an den üblichen Lobeshymnen. Man spricht von »Charme« und »Esprit« und schreibt dem »Meister der kleinen Form« allerlei schamhaft verhüllte Komplimente »an den Rand«. Das geht nun schon so eine geraume Zeit; der »feinsinnige Ironiker« wird mit jedem neuen Band, den er herausgibt, immer feinsinniger und ironischer – obwohl jene, die ihn nur dafür halten, längst hätten merken müssen, daß dies alles gar nicht mehr stimmt, ja, daß es nie gestimmt hat. Denn obwohl man Polgar »Charme« und »Esprit« zweifellos nicht abstreiten kann, so sind dies doch nur die, allerdings sehr reizvollen Begleiterscheinungen eines Geistes, der dem Instrument der Sprache nicht nur ein »Orchester von oben« entlockte, sondern auch jene denkwürdigen Aufsätze gegen den Krieg, die, mitten im Krieg erschienen, den Aufschrei eines Verzweifelten – natürlich in vollendeter Prosa – zu Papier brachten.

Seitdem sind zwanzig Jahre vergangen, es ist beinahe wieder Krieg, und die Welt, gegen die Polgar protestierte, ist zwar um einige seiner kostbaren Bände bereichert worden, aber die Bemühungen des Schriftstellers, sie zu ändern, haben nichts genützt, und resigniert stellt er, in einer schönen Glosse über Romain Rolland, fest: »Wem nützen die wahren Propheten? Bestenfalls dem Ruhm ihrer seherischen Begabung, den das Hereinbrechen des Unheils, das sie weissagten, offenbarte. Die Zeit wird kommen, da das Lamm neben dem Löwen weidet? Möglich. Aber da werden dem Löwen die Krallen ausgefallen oder dem Lamm welche gewachsen sein.« Diese Sätze stehen in seinem neuen Buch »Sekundenzeiger«, das soeben im Humanitas-Verlag, Zürich, erschienen ist.

Was an dieser Skizzenreihe ergreift, das ist jener umschattete Blick in die Zeit, jener zögernd dem Humor und der Heiterkeit entsagende Ernst, der, oft von einer kleinen, winzigen Begebenheit ausgehend, wie von ungefähr aber mit zwingender Notwendigkeit die ganze Kette menschlicher Kausalitäten aufrollt. Der erste Teil stellt gleichsam eine

Reminiszenz an den »alten«, das heißt, den jungen Polgar dar. Da findet man Theaterkritiken, zarte, behutsame Glossen über anonyme Menschen und anonyme Ereignisse, Betrachtungen über eine Nacht im Schlafwagen oder über die Dame, die man zu Tisch führen muß, über Tiere und Tage und über das neue Jahr, das man höchstens ein Jahr lang auszuhalten gedenkt, keine Minute länger. Nach diesem leicht und ironisch hingesetzten Scherzo aber kommt das Andante, der Hauptsatz mit den grollenden Bässen und dem großen tragischen Motiv: Chronik 1936. Und hier ist das Buch nicht mehr Glosse und Aperçu, hier werden mit der »kleinen Form« große und bedeutende Dinge ausgesagt: über den Futuristen Marinetti und seine »Ästhetik des Krieges«, über Nichteinmischung und über den neuen Roman von Sinclair Lewis: »Das kann bei uns nicht passieren«.

Diejenigen also, die mit Späherblick darüber wachen, ob einer »sich entscheidet«, können beruhigt sein: Polgar entscheidet sich. Er entscheidet sich ganz und ohne Vorbehalte, aber die Art, wie er seine Entscheidungen formuliert, trägt ihn, über das Nur-Politische, Nur-Bekennerische hinaus, in die weite und freie Landschaft künstlerischer Gestaltung. Vieles in diesem Buch ist nicht nur klug und witzig, es ist *weise,* und man entsinnt sich nicht, über jenes Dritte Reich, das doch so oft schon zum Gegenstand der Satire wurde, so Gepflegt-Satirisches gelesen zu haben. Da ist zum Beispiel eine Glosse »Höhere Mathematik«, in der mit teuflischer Konsequenz und mit der Exaktheit eines deutschen Statistikers ausgerechnet wird, was geschieht, wenn ein ¾-Jude eine ⅛-Jüdin heiratet. Und dann ist da noch eine andere Geschichte: die Geschichte einer Kuh, die ihren Metzgern davonläuft und sich im Wald verborgen hält. Man muß das selbst nachlesen und die Kunst eines Schriftstellers bewundern, der an dieser kleinen Zeitungsnotiz das Schicksal einer Emigration entwickelt.

»Sekundenzeiger« ist vielleicht das schönste, tiefste, nachdenklichste Buch, das Alfred Polgar bisher veröffentlicht hat. Geschrieben in einem Deutsch, das wir heute dankbarer als je entgegennehmen, zeugt es für einen Autor, der noch das Schreckliche mit den Mitteln geistiger Überlegenheit mitzuteilen weiß.

(1937)

Reise ins Gelobte Land

»Hebräerland« von Else Lasker-Schüler

Else Lasker-Schüler, die Dichterin der hebräischen Balladen, ist ins Gelobte Land gefahren, das sie so oft im Geist erblickt hat. Der orientalische Märchenhimmel, der sich über ihren Gedichten wölbte, die Landschaft des Alten Testaments, erfüllt von den ehrwürdigen Gestalten der Legende – dies alles sieht sie jetzt leibhaftig; ein Traum ist Wirklichkeit geworden und verdichtet sich zu einem Buch, das »Hebräerland« heißt (erschienen bei Oprecht in Zürich) und dessen bald heitere, bald schwermütige Schönheit uns die Erscheinung dieser großen deutschen Lyrikerin noch liebenswerter macht.

Es ist ein biblischer Reisebericht, ein sehendes und ein seherisches Buch, voll von Gesichten und Visionen, die über die eigene Kindheit im Wuppertal hinaus in die Kindheitstage eines alten Volkes führen, in die Tage Davids, Salomos und Esthers. Das moderne und das historische Palästina, das Land der Propheten und der Könige und das Land der Chaluzim, der Pioniere werden eins in der hymnisch-ergriffenen Sprache dieses Buches. Else Lasker-Schüler schreibt nicht, sie singt, sie psalmodiert. In ihr lebt die Melodie des Hohen Liedes fort, die Musik der Klagelieder und der monotone Singsang der Kameltreiber in der Wüste. Diese Frau, und nur sie, kann es sich gestatten, einer Welt, die nach Tatsachen schreit, den Zauber einer Poesie darzubieten, die allein von der leuchtenden Kraft des Wortes lebt und von seiner dichterischen Offenbarung. Wem dies alles »nichts mehr sagt«, wen es nach Statistiken und Aufbauziffern gelüstet, möge gewarnt sein: es steht nichts Authentisches, nichts »Objektives« in diesem subjektivsten aller Palästinaberichte – und doch führt uns das berauschte Wort oft eindringlicher die Realität dieses Landes vor Augen als manche von Material strotzende Musterreportage. Da ist eine Fahrt im Wüstenomnibus nach Bethlehem, da ist die Klagemauer, da ist Tel-Aviv, da sind Zeichnungen und Gedichte, Begegnungen mit Malern, Künstlern, Schriftstellern, und da ist Else Lasker-Schüler selbst, als Prinz Jussuf durch das Morgenland reitend, mit der Jaguarmütze auf dem Kopf und im Herzen die Erinnerung an das tausendtürmige Theben und an die rote Erde ihrer westfälischen Heimat...

Dabei fehlt es nicht an komischen Zwischenfällen.

Einmal wäre sie fast von einem Gangster in Wichs und Lackschuhen entführt worden, die Gute. Ein andermal entgeht sie mit knapper

Not dem verlockenden Angebot, in irgendeinen Harem verschleppt zu werden.

Man frage nicht nach dem Wahrheitsgehalt solcher Wachträume. Else Lasker-Schüler erzählt. Sie erzählt, was sie sieht, und sie sieht dieses Land Palästina, wie es sich ihrer gläubigen und begeisterten Phantasie darstellt: als ein »Badeort für ihre Muse«.

(1937)

New York 1942–1988
Porträts und Impressionen

»Das Dilemma des Radikalen«

Ein Vortrag Arthur Koestlers in New York

Arthur Koestlers erster Besuch in Amerika und sein Vortrag in der überfüllten Carnegie Hall in New York gestalteten sich zu einer politischen Kundgebung, die sowohl der Person des Autors galt als auch der Sache, die er vertrat. Koestler gehört zu jenen ehemaligen linken Revolutionären, die durch Einsicht und Erfahrung zu einer Revision ihrer früheren Konzeptionen gekommen sind. Seine Bücher sind in Amerika lebhaft diskutiert worden, vor allem seine Interpretation der Moskauer Prozesse in dem Roman »Darkness at Noon« und seine Auseinandersetzung mit den Doktrinen der orthodoxen »Linken« in dem Essayband »The Yogi and the Commissar«.

Koestlers kritische Haltung gegenüber dem Marxismus, vergleichbar etwa der eines André Malraux oder Ignazio Silone, seine Enttäuschung über den Zwiespalt von Theorie und Praxis der revolutionären Bewegung spiegelt die Situation namhafter Intellektueller in Amerika wider, von dem Philosophen John Dewey über John Dos Passos, Upton Sinclair und viele andere bis zu dem Kreis um die literarische Zeitschrift »Partisan Review«, in der Koestler regelmäßig seine »Londoner Briefe« veröffentlicht. Es ist eine Haltung, die nicht das Produkt irgendeiner von »Wallstreet« manipulierten düstern Meinungsmaschine ist – wie die weit besser organisierte und manipulierte Gegenpropaganda glauben machen möchte –, sondern der Ausdruck einer allgemeinen Stimmung in Amerika. Diese Stimmung fand auch Arthur Koestler in New York vor, als er vor mehr als dreitausend Personen über »Das Dilemma des Radikalen« sprach. Der Vortrag fand auf Einladung des »Emergency Rescue- and Relief-Committee« statt, einer Organisation, die nach dem Zusammenbruch Frankreichs Tausende von politischen Flüchtlingen gerettet und nach Amerika gebracht hat – unter ihnen Schriftsteller wie Franz Werfel und Künstler wie Marc Chagall – und die ihre Aufgabe, heute wie damals, darin sieht, die Opfer jeder totalitären Aggression zu unterstützen.

Koestlers Vortrag beschäftigte sich vornehmlich mit der Stellung des Intellektuellen in unserer Zeit. Dies ist kein Kampf zwischen Schwarz und Weiß, meint er, sondern zwischen Schwarz und Grau, zwischen »totaler Versklavung« und einer »unvollkommenen Freiheit«. Seiner Ansicht nach besteht das »Dilemma des Radikalen« darin, daß er, um dieser Alternative auszuweichen, in ein politisches

Vakuum flüchtet, sich weder für die eine noch die andere Seite entscheidet und somit objektiv der »Versklavung« in die Hände arbeitet. Die Unfähigkeit, zwischen den Unvollkommenheiten einer noch jungen Demokratie, wie der amerikanischen, und den totalen Schrecken eines totalitären Polizeistaates zu unterscheiden, sei eine der Hauptursachen für das Versagen der sozialistischen Linken in Europa. Zu den treffendsten Formulierungen in Koestlers vorwiegend aphoristisch gehaltener Ansprache gehörte das Wort von den »Babbits« der Linken sowie seine Aufzählung der am meisten verbreiteten ideologischen Trugschlüsse, mit denen die »Fortschrittlichen« im politischen Niemandsland sich über die Unhaltbarkeit ihrer Position hinwegzutäuschen versuchen und die zu ihrer eigenen Lähmung und Selbstaufhebung führen. Die Sache, die wir vertreten, ist nicht perfekt, meint Koestler. Es gibt keine perfekten Alternativen. Worum es geht, ist, zu überleben und über unsern kurzfristigen Maßnahmen zur Rettung der westlichen Zivilisation nicht unsere langfristigen sozialen Forderungen zu vergessen.

Koestlers polemische Ausführungen erinnerten in vielem an Julien Bendas vor zwanzig Jahren erschienenes Buch »La trahison des cleres«. Hier wie dort ging es um das Problem der individuellen Verantwortung in einer Zeit der »Auflösung aller Werte«. Es muß freilich gesagt werden, daß nicht jeder sich eines »Verrates« schuldig zu machen braucht, der sich in dem gigantischen Kräftespiel der Mächte eine gewisse geistige Unabhängigkeit zu erhalten wünscht. (Die völlige Politisierung des Intellektuellen ist ja gerade ein Merkmal jenes politischen Systems, gegen das sich Koestler wendet, eines Systems, das literarische Stoßbrigaden zur Formulierung der jeweils gewünschten Parteilinie abkommandiert, Dichter an die agrarische Front schickt und Komponisten zwingt, das Lob des Diktators zu singen.) Immerhin dürften Koestlers kritische Bemerkungen über den Zustand einer Intelligenz, die nicht fähig ist, »zwischen der Burleske der Hollywood-Vernehmungen und der sinistren Tragödie der Moskauer Prozesse zu unterscheiden«, zur Klärung der Köpfe beitragen. *(1948)*

Eine besondere Stadt

Der Greyhound-Bus mit den fliegenden Hunden auf graublauem Grund hält vor einem Woolworth-Laden. Eine Stimme ruft: »Plymouth, Mainstreet.« Eine Hauptstraße wie viele andere in Amerika. Dieselben Drugstores, dieselben A&P-Läden, dieselbe flimmernde Mittagshitze über den lackierten Dächern der Autos, dieselben Verkehrsampeln, deren Grün, Rot und Orange im grellen Sonnenlicht verblassen, dieselben Zurufe »Hallo, George« oder »Hot day« – heiß heute – von Hauseingang zu Hauseingang, über die Straße hinweg und zu den Fenstern, wo vielleicht eine daseinsselige Katherine Hepburn oder Gloria Grahame in blauen Arbeiterhosen zusammengekauert hockt, dieselbe Atmosphäre familiärer Vertrautheit und sommerlicher Lässigkeit, die über jeder Kleinstadt Neu-Englands in der Hitze eines frühen Julinachmittags liegt ... Und doch ist dies eine besondere Stadt. Auf dieser Hauptstraße wandelten einst Gestalten in der Tracht Rembrandts, auf diesen Uferwiesen wurde das erste Erntedankfest des weißen Mannes auf amerikanischem Boden gefeiert. Im Hafen lag ein Segelschiff vor Anker. Es hieß Mayflower, die Maiblume.

Oberhalb der Stadt, auf dem Hügel, der die Dächer und Schornsteine überragt, sind die Gräber derjenigen, die hier vor 333 Jahren den Fuß auf diesen Boden setzten. Hier standen die ersten Europäer, die sich in der Gegend um Boston ansiedeln sollten, auf diesem schmalen Streifen Land des großen, noch unentdeckten Kontinents, und sie sahen hinüber, dorthin, wo Europa liegen mußte, mit jenem bangen, aus Heimweh, Zweifeln und Abenteuerlust gemischten Gefühl des Flüchtlings, der weiß, daß es kein Zurück mehr gibt, daß er hier bleiben und sterben wird. Hier stand das erste Fort. Die beiden Kanonen beschützten die Siedlung gegen die Indianer. In einem Schuppen steht ein alter Leichenwagen, schwarz und unwirklich wie auf einem Bild von Rouault. Da sind die Namen der ersten, die in fremder Erde begraben wurden, gute, englische Namen: Edward Gray, Thomas Clark, da sind die Cottons, die Cushams, die Lebarons. Man hat die alten Gräber nicht angetastet. Die Grabtafeln sind halb in die Erde gesunken, manche ragen nur noch mit ihrer barocken Spitze heraus. Hier und dort sind kleine Fahnen in den Rasen gesteckt – wie auf einer Landkarte. Sie flattern im Winde. Grüne Bänke stehen zwischen den Gräbern; man kann sich hinsetzen und nachdenken.

Da waren einmal Menschen, die auszogen, eine neue Welt zu gründen. Sie hatten zwanzig, dreißig Jahre an der Vorbereitung des Unternehmens gearbeitet. Einige waren darüber gestorben, andere geboren worden. Dort unten, am Hafen, ist noch der Stein zu sehen, auf den der erste Pilgrim seinen Fuß setzte (und den man jetzt als Gipsandenken kaufen kann wie den Löwen von Luzern). Sie gingen an Land. Sie wußten nicht, was sie erwartete. Sie hatten Durst. Sie hatten Hunger. Es war Winter, und sie froren. Europa lag neun Wochen zurück. Vor ihnen das Unbekannte. Da gingen sie an Land, das Gewehr und die Bibel in der Hand, unsicher um sich blickend, mit schwankenden Knien, taumelnd nach so langer Seefahrt. Auch Frauen waren dabei und Kinder. Sie gingen langsam den Strand hinauf, über die grünen Uferwiesen. Es war der 11. Dezember 1620.

Dort, den Hügel hinauf, standen ihre ersten Hütten. Übereinandergelegte Baumstämme, darüber ein Dach. Und da ist auch die Quelle, aus der sie ihren ersten Durst löschten. Über dem Stein eine Gedenktafel. Es gibt viele Gedenktafeln in dieser Stadt, aber sie drängen sich nicht auf; die Anbetung der Zukunft ist in Amerika stärker als die Anbetung der Vergangenheit. Ein paar Häuser stehen noch aus den ersten Jahren nach der Landung, als man bereits auf längere Sicht zu bauen begann. Das Sparrow-Haus, das Holland-Haus, große, geräumige Gebäude, die Schutz gegen Kälte und Wind und gegen die Indianer boten. Viele Räume, in der Mitte ein Kamin, der durch das ganze Haus geht und von jedem Zimmer aus bedient werden kann – eine Art von natürlicher Zentralheizung. Mächtige Bohlen, über dreihundert Jahre alt, stützen Dach und Mauern; alles wie für die Ewigkeit gebaut, der gelbliche Kalk an den Wänden aus einer Mischung von Stroh und Muschelschalen hergestellt, die dann zerstampft, in Wasser aufgeweicht und getrocknet wurde. Die Geräte, die Möbel, Spinnrad, Stuhl, Bett, Kommode, Kerzenhalter, Kessel – fest und dauerhaft. Man schlief hart. Die Matratze, mit Maisblättern gestopft, ruht auf Stricken. Unten, am Fußende, ein herausziehbarer Kasten, in dem die Kinder schliefen. Es wurden viele Kinder geboren in diesen schweren, massigen Häusern aus Holz und Kalk. Viele starben, und noch mehr wurden geboren. Man brauchte Kinder, um die neue Welt zu bevölkern. Man durfte nicht aussterben.

Der erste Winter an der Küste fand sie schutzlos. Von den hundert Siedlern in Plymouth starben fünfzig. Manchmal waren nur noch sechs oder sieben imstande, für die übrigen zu sorgen. Sie hackten das Holz für sie, wuschen ihre Kleider, bereiteten ihnen das Essen, machten ihre Betten, halfen ihnen beim An- und Ausziehen. Kurz nach der Landung hatten sie ein Vorratslager mit Mais entdeckt, das die Indianer versteckt hatten. Das rettete sie vor dem Hungertode. Ein freundlicher Indianer, Squanto, zeigte ihnen, wie man den Boden fruchtbarer macht, indem man tote Fische in den Acker legt. Sein Denkmal grüßt über den Hafen hinweg.

Bevor sie an der Nordspitze von Cape Cod landeten, dort, wo heute der Leuchtturm von Provincetown steht, hatten sie ein Dokument unterzeichnet, in dem sie erklärten, daß sie sich »unterwerfen würden einer Regierung, die auf Grund eines allgemeinen Beschlusses gewählt werden sollte«. Eine Kopie des Dokuments, unterschrieben von den Männern, die jetzt hier begraben liegen, wird im Stadtmuseum aufbewahrt. Damals hatten sie noch nicht die Absicht, eine »Demokratie« zu gründen. Was sie wollten, war, den möglichen Gefahren einer Anarchie oder Diktatur zu begegnen, indem sie sich eine Form schufen, um ihren gemeinsamen Willen auszudrücken. Es war eine typisch englische Reaktion auf gegebene Umstände und Bedingungen, ein pragmatischer Akt, der die Freiheit all derer garantieren sollte, die der Verfolgung entflohen waren.

Der Wind streicht über den Begräbnishügel. Die kleinen Fahnen flattern. Irgendwo dort drüben liegt Europa.

(1953)

Erinnerung an Dylan Thomas

Zum Tode des englischen Lyrikers

Man schlägt unterwegs die Zeitung auf und liest von dem jähen Verlöschen eines jungen Genies in New York, von dem Tod des 39jährigen englischen Dichters Dylan Thomas, der wie ein Komet über dem Nachthimmel der europäischen Lyrik aufgetaucht war und auch in Amerika eine Bedeutung erlangt hatte wie kaum ein anderer Lyriker unserer Zeit. Und man erinnert sich jener Nächte mit ihm in der kleinen, raucherfüllten Taverne, wo sich die in New York lebenden englischen Dichter um ihn zu versammeln pflegten, wenn er zu einer Vortragsreise in die Vereinigten Staaten kam, und bei schwerem Porterbier und Virginiatabak die Dinge der Poesie und der Politik diskutierten, bis der Wirt, ein beleibter Mann, der gern Schach spielte und sich auf absonderliche Gestalten verstand, mit beschwichtigender Gebärde die Tür hinter uns verschloß und die Überlebenden einer mit Dylan Thomas durchzechten Nacht in die Nüchternheit eines herandämmernden New Yorker Tages verstieß. Und dann denkt man an jenen unvergeßlichen Abend in dem baufälligen Avantgardetheater mit den getünchten Wänden und dem krachenden Holzgestühl, als er, vor vier oder fünf Jahren, zum erstenmal in New York aus seinen Gedichten las – ein etwas gedrungener, untersetzter junger Mann mit rötlichem Haar, der so ganz anders aussah, als man sich einen Dichter vorzustellen pflegt, eher wie ein etwas humoriger, englischer Bankangestellter, dennoch nicht ohne einen dämonischen Zug um Augen und Mundwinkel, ein wenig an Evelyn Waugh erinnernd und wie dieser ohne jede Prätention des dichterischen Auftretens.

Die junge amerikanische Lyrik hatte sich damals noch nicht ganz von dem intellektualisierenden Einfluß einer T. S. Eliot und W. H. Auden gelöst. Noch immer galt es als unschicklich, sich den Emotionen eines lyrisch ergriffenen Gefühls hinzugeben: Reim und Melodie wurden nur in Ausnahmefällen gestattet, eine klinische Nüchternheit im Verkehr mit der Außenwelt herrschte vor, und der junge Dichter, der etwas auf sich hielt, mußte zunächst den Beweis erbringen, daß er sich in den Vokabeln existentieller Verzweiflung über das »Waste Land« der Zivilisation auskannte.

Aber da stand ein Mensch auf der Bühne des »Cherry-Lane«-Theaters, der genau das Gegenteil dessen tat, was die literarischen Magazine von ihm erwarteten, und kaum hatte sich sein Mund zum ersten Wort gerundet, als man bereits wußte, daß man etwas Einmaligem und Außerordentlichem beiwohnte. Dylan Thomas las seine Gedichte nicht, er sang sie, er hatte wieder den Mut zum Reim, zum Klang, zur geschlossenen Form, die zugleich alles offen ließ, er psalmodierte, er war ein vom Wort Hingerissener, ein Barde, ein Rhapsode, der eine in Vergessenheit geratene Form des Poetischen wieder zu Ehren brachte – die Poesie des aus sich selbst entwickelten, lyrischen Augenblicks.

Es gibt Dichter, die aus Scheu vor der Abgegriffenheit des Wortes eine bereits vorgeformte Vokabulatur des Feierlichen und Erhabenen benutzen. Ihre Methode beruht im Sprachlichen auf der sorgfältigen Auswahl des sich selbst als »poetisch« anbietenden und durch seine Erlesenheit dem Alltagsgebrauch entrückten Wortes. Bei Dylan Thomas aber gebiert die Lyrik sich selbst, sie dichtet aus ihrer eigenen Substanz heraus und legt im Alltäglichen das Rhythmische bloß. Ein wie zufällig hingesprochener Satz, »Do not go gentle into that good night« oder »The hand that signed the paper felled a city«, wird allein durch die Mittel der Wiederholung, der Variation, der wechselnden

Betonung und des »inneren Reims« unter seinen Händen zu einer geheimnisvoll an die letzten Dinge rührenden, rhythmischen Komposition. Hörte man ihn vorlesen, so war es, als ob man der Entstehung des Gedichtes selber beiwohnte. Es wuchs aus dem Raum der Sprache wie die Skulptur aus dem des Lichtes oder des Steins, es war die längste Verbindung zwischen zwei Punkten, die einander fast identisch waren, zwischen Sein und Nichtmehrsein, und in diesem Zeitablauf war die Spannung eines Lebens eingefangen. In einem seiner dithyrambisch überströmenden, dennoch ungemein genau und kunstvoll gearbeiteten, ganz ins Geistige aufgelösten Elegien findet sich eine Wendung »King of your blue eyes« (»König deiner blauen Augen«), eine Anrede an seinen kleinen Sohn. Wo sonst in unserer entzaubernden Zeit gibt es noch eine so heilige Ergriffenheit, ein solches Betroffensein von den Wundern der menschlichen Kreatur?

In einem Interview mit der *New York Times* sagte er einmal: »Gedichte sind Stationen auf dem Wege zum Tod.« Er war berauscht vom Wort, vom Wein und vom Gedanken an den Tod. Er war ein Berauschter des Todes, obwohl er ständig gegen ihn rebellierte, und das Leben war für ihn ein von Geburt an gewährter Aufschub, wie auch sein Dichten nichts anderes war als Sprache gewordene Empörung über die ihm zugemutete Geduld. Wie bei kaum einem andern zeitgenössischen Dichter trifft auf ihn jene berühmte Stelle in den »Konfessionen« des heiligen Augustin zu, wo dieser die Gegenwart als »konsumierte« Erwartung begreift und der von ihm memorierte Psalm zum Gleichnis der in jeder Silbe und in jedem Teil des menschlichen Daseins enthaltenen Ewigkeit wird. Zwar war Dylan Thomas kein Heiliger, sondern ein Besessener, den die von ihm ständig beschworene Ewigkeit mit Umnachtung strafte. Aber in seinem Werk lebt etwas von jener Weltfrömmigkeit, die keine Profanierung duldet. So wird bei ihm das augustinische Beispiel dichterisch verwirklicht: das Gedicht wird zum Gleichnis der sich ständig in Vergangenheit verwandelnden Zukunft: der Lebende »konsumiert« den Tod und die Erwartung des Todes in jedem Augenblick und in jeder Silbe seines Daseins, und sein physisches Sterben ist nur das Postscriptum hinter einem von ihm längst zu Ende memorierten Psalm.

Einmal, wenn sich berufenere Kenner seines Werkes zum Worte melden, wird man seinen Namen vielleicht neben denen eines Rimbaud oder Shelley nennen. In seinem Auftauchen und Vergehen war etwas von der rasend bis auf den Stumpf herunterbrennenden Flamme, und wenn ich an ihn denke, an jene Nächte im »White Horse

Inn« in New York, so sehe ich ihn, umringt von Freunden, trinkend und nie ganz »bei sich«, an irgendeinem Türpfosten lehnen, immer an der Schwelle des Wahnsinns, des Nicht-Mehr und Noch-Nicht, lächelnd und zugleich tödlich ernst, ein etwas beleibter Mensch mit krausem, rötlichem Haar und einem runden, fragenden Jungengesicht, und ich weiß: er ging nicht sanft in jene gute Nacht.

(1953)

Eugene O'Neill

Nachruf

In Eugene O'Neill, der im Alter von 65 Jahren in seinem Haus auf Cape Cod, in der Nähe von Boston, nach langem, unheilbarem Leiden starb, hat Amerika seinen bedeutendsten Dramatiker verloren, einen Bühnendichter von ungewöhnlicher Sprachkraft und einen Tragiker, der das Dunkle und Dämonische der menschlichen Natur mit den Mitteln des modernen Theaters darstellte.

Dieses Theater O'Neills war nicht Fortsetzung oder Zusammenfassung von etwas, das schon vorher existierte – es war die Selbstidentifizierung eines sich dramatisch bewußt werdenden, neuen Menschentypus. Wenn man unter Genie die Fähigkeit versteht, einer Epoche Sinn und Gestalt zu verleihen, so war O'Neill das Genie des amerikanischen Theaters. In seinem Werk, das so viele Stile vereinigt, vom Naturalismus bis zum Expressionismus, vom sozialen Milieustück bis zur psychoanalytischen Studie, hat das amerikanische Drama sich selbst eine Tradition geschaffen und sie zugleich überwunden. Die Stücke eines Arthur Miller oder Tennessee Williams sind ohne ihn undenkbar, auch wenn sie sich bewußt auf die veränderte Thematik der Nachkriegszeit umstellen. O'Neill hat für Amerika die Arbeit geleistet, die in Europa auf verschiedene Phasen und Personen verteilt war, von Hauptmann, Wedekind, Strindberg bis zu Toller und Georg Kaiser. Er mußte den Geist der antiken Tragödien in die Sprache Neu-Englands übersetzen und den deutschen Expressionismus in die des schwarzen »Emperor Jones«. Er mußte Freud und Jung der Vorstellungswelt eines puritanischen Koloniallandes anpassen und die Totemzeichen Ozeaniens einem Amerika der Drugstores und der Pullman-Cars. Er mußte Wien und Berlin, Athen und Westindien nach New York tragen und trotzdem ein amerikanischer Autor bleiben, der seine Zuhörer in ihrer Sprache anredete und zugleich dieser Sprache die Kraft einer dichterischen Aussage verlieh. Daß ihm dies in einer Person und im Ablauf eines schriftstellerischen Lebens gelang, macht aus ihm eine fast legendäre Figur in der Geschichte des amerikanischen Geisteslebens.

O'Neill wurde 1888 in New York als Sohn eines irisch-amerikanischen Schauspielers geboren. Er begann sein Studium in Princeton, wurde dort aber wegen undisziplinierten Verhaltens relegiert und ging zur See. Mit 24 Jahren kam er in Berührung mit den »Provincetown Players«, zuerst in Massachusetts, an den Ufern des Atlantik, wo noch heute die kleine Hütte zu sehen ist, in der er seine ersten Stücke schrieb, hoch oben in den Dünen von Cape Cod, später in New York, im Herzen von Greenwich Village, und von diesem Augenblick datiert seine Laufbahn als Dramatiker. Selten hat sich die Zusammenarbeit zwischen einem Autor und einem Theater so fruchtbar erwiesen wie im Falle O'Neills. Sein erstes abendfüllendes Werk war »Beyond the Horizon« im Jahre 1920. Es folgten »Anna Christie«, »The Hairy Ape«, »All Gods Chillun got Wings«, »Desire under the Elms«, »The Great God Brown«, »Strange Interlude« und andere, heute weltberühmte Stücke, zu denen sich, nach 1929, allerdings nur noch vier neue gesellten: »Mourning becomes Electra«, »Days without End«, »Ah, Wilderness« und »The Iceman Cometh«, geschrieben 1939 und 1946 am Broadway uraufgeführt. O'Neill ist dreimal mit dem Pulitzerpreis ausgezeichnet worden und erhielt im Jahre 1936 den Nobelpreis für Literatur. Er war Ehrendoktor der Yale-Universität, und sein Name ist mit den höchsten Auszeichnungen verbunden, die je einem amerikanischen Autor zuteil wurden. Und doch ist um ihn, ähnlich wie bei Melville, immer etwas von der Esoterik jenes »andern Amerika« gewesen, das zu Lebzeiten nie ganz populär wurde, vielleicht weil er zu experimentell, zu denkerisch in seinem Anspruch war, die Bühne zum Schauplatz weltanschaulicher Auseinandersetzungen zu machen, vielleicht auch, weil er in seinen Stücken eine für Amerika ungewöhnliche und nicht eben typische Konzeption des Tragischen entwickelte.

Daß das Schicksal stärker sein kann als der Mensch, daß dunkle Gewalten über uns hangen, denen wir nicht entrinnen können, das sind Vorstellungen, die sich nicht ohne weiteres in das optimistische Weltbild des Amerikaners, in seinen Glauben an die unbegrenzten menschlichen Möglichkeiten eingliedern lassen. Auch O'Neills Präokkupation mit der oft bis zur Raserei entfesselten Liebe zwischen den Geschlechtern als einem zentralen, existentiellen Problem scheint der puritanischen Tradition des Landes nicht entgegenzukommen. Dennoch hat niemand so sehr das verborgen Abgründige und Unberechenbare eines durch harte Arbeit und strenge Gebote geprägten Menschentypus aufgedeckt wie O'Neill in seinem noch immer unübertroffenen »Desire under the Elms«. Hier ist alles in Aufruhr; Leidenschaften werden enthüllt wie Denkmäler, die aus steinerner Vorzeit in unsere Gegenwart hineinragen, und wenn am Schluß der alte Cabot die Herden losläßt und die Steinwälle um sein Haus niederreißt, so glaubt man das Rasen einer antiken Gottheit in den christlichen Feldern Neu-Englands zu vernehmen.

Freilich sind O'Neills Stücke nicht eigentlich Tragödien in jenem klassischen Sinn einer Rebellion des Individuums gegen die ihm auferlegte Heimsuchung. Die Schlinge zieht sich nicht langsam zusammen wie etwa im »Fuhrmann Henschel«, wo der Freiheit des Willens immerhin noch eine letzte Chance gegeben wird. O'Neills Menschen haben sich meist mit ihrem Schicksal abgefunden, noch bevor der Vorhang aufgeht; sie sind die passiven Opfer einer Vorsehung, die sie dazu verurteilt hat, ihrem längst beschlossenen Untergang in Form eines dramatischen Abgesangs beizuwohnen. Das ist die Situation in »Mourning becomes Electra«, aber auch in »The Iceman Cometh« und in andern Stücken, die so »unamerikanisch« zu sein scheinen in ihrer fatalistischen Hinnahme des Unabwendbaren und doch so ganz dem Boden eines Landes entwachsen sind, in dem der Kampf des Menschen mit der Natur, oder mit der Technik gewordenen Natur, eine Art von innerer Bereitschaft für das Außerordentliche, von metaphysischer Anfälligkeit gegenüber dem Einbruch des Irrationalen in eine rational durchorganisierte Welt geschaffen hat. Insofern ist O'Neill vielleicht der amerikanischste unter den Bühnenautoren Amerikas. Bei ihm gibt es keine Kompromisse mit dem Geheimnis, keine halben Lösungen, kein Liebäugeln mit dem Absoluten um des bloßen Effektes willen. In seinen Stücken wird der außer sich geratene Mensch Gewalten überantwortet, die so überdimensional sind wie der Kontinent selber, und die Abgründe, an denen er vorbeitaumelt, die Leidenschaften, die ihn zerstören, sind von der Größenordnung des Grand Canyon oder der Ausbruchswut einer Bäume und Häuser umknickenden, das Land bis auf den Grund aufwühlenden Unwetterkatastrophe. »Ich suche immer«, so schrieb O'Neill einmal, mir der *Kraft*, die hinter allem steht, bewußt zu werden (Schicksal, Gott, Vererbung, was immer es auch sei – ein Geheimnis sicher), und bemühe mich, die eine ewige Tragödie des Menschen in seinem großartigen, zerstörerischen Kampf darzustel-

len, nämlich Träger und Medium dieser Kraft zu sein und nicht ein zufällig dahinvegetierendes Tier.«
(1953)

Hermann Brochs Nachlaß

Auf dem entlegenen Waldfriedhof in Connecticut, inmitten einer puritanisch-kargen, mit graphischer Sparsamkeit auf das Wesentlichste vereinfachten Landschaft, liegt ein Mann begraben, ein großer Europäer, dem Amerika Gelegenheit gab, eines der europäischsten Bücher, den »Tod des Vergil«, zu schreiben und zu veröffentlichen, und der dort eine Mitarbeiterin fand, Jean Starr Untermeyer, die in fünf Jahren aufopfernder Beschäftigung mit dem Text dieses Werk in die Sprache ihres Landes übersetzte. Es ist dies ein nicht unbedeutendes Beispiel für die Wanderung und Umschichtung der Kulturen in unserer Zeit. Daß eine so abseitige Erscheinung wie Broch, während Europas Städte in Flammen aufgingen, sich jenseits des Ozeans als Dichter entfalten konnte, daß Stiftungen und Universitäten sich seiner annahmen, um ihm die Fortsetzung einer Arbeit zu ermöglichen, deren Erfolgsaussichten mit den landesüblichen »Bestseller«-Vorstellungen keineswegs in Einklang zu bringen waren, ist erneut ein Beweis für die auch anderwärts feststellbaren kulturellen Umwälzungen im Amerika der letzten Jahrzehnte.

In der Schweiz hat sich der Rhein-Verlag der noblen Aufgabe unterzogen, das Andenken Brochs durch die Herausgabe seiner gesammelten Werke zu ehren, ein Unternehmen, für das wir ihm schon deshalb zu Dank verpflichtet sind, weil es uns mit zwei bisher unbekannten Werken aus seinem Nachlaß überrascht: einem Gedichtband, von Erich Kahler zusammengestellt, in dessen Haus in Princeton Broch viele Jahre seines Exils verbrachte, und dem groß angelegten, bestürzend kühnen Roman »Der Versucher«, einer Arbeit von 554 Seiten, sichtlich unter dem Einfluß Joycescher Sprachmetaphorik entstanden, dennoch von ihm abweichend durch die ins Mythische entrückte Behandlung eines aktuellen Vorwurfs. Wäre nur dieses Werk Hermann Brochs erhalten geblieben, und nicht seine »Schlafwandler«-Trilogie, nicht die »Schuldlosen«, nicht der »Tod des Vergil«, es würde genügen, seine Bedeutung unmißverständlich nachzuweisen und ihm einen Platz unter den großen Initiatoren einer neuen epischen Form zu sichern.

Thematisch nimmt das Buch, dessen erste Niederschrift um das Jahr 1935 erfolgte, eine spätere sozialpsychologische Untersuchung Brochs über den Massenwahn vorweg, mit dem er sich bis zu seinem Tod im Jahre 1951 beschäftigte. Es schildert den Ausbruch eines Massenwahns in einem Tiroler Bergdorf, ausgelöst durch das Auftauchen eines sonderbaren Wanderpredigers, Marius Retti, eines närrischen, verschrobenen Menschen von der Art jener halbgebildeten Eiferer, die überall dort, wo sie auftreten, Unordnung und Verwirrung anrichten und das Bestehende gefährden. Da er weiß, daß der Haß, mehr noch als die Liebe, die Menschen verbinden kann, so gelingt es ihm, in ihnen jenen Haß zu erzeugen, der nichts anderes ist als Angst – Angst vor der Einsamkeit, vor dem Unbekannten, jene kosmische Urangst, die nach dem Sündenfall kommt. Marius ist gegen das Radio und die Unkeuschheit, gegen die Maschine, gegen »Weiberherrschaft« und »Weiberwissen« – er ist die Zündschnur, die aus der Welt des Irrationalen in die des Rationalen hinüberführt und diese zur Explosion bringt. In der Gegenüberstellung dieses teuflisch-primitiven Versuchers, der »halb gefallener Engel, halb heraufgekommenes Tier«, eine kleinbürgerlich-subalterne Abart des Antichrist darstellt, mit Mutter Gisson, einer die Urkräfte der Erde und der Natur, des Mütterlichen und Heilenden verkörpernden Figur, offenbart sich der Unterschied zwischen falscher und echter Verzauberung: der Verzauberung durch die Lüge und der Verzauberung durch die dem menschlichen Herzen innewohnende Wahrheit. »Das Wirkliche«, sagt Mutter Gisson im »Versucher«, »ist der Mensch, und im Menschen ist das Herz das Wirklichste.«

Zwischen Marius und Mutter Gisson als dem zerstörerischen und dem schöpferischen Prinzip vollzieht sich das furchtbar und mit der Gewalt eines Naturereignisses über das Dorf hereinbrechende Geschehen. Atavistisch-heidnische Vorstellungen aus der sagenhaften Frühwelt der Berge, Mythen von der Zauberkraft des Goldes und der Mystik des Blutes verbinden sich mit den christlich-katholischen der österreichischen Bauern zu einem nächtlichen Dämonentanz, der zwei Menschenopfer fordert: das unter dem Messer des Schlächters Sabest auf dem Keltenstein verblutende, den Berggeistern dargebrachte Mädchen Irmgard (Isaak unter dem Messer Jakobs) und den furchtsamen Radioagenten Wetchy, der in der Mariusschen Verhexungs- und Verhetzungsideologie die Rolle des Sündhaft-Städtischen, der Erde Entfremdeten und dem Weibervolk Verhafteten spielt und, an einen Baum gebunden, von den johlenden Masken des Aufruhrs gelyncht wird.

Wichtig für die Technik der Erzählung, die hier nur in Stichworten angedeutet werden konnte, ist der Umstand, daß sie sich gleichsam auf mehreren, hintereinanderliegenden Bühnen vollzieht. Im Vordergrund der Erzähler, ein alternder Landarzt, der sich aus der Scheinwirklichkeit der Städte in die von täglichen Verrichtungen und der Verbundenheit von Mensch und Natur sinnvoll gewordene Dorfwirklichkeit zurückgezogen hat; dahinter die zweite Ebene des Dorfes als eines vielgesichtigen, sozialen Gemeinwesens, von Broch wunderbar plastisch dargestellt, mit dem Geruch der Ställe, der Herdfeuer und der von Tabaksqualm erfüllten Gaststuben; und dahinter die große Landschaft der Berge, der Natur und der in Sage und Mythus verdämmernden Unendlichkeit.

Diese auch sprachlich gegeneinander abgesetzten Ebenen, von der teils berichtenden, teils lyrisch erregten und sich ekstatisch ausweitenden Ichwelt des Erzählers über den mundartlichen Realismus des Dorfes bis zu der Verzücktheit der sich selbst beschreibenden Natur, kennzeichnen die verschiedenen Bewußtseinsschichten des Romans: die politische, die soziale, die religiöse und die dichterische. »Das Echo des Ewigen«, von dem Broch so häufig spricht, dringt durch sie hindurch und wird von ihnen vielfältig zurückgeworfen. Auf diese Weise entsteht eine Komplexität des erzählerischen Vorgangs, ähnlich wie in Thomas Manns »Doktor Faustus«, wo ebenfalls mehrere Schichten der Erzählung gegeneinander bewegt werden und das Nacheinander der Geschehnisse durch eine neue Vorstellung vom Raum und vom Ablauf der Zeit im Raum abgelöst wird.

Aber Broch, im Gegensatz zu Manns kühl seine Aufgabe eingrenzender Beobachtungskunst, ist ein in jedem Augenblick dem Absoluten verfallener und von ihm überwältigter Mystiker. So entsteht eine Romanform, die bei aller architektonischen Gliederung den Charakter des Fließenden, grenzenlos sich Verströmenden niemals vergessen läßt. Vor allem trifft dies auf jene Partien zu, in denen die Menschen ihre inneren Stimmen vernehmen lassen und zu anonymen Wortführern einer sich gleichnishaft verkündenden »Kollektivseele« werden. Broch bedient sich hier der in der modernen Literatur zwar nicht mehr neuen, aber von ihm meisterhaft und durchaus persönlich abgewandelten Technik des Denkens in Assoziationen, bis zu dem Punkt, wo das Denken zur reinen *Denkmusik* wird. Bei diesem lyrischen Musizieren und Assoziieren verliert das Wort seine individuelle Bedeutung. Es wird zum Material einer mit größeren Sprachkomplexen arbeitenden Aussage. Anfang und Ende, Satz und Gegensatz heben einander auf. Es tritt eine Austauschbarkeit der Begriffe ein, die ebenso eine

Auflösung der Sprache bedeutet, wie sie diese durch eine neue Intensität und Differenziertheit des geistigen Ausdrucks bereichert. Man könnte auch von einer Verwissenschaftlichung der Dichtung oder von einer Verdichtung des Wissenschaftlichen sprechen. Ergebnisse der Tiefenpsychologie und Erkenntnistheorie wurden auf den Roman angewandt, und zwar im Sinne einer methodischen Überwindung des Methodischen, eines systematischen Begreifens des Unbegreiflichen. Und dieses Unbegreifliche, das dem Leser in immer neuen Verkleidungen entgegentritt, ist der Tod und die Erkenntnis des Todes als einer dem Leben nicht entgegengesetzten, sondern in ihm enthaltenen schöpferischen Kraft.

Fast alle Werke Brochs sind aus der Präokkupation mit dem Problem des Todes entstanden. Nur wer den Tod in sich erkennt, wer gelernt hat, mit ihm zu *leben,* der ist wahrhaft »frei«. Das ist die Weisheit Mutter Gissons im »Versucher«. Und von hier aus ist auch die Sprache Brochs zu verstehen, mit ihren hymnischen Kontradiktionen, ihrer Aufhebung der Gegensätze, die nichts anderes ist als eine Aufhebung des Gegensatzes zwischen Sein und Nichtsein, Vergangenheit und Zukunft, Ruhe und Bewegung. Und so stellt auch dieser Roman, der zwischen den frühen »Schlafwandlern« und dem späten »Vergil« steht, diesen aber in mancher Hinsicht bereits vorwegnimmt, eine pastorale Variante desselben Themas dar, symphonisch aufgebaut und von einer Kunst der Naturbeschreibung, die bei aller sinnlichen Nähe zum ertasteten, erfühlten Gegenstand dennoch die Landschaft als einen Teil des Unbegreiflichen begreift, aus dem dieses Buch kommt und in das es einmündet.

Broch war ein frommer Mensch. Wer ihm nahestand, hatte zuweilen, mitten im Gewühl der Stadt New York, das Gefühl, einem Heiligen zu begegnen, dessen Attribut eine mit Manuskriptblättern vollgestopfte Aktentasche war. Die Askese, die er sich auferlegte, war der Tribut, den er an das Absolute entrichtete, und was er tat und schrieb, auch seine grenzenlose Bereitschaft, jedem zu helfen, der in Bedrängnis war, stand unter dem Zeichen einer geistigen Unruhe, die nicht Angst vor dem Tod war, sondern der quälenden Gewißheit entsprang, daß der Tod kommen würde, bevor er ihn ganz zu Ende gedacht hatte. Was ihm vorschwebte, war etwas Übermenschliches, und es zerrieb ihn, wie es jeden zerreiben muß, der die Grenzen der menschlichen Erkenntnis zu überschreiten trachtet. Seine Philosophie, die so viele Deutungen zuläßt (und Felix Stößinger, der Herausgeber, hat sie in einem Nachwort beispielhaft zusammengefaßt), war doch nur dies:

daß der Mensch, ebenso wie das Kunstwerk, ein Versuch ist, zu jener »Gestaltwerdung aus dem Gestaltlosen« zu gelangen, die allem Lebendigen zugrunde liegt und die doch nur Gott, das heißt dem »Über-Unendlichen«, wie es Broch nennt, vorbehalten sein kann.

Das verleiht auch seinen Büchern den Charakter einer gewaltigen geistigen Unternehmung, zu gewaltig für ein einzelnes Menschenleben und immer vom Schmerz des Vorläufigen, des Unvollständigen erfüllt. Kurz vor seinem Tod schrieb er mir: »Heute, da ich mit einiger Plötzlichkeit ein ziemlich alter Mann geworden bin, erkenne ich schreckerfüllt, daß ich mein Leben vertan und verschleudert habe, und an dieser Verschleuderung ist wohl zu fünfzig Prozent die Briefschreiberei schuld.« Natürlich war nicht nur die in der Tat enorme Korrespondenz, die er führte (und deren Herausgabe ebenfalls vom Rhein-Verlag vorbereitet wird), an diesem Gefühl der Vergeblichkeit und des Nutzlosen schuld. Zu groß, um sich mit Kleinem zu begnügen, sehnte er sich zugleich nach jener Beschränkung, die das Geheimnis der Kunst ist und mit der er sich in seinem unstillbaren Drang nach Vollständigkeit doch nicht abfinden konnte.

Als ein Beispiel hierfür mag auch die Tatsache gelten, daß es drei Fassungen dieses Romans gibt: eine vollendete, aber vom Dichter verworfene, und zwei unvollendete. Das Problem für den Herausgeber bestand darin, sie zu einem Buch zu verschmelzen – eine fast unmögliche Aufgabe, der sich Felix Stößinger mit bewundernswerter Einfühlung unterzog, obwohl mitunter, vor allem im zweiten Teil, der Eindruck eines Überangebots an unkorrigierten Fassungen desselben Themas vorherrscht. Es ist, als ob sich drei Gebirge ineinandergeschoben hätten. Brochs Gefahr, sich im Grenzenlosen zu verlieren, seinem lyrischen Überwältigtsein hätte man vielleicht durch etwas Verzicht auf eine gewiß verständliche Pietät gegenüber dem vorhandenen Material begegnen können. Indessen, betrachtet man das Werk als Ganzes, so bleibt der Eindruck einer trotz allem überwältigenden und eben durch ihre nicht immer ausgeglichenen Proportionen nur noch imposanter wirkenden geistigen Landschaft, vor uns hingestellt mit der visionären Kraft letzter Verinnerlichung, ein Ereignis der deutschen Sprache jedenfalls, das noch viele Kommentatoren beschäftigen und sich ebenbürtig neben den übrigen Werken dieses Autors behaupten wird.

Über den Menschen Broch gibt der Gedichtband Auskunft, der wie eine Hintergrundmusik die verschiedenen Etappen seines Schaffens begleitet. Broch war als Prosaist ein Lyriker und als Lyriker ein

Prosaist. Auch hier geht es nicht um das »mot juste«, an dem noch Flaubert verzweifelte, sondern um die Pluralität des sprachlichen Ausdrucks. Und doch gibt es Stellen von einer dichterischen Begnadung wie jene Zeilen im »Flugzeuggedicht«, die Erich Kahler zu Recht der Bewunderung des Lesers empfiehlt: »Ich weiß, dort unten geht ein Pflug / ganz still und langsam, schon genug / fürs stille Brot, jahrein, jahraus ...« Man wird vielleicht Brochs Gedichte nicht in dem Maße als eine Erneuerung der lyrischen Form empfinden, wie man etwa seine Prosawerke als eine Erneuerung der epischen Form betrachten muß. Jedoch gestehe ich, daß mich selten ein Buch so angesprochen hat wie dieser lyrische Nachlaßband – nicht zuletzt, weil er mit seinen Widmungen, seinen persönlichen Adressen, seinen autobiographischen und bekenntnishaften Beiträgen das Bild eines Menschen abrundet, für den Weisheit gleichbedeutend war mit Güte – einer Güte, die sich nicht davon abbringen ließ, in dem einzigen Bereich, der dem Individuum in seiner Selbstwehr gegen die Zeit noch geblieben ist, dem des Privat-Menschlichen, von ihrem Hausrecht Gebrauch zu machen und jene Liebe »vom Einzelnen zum Einzelnen« zu verwirklichen, von der Broch im »Versucher« die Heilung der Welt erwartet. *(1954)*

Thornton Wilder

Als im Jahre 1943 Thornton Wilders »The Skin of our Teeth« (»Wir sind noch einmal davongekommen«) in New York herauskam, gab es wohl niemanden, der sich nicht von diesem Stück angesprochen fühlte. Das Fragwürdige einer brüchig gewordenen Existenz, die traumhaft-irreale Stimmung, in der Millionen eine Welt der Schrekken und Katastrophen erlebten, konnte gar nicht treffender charakterisiert werden als durch dieses Spiel von Mr. und Mrs. Antrobus, Excelsior, New Jersey. Alles schien hier auf den Kopf gestellt zu sein, Zeitalter und Epochen schoben sich ineinander, Eisberge und Kathedralen; Sintfluten und Bankhäuser wurden in Bewegung gesetzt, um gemeinsam mit den teils bedrohlich sich neigenden, teils aufrührerisch davonfliegenden Kulissen in einem Schauspiel mitzuwirken, in dem nichts mehr Bestand zu haben schien, außer der immerhin tröstlichen Gewißheit, man sei noch einmal davongekommen. Mit einem weltgeschichtlichen Witz, der zuweilen exzentrisch aus dem Komischen ins Kosmische springt, zeigt Wilder in dem Kampf der Familie Antrobus um Selbstbehauptung die Wiederkehr des Gleichen unter verschiedenen Vorzeichen: den ewigen Kampf des Menschen mit der Natur, seine Unbelehrbarkeit, seinen Mangel an Fortschritt, seine Hoffnungen und Enttäuschungen, seine Verzagtheit und seinen Willen zum Wiederaufbau. »Das ist alles, was wir tun«, sagt Sabine, diese köstliche Inkarnation des gesunden Menschenverstandes in Dienstbotengestalt, »immer wieder von vorn anfangen! Immer und immer wieder ... Woher wissen wir, daß es nachher besser sein wird? Warum machen wir uns immer wieder etwas vor? Eines Tages wird die Erde ohnehin erkalten, und bis dahin werden alle diese Dinge immer wieder geschehen: noch mehr Kriege und noch mehr Mauern aus Eis und Sintfluten und Erdbeben ...«

Die beträchtliche Wirkung, die von diesem Stück ausging – das übrigens in Deutschland kurz nach dem Krieg, in ungeheizten Theatern, vor einem frierenden, in Mäntel gehüllten Publikum, vor sich ging –, beruhte jedoch nicht zuletzt auf jener unvergeßlichen Schlußszene, in der Schilder mit Aussprüchen großer Dichter und Philosophen über die Bühne getragen werden und Plato, Aristoteles, die Bibel über alle Ängste und Zweifel und Katastrophen triumphieren. Das ermutigende »Trotzdem«, in dem das Stück ausklang, verfehlte nicht, eine Zuhörerschaft zu beeindrucken, die in den vorangegangenen Jahren gelernt hatte, dem Wort zu mißtrauen, und die es nun in seiner zeitlosen Bedeutung wiederhergestellt sah – wiederhergestellt von einem Autor, der aus Amerika kam und mit diesem Bekenntnis zum Geist, zu den Büchern eine für sein Land nicht eben typische Haltung einnahm.

Wilder war indessen kein Unbekannter gewesen. In den zwanziger Jahren hatte er mit seinem ersten Roman »Die Brücke von San Luis Rey« bereits eine Leserschaft gefunden, die bewundernd von einem Autor, einem amerikanischen, Kenntnis genommen hatte, der mit behutsamer Hand und einer an lateinische Vorbilder gemahnenden Luzidität des Ausdrucks das Rätselhafte und Verborgene im menschlichen Dasein aufspürte. Der Roman erschien etwa um die Zeit von Hemingsways »And the Sun also Rises« (»Fiesta«), der in Europa eine literarische Revolution einleiten sollte. Mit ihm wurde der moderne Typus des »passiven« Helden im Roman sichtbar, des Mannes, der selbst nicht handelt, sondern an dem gehandelt wird und der sich auf eine große Weise zu bewähren hat.

Im Gegensatz zu Hemingways einsilbiger, maskuliner, dem Abenteuerlichen und Forschen zugewandter Prosa offenbarte sich bei Wilder eine Freude am Malerischen, Poetischen, innerlich Bewegten, verbunden mit einem ans Mystische grenzenden Gefühl für die innere Gesetzmäßigkeit im Ablauf menschlicher Schicksale. Am Beispiel der Brücke von San Luis Rey in Peru, die an einem Sommertage des Jahres 1714 mit fünf Personen in den Abgrund stürzte, zeigt Wilder, daß jede dieser Personen ihr Leben bereits zu Ende gelebt hatte: die alternde Marquesa de Montemayor, die in einsam monologisierenden Briefen an ihre Tochter ein unerwidertes Liebesbedürfnis zu befriedigen sucht; ihre Zofe Pepita; der vom Tod seines Zwillingsbruders tödlich getroffene Jüngling Estaban; schließlich Onkel Pio, den die Liebe zu der Schauspielerin Perichole wie eine Krankheit verzehrt und der, ihren jungen Sohn auf den Schultern tragend, mit ihm in die Tiefe stürzt. Was Wilder sagen wollte, war, daß der Tod nichts Zufälliges ist und daß der Mensch in dem Augenblick sterben muß, in dem sein Schicksal sich erfüllt hat. So wird die Brücke zum Gleichnis der beiden einander berührenden und sich ablösenden Welten; sie ist die Verbindung, die aus dem Reich der Lebenden in das der Toten hinüberführt, und bei aller Plötzlichkeit des Geschehens ist es dennoch kein gewaltsames Abreißen von Bindungen, sondern ein sanftes Hinübergleiten von einer Daseinsform in eine andere.

Mit diesem kleinen Meisterwerk hatte Wilder ein Thema angeschlagen, das in vielen Verkleidungen und Variationen wiederkehren sollte, von der »Frau aus Andros«, diesem zarten, griechischen Vasenbild, auf dem eine bei Lebzeiten Gestorbene sich schweigend von der Welt abwendet, bis zu den »Iden des März«, einem um die Figur Cäsars kunstvoll aus fiktiven Briefen und Dokumenten zusammengestellten Kulturrelief, und der »Cabala«, dem frühen Niederschlag seines ersten Studienaufenthaltes in Rom, übrigens dem einzigen Werk Wilders, das unverhüllt autobiographische Züge aufweist. Was diese Werke vielfach miteinander zu verbinden scheint, ist, bei aller Verschiedenheit der Stoffwahl, der Formen und Gestaltungsweisen, eine unverkennbar hervortretende Tendenz, nämlich: das menschliche Dasein von einem Punkt her zu sehen, der unendlich fern und zugleich unendlich nah zu sein scheint, so fern, als wäre er auf einem andern Stern, und doch nah genug, daß man von ihm aus in das Herz eines jeden einzelnen auf dieser Erde zu sehen vermag. Auf diese Weise entsteht ein Blick über Zeiten und Zeitalter hinweg in den ewigen Bereich menschlicher Erfahrungen, eine Art von »desinteressiertem Interesse« an den Geschäften dieser Welt, die ebenso Wärme und Anteilnahme bedeutet, wie sie der Meinung Ausdruck geben möchte, daß dies nicht der einzige Planet ist und daß es andere gibt, von denen wir nichts wissen und dic von uns nichts wissen können.

In »Eine kleine Stadt« gibt es noch keine Weltuntergänge, und das Haus von Mr. and Mrs. Antrobus ist noch intakt. Man schreibt das Jahr 1900. Die apokalyptischen Rosse, die in »Wir sind noch einmal davongekommen« über die Erde dahinschnauben werden, stampfen noch friedlich in ihren himmlischen Ställen. Der Glaube an den Fortschritt, den Wilder denen überläßt, die ohne ihn nicht leben können, ist noch nicht in Frage gestellt. Aber statt der Bedrohung des Menschen durch den Menschen oder die Natur steht etwas anderes im Vordergrund: die Beunruhigung durch das Leben selbst, wie es sich in einer »sehr durchschnittlichen« amerikanischen Kleinstadt Neuenglands, und nicht nur dort, präsentiert, mit seinen ewigen, täglichen Problemen, seinem Wachsen, Blühen und Vergehen, seinen rauchenden und seinen erloschenen Schornsteinen. In drei Akten zieht das Thema »Jugend – Alter – Tod« vorüber, von einem Spielleiter überwacht, der das gottähnliche Amt übernommen hat, die Personen aus dem Dunkel entstehen und sie wieder ins Dunkel zurückgehen zu lassen. Was dieses Stück so bedeutungsvoll macht, ist jedoch nicht nur die Tatsache, daß es ohne Dekorationen, in der Art des japanischen Stegreiftheaters, gespielt wird – derlei hat es bereits bei Meyerhold, Pirandello, Brecht gegeben, deren Aufführungen Wilder auf seinen Europareisen in den zwanziger Jahren kennenlernte –, sondern die Fähigkeit, mit der es hier wiederum gelingt, in jedem Augenblick ein Gefühl von großer Nähe und großer Distanz zu den Menschen und ihren Angelegenheiten herzustellen. Auch hier geht es, wie sooft in Wilders Werken, um das Problem des »lebendigen Gestorbenseins« oder vielmehr um die verschiedenen Stufen zwischen Sein und Nichtsein, bis zu jenem letzten Verdämmern, wenn die Seelen sich langsam der Erde entwöhnen und in ein Fernes, Ungewisses eingehen. Da ist jene berühmte Friedhofsszene des letzten Aktes, in der die Gestorbenen auf ihren Stühlen, die ihre Gräber darstellen, sich über das Leben unterhalten und Emily, die soeben im Totenreich eingetroffen ist, den Spielleiter bittet, sie noch einmal, nur einen Tag lang, zu ihren Eltern zurückkehren zu lassen.

Künftige Wilder-Philologen werden sich einmal mit der Wanderung der Motive in seinen Werken beschäftigen, vor allem mit dem höchst eigenartigen Emily-Motiv, das an ein Wort des Euripides erinnert, welches der Humanist Wilder wohl gekannt haben mag: »Wer weiß, ob nicht das Leben ein Gestorbensein / Und das Gestorbensein in Wahrheit Leben ist.«

Es gibt in der »Frau aus Andros« eine Erzählung, die an dieses Motiv anklingt, die Geschichte des Heros, dem Zeus gestattet, noch einmal auf die Erde zurückzukehren, allerdings unter der Bedingung, daß er zugleich *Teilnehmer und Zuschauer* sein müsse. »Da gewahrte der Heros«, so fährt die Erzählung fort, »daß auch die Lebenden tot sind und daß wir nur in denjenigen Augenblicken lebendig genannt werden können, in denen unsere Herzen sich ihres Schatzes bewußt sind; denn unsere Herzen sind nicht stark genug, um in jedem Augenblick zu lieben.« So betrachtet »Die Frau aus Andros« sich selbst als »gestorben«, weil sie nur in seltenen, glücklichen Momenten ein Gefühl erwidern kann, und so kehrt Emily, noch bevor die Frist um ist, wieder zu den Toten zurück.

Es gibt viele Aspekte, unter denen man das Werk Thornton Wilders betrachten kann, aber dieser scheint mir der zentrale zu sein: Man versteht das Leben erst, wenn man gestorben ist – wie Emily in »Eine kleine Stadt«. Und man muß viele Tode sterben, bevor man gelernt hat, das Leben zu akzeptieren – wie die Prinzessin Alix d'Espoli in der »Cabala« oder Kapitän Alvarado in der »Brücke von San Luis Rey«, der große Reisende, gebräunt und gegerbt von allen Wettern, ein Mann, von dem es heißt, daß er die Hemisphären umwandere, »um die Zeit auszufüllen zwischen heute und seinem Lebensabend«.

Die Beschäftigung mit dem Tod ist ein Merkmal unserer Epoche – selbst dort, wo sie ihn zu ignorieren versucht. Denn auch die Weigerung, von ihm Kenntnis zu nehmen, zeigt, wie sehr man ihn fürchtet. Mozart – den Wilder übrigens besonders liebt und dessen Partituren er immer wieder hingebend studiert –, Mozart schrieb einmal an seinen Vater, daß er keinen Abend zu Bett gehe, ohne sich vorzustellen, daß er am nächsten Morgen vielleicht nicht mehr aufwachen würde. Aber dieser Gedanke, so fügte er hinzu, habe nichts Niederdrückendes, im Gegenteil, er befähige ihn, sich seines Daseins ganz bewußt zu werden, er mache ihn heiter.

In dem Werk Thornton Wilders lebt etwas von jener Mozartschen Heiterkeit, die um den Tod weiß und ihn deshalb nicht mehr zu fürchten braucht, weil sie ihn bereits in ihr Denken verarbeitet hat. Es ist die Heiterkeit jener, welche die Leidenschaften und Verwirrungen dieser Welt hinter sich gebracht haben (auch die »Liebe« ist bei Wilder, ähnlich wie bei Proust, so etwas wie eine Erkrankung, eine Art seelischer Gleichgewichtsstörung, ein chronisches Nervenfieber, von dem man entweder in jungen Jahren oder nie – wie Onkel Pio – geheilt werden kann). Es ist die Heiterkeit jener, die wissen, daß das

Leben keinen andern Sinn hat außer dem, den wir ihm geben, und es ist die Heiterkeit Julius Cäsars in den »Iden des März« und in dem Brief, den er am Sterbelager seines Freundes Catull schreibt:

»Das Erzbeispiel des Unvermeidlichen ist der Tod. Ich erinnere mich gut, daß ich in meiner Jugend glaubte, ich sei gewiß von seinem Wirken ausgenommen. Und nun betrachte ich jene Jahre als vergeudet, in welchen mir nicht bewußt war, daß der Tod gewiß, ja jeden Augenblick möglich ist. Ich kann nun auf den ersten Blick diejenigen erkennen, die ihren Tod noch nicht vorausgesehen haben. Ich erkenne sie als die Kinder, die sie sind. Sie vermeinen, indem sie der Betrachtung des Todes ausweichen, die Würze des Lebens erhöhen zu können. Das Umgekehrte ist wahr: Nur wer sein Nichtsein ins Auge faßt, ist fähig, das Sonnenlicht zu preisen... Jedes Jahr sage ich dem Frühling mit innigerer Leidenschaft Lebewohl, und jeden Tag bin ich mit größerer Entschlossenheit dabei, das Gefälle des Tibers zu nutzen, wenn auch meine Nachfolger ihm vielleicht gestatten werden, sich sinnlos ins Meer zu ergießen...«

(1957)

Besuch bei Ludwig Meidner

Porträt eines Porträtisten

»Sie müssen stärker klopfen. Vielleicht sitzt er im Dunkeln und träumt. Das tut er nämlich manchmal«, hatte die Frau aus dem Schreibwarenladen nebenan gesagt. Aber dann öffnete sich langsam ein Türspalt. Als ich meinen Namen nannte, schlug er die Hände zusammen, und sein Gesicht zeigte das freudige Erstaunen eines Menschen, der viel mit sich allein ist und Zeit hat, seinen Gedanken nachzuhängen. Er sah fast noch so aus wie in jener Nacht vor achtundzwanzig Jahren, als er mich in seinem Halenseer Atelier gezeichnet hatte, nur grauer, vielleicht auch ein wenig kleiner geworden, aber noch immer mit demselben, nach innen lauschenden, äugenden Mystikerblick...

»Behalten Sie den Mantel an, ich will gleich Feuer machen«, sagte er freudig erregt. Es war einer der kältesten Tage des Jahres, aber der kleine Ofen in der Ecke war nicht geheizt. »Es macht zuviel Arbeit«, sagte er, während er einen schweren Kohleneimer herbeischleppte. »Außerdem bin ich das Frieren von London her gewohnt.«

Der Raum lag zu ebener Erde, eine Art Werkzeugschuppen, der nun als Atelier und Wohnraum diente. Blick auf winterliche Gärten. An den Wänden die berühmten Porträts aus den zwanziger Jahren: Max Hermann-Neisse, Arthur Holitscher, viele Selbstbildnisse, immer mit dem gleichen, fragenden Blick: Wer bin ich? Große, verstaubte, mit Bindfäden verschnürte Mappen standen gegen die Wände gelehnt – sie enthielten über fünfzehnhundert seiner graphischen Blätter. »Ich habe sehr viel gearbeitet seitdem«, sagte er, und es klang, als hätten wir uns gestern erst getrennt. »Ich habe fast alles retten können.« Inzwischen war es ein wenig wärmer geworden in dem kahlen, kalten Raum. Ich setzte mich zaghaft, immer noch im Mantel, auf den einzigen Stuhl, der nicht mit Büchern, Zeitschriften, Zeichenmaterial bedeckt war. »Was wollen Sie trinken? Kaffee, Tee, Schokolade, Wein, Cognac? Ich habe alles«, sagte er mit dem Stolz eines orientalischen Gastgebers, der weiß, was er seinen weitgereisten Gästen schuldig ist, und machte sich an einem der beiden großen Tische zu schaffen, die mit Teebüchsen, Gläsern, Farbtöpfen, Weinflaschen, Pinseln, Tassen und einer Unmenge Küchenutensilien bedeckt waren. Ich mußte an das gelbe Haus denken und an den Mann, mit dem er soviel Ähnlichkeit hatte, nicht nur in der erregten Strichführung, die zuweilen an van Gogh erinnerte, sondern in der Bedürfnislosigkeit seiner Lebenshaltung. Der Ort selber, die lange Dorfstraße, das Atelier, dies alles erinnerte in seinem kargen Ernst und in seiner menschlichen Demut und Anspruchslosigkeit an die Legende des Mannes von Arles und Auvers sur Oise. Das gab es also noch, diese Unbeirrbarkeit im Glauben an die Lebensnotwendigkeit der Kunst, diese Hingabe an eine Tätigkeit, die darin besteht, weißes Papier mit Strichen zu bedekken und Farben auf einer Leinwand zu versammeln, Tag für Tag und Jahr um Jahr, ein Menschenleben lang, unbeirrt durch Verfolgung, Elend, Emigration, Rückkehr, durch zwei Weltkriege und einen Streifen Frieden dazwischen...

»Was wollen Sie sehen?« fragte der kleine Mann. Er trug einen dicken grünen Wollpullover und einen dicken Wollschal, und auf dem Kopf, der doch schon recht kahl geworden und, gleichsam als Entschuldigung, von einem Kranz weißgrauer Haare umrahmt war, trug er dasselbe fromme Käppi, das »Kalottchen«, wie man in seiner schlesischen Heimat sagte, das er damals in Halensee auf dem Kopf hatte, als er dem andächtig Lauschenden von seinem nächtlichen Umgang mit Geistern erzählte und von dem Teufel, der ihn gelegentlich besuchte, mit Vorliebe in den frühen Morgenstunden, und nach dem er auch mit dem Messer gestochen hatte, als er ihm allzu frech beim Zeichnen über die Schulter gucken wollte. Meidner war damals voll von Ekstase und Magie gewesen. 1920 war die »Menschheitsdämmerung« erschienen, jene Anthologie expressionistischer Lyrik, von Kurt Pinthus herausgegeben, die Epoche machen sollte und für die er, Meidner, eine Reihe Dichterporträts in der für ihn typischen, visionären, den Zustand des Schöpferischen gleichsam verewigenden Manier gezeichnet hatte. Man mag jene Epoche des hymnischen Außersichseins im einzelnen nicht mehr so positiv bewerten wie damals – im ganzen gesehen war es jedoch eine der produktivsten Perioden in der Geschichte der deutschen Literatur und Kunst und vielleicht die letzte große literarische Bewegung in unserer Zeit. Im Bereich dieser weitverzweigten geistigen Erhebung und Erregung, die sowohl das Theater als auch die Dichtung und bildende Kunst ergriffen hatte und deren Einflüsse sich noch heute nachweisen lassen, spielte der Malerpoet Ludwig Meidner mit seinen lodernden Porträts von Paul Zech, Benn, Däubler, Hasenclever, der Lasker-Schüler und fast allen dichtenden Zeitgenossen, mit seinen biblischen Gestalten und seinen dithyrambischen, von ihm selbst geschriebenen und illustrierten Prosabüchern eine besondere Rolle.

Ludwig Meidner, das war damals für uns, neben Kokoschka, ein Programm, eine Haltung der Ergriffenheit dem Dasein gegenüber, vielleicht der intensivste Ausdruck auf dem Weg zu jener Verinnerlichung, die zum Programm der jungen Kunst gehörte. In den Blättern dieses Erleuchteten, die den christlichen Glauben jener Epoche atmeten, war etwas von dem Geist der jüdischen Propheten, von ihrem Zorn, ihrer Inbrunst und ihrer fanatischen Menschlichkeit offenbar geworden. In großer rauchender Handschrift war die Apokalypse der Zeit über das Papier geschrieben, vor einem Hintergrund qualmender Landschaften und ekstatischer Gesichte. »Im Nacken das Sternenmeer«, so hieß eines seiner berühmtesten, von uns oft zitierten Bücher, das in keiner Bibliothek eines jungen Menschen jener Zeit, der etwas auf sich und seine Ekstasen hielt, fehlen durfte ...

Dann kam 1933. Sein Name stand auf der Liste der für »entartet« erklärten Künstler. Ich verlor seine Spur, auch im Ausland wußte man nicht, ob und wo er lebte, bis ich vor kurzem seine Adresse ausfindig machen konnte und erfuhr, daß er als Zeichenlehrer in einer jüdischen Schule in Köln untergetaucht und wenige Wochen vor Ausbruch des Krieges nach London ausgewandert war, wo er bis 1953 blieb, um wieder nach Deutschland zurückzukehren, diesmal nicht nach Berlin, sondern nach Frankfurt, in ein Altersheim, und dann in ein hessisches Dorf am Taunus. »Ich weiß nicht, ob Deutschland noch der Ort sein kann, wo Juden in größerer Zahl existieren und mitarbeiten können«, hatte er mir geschrieben. »Aber ich selber kann nur leben, wo man Deutsch spricht und schreibt, noch immer liebe ich das, da ist nichts zu machen. Und so hoffe ich, den Rest meiner Erdentage – ich bin jetzt im dreiundsiebzigsten Jahr – hier zu verbringen und nicht mehr genötigt zu sein, von neuem in die Emigration zu gehen...«

Und nun begann er, während ich dasaß und trank – ich hatte mich, dem Gegenstand entsprechend, für einen scharfen Schnaps entschieden –, die Mappen herbeizuschleppen, die sein graphisches Vermögen darstellten, zuerst die Zeichnungen aus den zwanziger Jahren, gewaltige Blätter, Köpfe und Gestalten, in jener dampfenden, barocken, die Konturen ausbauchenden Schreibweise, die eine Art »Kennmarke« seiner Kunst geworden war und die ihn als Expressionisten klassischer Observanz auswies. Aber nie vorher war es mir so bewußt geworden, daß es neben diesem erregten Meidner einen andern gab, einen Graphiker von exzeptioneller Klarheit und Genauigkeit, der in seinen leidenschaftlich beruhigten, auf den Gegenstand bezogenen und ihn liebevoll nachformenden Arbeiten an die beste Tradition deutscher Zeichenkunst anknüpfte, und daß dieses andere, vielfach übersehene oder unterschätzte Element in ihm von Anfang an bis heute in seinem Werk vorhanden war, als der große vitale Strom, von dem alles andere abzweigte. Ich habe Stunden in dem Atelier in Marxheim verbracht, in denen mir bewußt wurde, daß der kleine, stille Mann, der so wenig Aufhebens von sich machte, zu den großen Zeichnern unseres Jahrhunderts gehört, daß er immer *mehr* gewesen war als das, was die Mode aus ihm gemacht hatte, und daß es galt, Ludwig Meidner für die Kunstgeschichte und für unsere Zeit neu zu entdecken.

Es dunkelte, und ich mußte in die Stadt zurück, nicht ohne ihm zu versprechen, daß ich am nächsten Tag wiederkommen würde. Ich hatte nur einen Bruchteil der in seinem Besitz befindlichen Blätter gesehen, und da war noch so viel, was er mir zeigen wollte, den Londoner »Totentanz« von 1952, die Studien aus dem Altersheim und die Aquarelle und Ölbilder, mit denen er sich jetzt beschäftigte und die ihn vor neue Probleme gestellt hatten, mit denen er sich auseinandersetzen mußte...

Am nächsten Tag trafen wir uns zu einem abendlichen Mahl in dem renovierten Gasthaus »Zur Tanne«. Wir aßen und tranken. Man ehrte ihn dort. Van Gogh wurde in Arles verhöhnt, die Gassenjungen riefen hinter ihm her und nannten ihn *»Fou-roux«,* aber im Gasthaus »Zur Tanne«, wo bereits ein leises »Rock 'n' Roll«-Element aus dem Lautsprecher sich gedämpft der dörflichen Atmosphäre mitteilte, schien man sich durchaus des Wertes bewußt zu sein, den der kleine Mann, der hier zuweilen einkehrte und dem guten, roten Landwein mit Maßen zusprach, für das Etablissement repräsentierte. »Sprechen Sie Französisch?« wisperte er mir ins Ohr. »Der Kellner war nämlich in Paris«. Ich versuchte meine Sprachkenntnisse an dem schneidigen Garçon in weißer Jacke, konnte ihm aber nur einige spärliche welsche Laute wie *»Oui, Monsieur«* und *»Je regrette«* – dies vor allem im Hinblick auf ein nicht lieferbares Vorgericht – entlocken. Im übrigen war es ein Vergnügen, mit Meidner zu tafeln, obwohl dies mit Bedacht und nicht ohne Einhaltung gewisser Vorschriften – er hatte etwas von Kreislaufstörungen erwähnt – zu geschehen hatte. Es ging eine unaufhebliche Würde von ihm aus, zugleich auch etwas Humorvolles, beinahe Verschlagenes, zumal er die Rolle des »alten Mannes« als eine neue Nuance seines immer ein wenig geheimnisvollen und bei aller Güte hintergründigen und komplexen Wesens auszukosten schien. Und wieder spürte ich, während wir uns unterhielten, wie in ihm das Gewissen der Kunst arbeitete, der Trieb, sich Rechenschaft zu geben über das, was er sah und las und hörte, in Sprache und Bildern zu formulieren, ein Literat und ein Künstler zugleich, ein Augenmensch und Wortmensch, ein zeichnender Schriftsteller und ein schreibender Seher, mit dem Lächeln der Weisheit auf dem forschenden, ein wenig pfiffigen Gesicht.

Später, wieder im Atelier, mußte er sich in einen Stuhl setzen und eine Zeitlang ruhig verhalten. Der Nachhauseweg war ihm ein wenig beschwerlich geworden, er hatte mehrmals stehenbleiben müssen. »Ich hätte nicht soviel essen sollen«, klagte er. »Das darf ich nicht – in meinem Alter.« Aber dann erholte er sich wieder. Der zweite Teil jener nächtlichen *One-Man-Show* am Fuße des Taunus begann. Sie wurde eröffnet mit dem bereits erwähnten Londoner »Totentanz«, einer Serie von Aquarellen, höchst sonderbaren Bildwerken, sichtlich unter dem Einfluß farbiger englischer Lithographien entstanden. Eins heißt »Erinnerung an Berlin«, ein anderes »Das Gastmahl der Fetten«. Man denkt an Bosch, aber auch an Hogarth und Ensor, jedenfalls überwiegt das Karikaturistische, Fratzenhafte, obwohl merkwürdige farbige Wirkungen erreicht werden, und manches ist auch nur wie ein bunter Schock oder Spuk gegen den Londoner Nachthimmel gesetzt. Dann die Gemälde aus dem Altersheim, Porträts jüdischer Menschen, und einige Landschaften und Stilleben aus der letzten Zeit, darunter das Motiv eines gerupften Hahns in zweifacher Ausführung, sorgfältig gemalt, »zum Aufessen«, aber doch irgendwie schicksalhaft, »shakespearisierend«, ein ermordetes Tier, und auch das Gemüse, das danebenliegt, sieht ermordet aus. Ob er das nach der Natur gemalt habe, will ich wissen. Er lächelt. »Nun ja, manchmal koche ich mir ein Huhn – und vorher male ich es eben.« Ich hoffe, man wird es einem alten Mann nicht verübeln, wenn er das Huhn am Schopfe ergreift und es abmalt, bevor er es aufißt, anstatt sich mit der Abstraktion des Huhns zu begnügen und mit knurrendem Magen das, was davon übriggeblieben ist, nämlich nichts, auf die Leinwand zu bannen. Um aber jeden Einwand vorwegzunehmen: Die Bilder, die Meidner jetzt malt, vor allem die Landschaften, sind Versuche des Graphikers, sich mit den Gesetzen der Malerei vertraut zu machen. Er selbst betrachtet sie als einen Übergang. Die Motive sind von einer rührenden Einfachheit: ein Gartenhaus mit einer Wäscheleine, eine Hecke, ein Stück Wald. Gleichwohl sind sie symptomatisch für eine Reihe ehemaliger anti-naturalistischer Rebellen, die sich jetzt vorsichtig wieder an die Natur herantasten, wie jemand, der mit der Fußspitze eine Eisdecke prüft, bevor er sich ihr anvertraut.

Während er prüfend ein Blatt nach dem andern vor mir auf die Staffelei stellte, huschte eine Maus durchs Atelier. »Ach, da ist sie ja«, rief er aus und schlug die Hände zusammen, in demselben freudigen Erstaunen, mit dem er mich am Tag zuvor begrüßt hatte. »Ich muß den Lappen von der Tür nehmen, damit sie wieder durch das Loch zurück kann«, sagte er. »Sie ist hier nämlich nicht zu Hause.« Das war nun wieder das Franziskanische in ihm, diese Verbundenheit mit der Kreatur, die mit ihm, um ihn lebte in dem großen, kahlen Raum, in dem außer seiner Lagerstatt nichts zur Bequemlichkeit einlud. Er hatte es sich nie leicht gemacht. In dem grellen, stechenden Licht der von der Decke an Drähten herabhängenden Glühbirnen – auch hier nichts Verhüllendes, um das Grelle abzudämpfen – hoben sich die schwarzen, wie Furchen in das Papier gegrabenen Umrisse seiner »Wiedertäufer« ab, einer Gruppe von etwa zwanzig Zeichnungen, in den zwanziger Jahren entstanden, aber noch immer »aktuell« wie alles Zeitlose. Und es waren diese Schwarzweißblätter, zu denen das

Auge immer wieder zurückkehrte und die mich noch in ihrem Bann hielten, als ich längst wieder im Zug saß und in die große Stadt zurückfuhr. »Die Wiedertäufer« sind vielleicht Meidners stärkstes graphisches Werk: religiöse Fanatikerköpfe, von einer inneren Glut und Besessenheit, die das Blatt zu sprengen scheint, dabei exakt gezeichnet, nicht »genial« hingewischt, sondern mit großer prägender Kraft und Eindringlichkeit exekutiert. Dies sei vor allem denen gesagt, die in ihren Kunstgeschichten neuerdings behaupten, Meidner wäre »ungeordnet«, ein Vorwurf, der im Grunde weniger ihn als die Zeit betrifft, in der er wirkte und deren inneren Aufruhr er in dem Maße darstellte, in dem er ihm ein Bild künstlerischer Ordnung und Gesetzlichkeit entgegensetzte. Dafür sind gerade die »Wiedertäufer« ein Beispiel. In ihnen ist der sektiererische Geist jener Jahre, der Geist der Auflehnung, Verschwörung und der süchtigen Hoffnung auf eine neue Bruderschaft im Zeichen der sozialen Gerechtigkeit mit den Mitteln individueller Charakterisierung, und dennoch gleichnishaft, Gestalt geworden. Wer kann das heute noch? Die Kunst des Porträts, die Darstellung des menschlichen Gesichts als einer seelischen Landschaft wird nur noch von wenigen geübt, an ihre Stelle ist die Photographie getreten, und es soll Leute geben, die behaupten, das gemalte oder gezeichnete Bild sei überflüssig geworden, weil das photographierte die Wirklichkeit so viel besser und eindrucksvoller wiederzugeben vermöge. Als ob das Geheimnis der Kunst sich nicht in der unnachahmlichen Einmaligkeit des schöpferischen Vorgangs offenbarte! Käme es nur auf »Ähnlichkeit« an, also auf das Resultat, nicht auf den Weg, der dazu führt, man würde gewiß eine jener meisterhaften Photographien Cartier-Bressons einem gemalten oder gezeichneten Porträt vorziehen. Aber was uns an diesem entzückt, ist doch wohl die Tatsache, daß es Menschenhände waren, die es vollbrachten, dieselben Hände, die auch morden und zerstören können. In der Bewunderung, die wir für ein Kunstwerk empfinden, lebt immer auch die Achtung vor der Gattung Mensch, die solcher Leistungen fähig ist, und es ist kein Zufall, daß in Zeiten, in denen der Mensch keine Achtung mehr für sich und seinesgleichen aufzubringen vermag, auch die Achtung vor dem Porträt verlorengeht.

Es war nun aber an der Zeit, mich zu verabschieden. Der letzte Bus sollte in einer Dreiviertelstunde abfahren, und ich war gerade dabei, meine Sachen zusammenzulesen, als er sich hinsetzte und Anstalten machte, mich zu zeichnen. Er hatte bereits mehrfach im Laufe des Abends davon gesprochen und mich lauernd von der Seite angesehen wie der Metzger das Kalb, das ihm vor die Klinge gelaufen ist. Aber nun war es, eine Stunde vor Mitternacht, über ihn gekommen, und er saß da in der königlichen Haltung des Porträtisten, die immer ein wenig an die eines Chirurgen bei der Operation oder an einen Dirigenten erinnert. Im Matisse-Film, der vor Jahren gezeigt wurde, war dieser Augenblick höchster Konzentration und fiebernder Selbstkontrolle, da die Augen zu zeichnen und die Finger zu sehen beginnen, unvergeßlich festgehalten, mit dem unablässig, ruckweise zwischen Modell und Staffelei hin und her wandernden, beleidigend kritischen und zugleich unendlich zärtlichen Blick des Künstlers, der sein Objekt nicht mehr aus den Augen läßt – es sei denn, daß dieses, wie in dem hier beschriebenen Fall, durch ein fernes Hupensignal aufgeschreckt, nach Mantel und Baskenmütze greift und sich eilends aus dem Staub macht, entschlossen, den letzten Bus zur nächsten Bahnstation nicht zu versäumen, und bedauernd den noch um »letzte Lösungen« ringenden Künstler hinter sich lassend.

»Ich glaube, es ist doch recht gut geworden!« hörte ich ihn noch rufen, während das mächtige Vehikel sich schon mit mir in Bewegung setzte. »Es ist sogar ziemlich ähnlich. Ich hätte nur noch mehr Zeit haben müssen. Leben Sie wohl. Kommen Sie bald wieder. Schreiben Sie mir! ...«

(1957)

Eine Stadt, nicht in ihr zu rasten

Wenn das Schiff in der Stille eines kühlen, sehr frühen Novembermorgens langsam in den Hafen von New York einfährt und die aufgehende Sonne sich in Tausenden von Fenstern spiegelt, die wie blinkende Metallstücke in die kubistische Landschaft der Stadt eingelassen sind, erinnert man sich der Worte in Thornton Wilders »Cabala«, wenn der aus Rom heimkehrende Archäologiestudent die Stimme Vergils über dem Ozean zu vernehmen glaubt: »Ja, ich habe von deiner Stadt gehört. Ihre Fundamente pochten an unser Dach, und ihre Türme haben einen Schatten auf die Sandalen der Engel geworfen. Auch Rom war einst groß. Oh, sei stolz auf deine Stadt, und wenn auch sie beginnt, große Männer hervorzubringen, vergiß nicht die meine ...«

New York, jene phantastische Menschenansammlung an der Mündung des Hudson, das moderne Rom eines Kontinents ohne Antike, Mittelalter und Renaissance, ist zur ruhelosesten aller Städte geworden, und auch sie hat bereits begonnen, große Männer hervorzubringen, die in ihr arbeiten und denken und bauen, Männer wie den zwar hier nicht ansässigen, aber das Gesicht der Stadt mitformenden Architekten Frank Lloyd Wright, dessen umstrittener, aber zweifellos origineller Entwurf für das neue Guggenheim-Museum an der Fifth Avenue nunmehr seiner Vollendung entgegengeht. Frank Lloyd Wright hat soeben seine Autobiographie »Mein Testament« veröffentlicht, das große, wenn auch ein wenig verworrene und ungeordnete Buch eines großen, alten Mannes, der selbst schon ein Stück Architekturgeschichte geworden ist und in diesem Werk seine Gedanken (oder soll man sagen Gedankenflucht) zur modernen Baukunst mit bemerkenswert polemischem Elan und zahlreichen Erinnerungen an seine Kindheit und Entwicklungsjahre in Chicago vorträgt. Wie viele großen Amerikaner vor ihm, wie Thoreau und Emerson und Whitman ist Wright zugleich Philosoph, Moralist und Mystiker, der in seiner Jugend einmal Victor Hugos »Notre Dame« las und seitdem von einer Baukunst der Zukunft träumt, die sich von den Fesseln des Formalismus befreien und eine aus der »Seele« des Menschen und der Anwendung neuer Materialien organisch gewachsene Einheit darstellen werde. Für Frank Lloyd Wright ist die Architektur eines Volkes identisch mit seiner Kultur, und was er selber zu dieser Kultur beigetragen hat, wird in diesem reich bebilderten und mit Skizzen und Plänen versehenen Memoirenbuch imponierend deutlich.

Und im nahen Umkreis dieser Stadt New York lebt auch der Verfasser der »Cabala« und der »Brücke von San Luis Rey«, jener wundersamen Erzählung, die Thornton Wilder vor fast dreißig Jahren auch in Deutschland berühmt machte und die soeben in einer denkwürdigen Fernsehfassung zur Aufführung kam. Wer Amerika nicht kennt, wird sich kaum vorstellen können, daß auf demselben Bildschirm, auf dem soignierte Herren mit feierlichem Ernst, als ginge es um die Zukunft der Menschheit, irgendein Zahnputzmittel anpreisen und die Revolversalven der Cowboys knallen, daß hier zuweilen Kunstwerke einer neuen Gattung Drama auftauchen, Aufführungen von einer künstlerischen Geschlossenheit, wie etwa vor kurzem »Das Leben des Dr. Johnson« (mit Peter Ustinov in der Hauptrolle) und nun diese bewundernswert aus der epischen Substanz und dem geistigen Klima des Buches entwickelte »Brücke von San Luis Rey«. Die Geschichten der fünf Personen, die bei dem Brückeneinsturz in Peru im Jahre 1714 ums Leben kamen, wurden ohne äußeren Zwang zu einer Bilderfolge zusammengefügt, die in der Charakterzeichnung, in der Verflochtenheit der Schicksale und in ihrem sprachlichen Ausdruck dem Werk kaum etwas von seiner Bedeutung nahm. Die Idee des Buches, daß der Mensch sterben muß, wenn sein Lebensinstinkt erlischt, kam ebenso klar heraus wie das am Schluß als Leitmotiv verbleibende Gleichnis von der Liebe als einer Brücke zwischen Sein und Nichtsein. Judith Anderson als die vom Alkohol und von furchtbarem Alleinsein zerstörte Marchesa, Viveca Lindfors als die pestkrank der Bühne und dem Leben entsagende Tänzerin La Perichole und Eva le Gallienne als Äbtissin waren die Hauptakteure in einem Drama der Großaufnahmen, der verhüllten und machtvoll offenbar werdenden menschlichen Augenblicke, denen die barbarischen Unterbrechungen durch die Werbetexte einer Ölgesellschaft, die im Zeichen Thornton Wilders für ihre Produkte Reklame machte, nur sehr wenig von seiner tragischen Größe nehmen konnten ...

Aber das ist Amerika: Zeitlosigkeit und brutaler Merkantilismus, die Kunst der Fuge und der Unfug der geschwätzigen Elsa Maxwell, die beinahe einen diplomatischen Zwischenfall verursachte, als sie in einem Fernsehinterview über ihre Freundin Maria Callas an den Italienern Kritik übte – beides steht dicht nebeneinander, wie in einer New Yorker Straße ein Schlächterladen neben einem Beerdigungsinstitut, eine Kirche neben einem Kinopalast oder einer Bank steht. Mitunter vermischt es sich auch, und dann kann es geschehen, daß ein New Yorker Kunsthändler auf den Gedanken kommt, eine »Mammut«-Schau (dies seine eigenen Worte) zeitgenössischer amerikanischer Malerei und Plastik in dem sonst nur für Boxkämpfe und Sechstagerennen reservierten »Madison Square Garden« abzuhalten, wo zur selben Zeit die »Ice-Follies« ihre kühnen Schlittschuhspäße zeigten. Fünfzehnhundert Gemälde und dreihundert Skulpturen der verschiedensten Gruppen und Richtungen, vom idyllischen Genrebildchen bis zur abstrakten Kandinsky-Nachahmung, waren nun, nicht etwa nach Stilen, sondern alphabetisch geordnet, in kunterbuntem Durcheinander an den nicht hierfür gebauten Wänden zu sehen, während aus einem Lautsprecher Jazzmusik ertönte und der Geruch der am Eingang verkauften Hot dogs eher an eine Automesse oder landwirtschaftliche Ausstellung erinnerten. Immerhin hatte der Bilderkarneval etwas Gutes: Leute, die sonst nicht Galerien zu besuchen pflegen, konnten nicht umhin, nach den »Ice-Follies« nebenan das Glatteis der Kunst zu betreten, wo es nun ebenfalls recht munter zuging – ziemlich viele Bilder wurden zu ziemlich guten Preisen gehandelt, wobei es sich meist um die Arbeiten unbekannter Künstler handelte, da die Prominenten sich von dem zweifelhaften Unternehmen ferngehalten hatten.

Und auch hierzu wieder ein Gegenstück: Eine kleine Mondrian-Ausstellung im Guggenheim-Museum, von James Johnson Sweeney mit raffiniertem Geschmack und unter besonderer Berücksichtigung der Zeit von 1904 bis 1920 zusammengestellt, in der sich Mondrians Wendung von der gegenständlichen zur abstrakten Malerei vollzog. Die Konsequenz, mit der dies geschah, und die Klarheit und Sauberkeit der dabei erzielten Resultate müssen selbst den gefangennehmen, der den Nachahmern und Epigonen dieser Richtung eine wohlbegründete Skepsis entgegenbringt. Wie Freud nicht für die Freudianer und Marx nicht für die Marxisten verantwortlich gemacht werden kann, so ist auch der antiakademische Mondrian nicht für die abstrakte Akademie von heute verantwortlich, obwohl in jeder überspitzten These natürlich bereits die Gefahr weiterer Überspitzung enthalten ist. Mondrian aber war ein Einzelfall, der mit der Darlegung seiner Prinzipien diese bereits erschöpfte und spätere Nachahmungen überflüssig machte. Im Gegensatz zu den »Malern des Unterbewußtseins« und ihrem ungeregelten Farbenrausch geht etwas Beglückendes von diesen geometrisch strengen und geordneten Studien in Grau, Blau, Gelb und Rot aus, zumal sie ohne Rahmen an der weißen Wand hängen, was ihnen von vorneherein jene Prätention nimmt, die zu den störendsten Begleiterscheinungen dieser sich selbst oft überschätzenden Darstellungsmethode gehört.

In der eingangs erwähnten »Cabala« heißt es an einer anderen Stelle der imaginären Rede Vergils: »Das Geheimnis besteht darin, eine Stadt zu machen, nicht in ihr zu rasten.« New Yorks Ruhelosigkeit, seine geistige Neugierde, sein Hunger nach Fremdem und Eigenem drückt sich in den seitenlangen Theater- und Konzertanzeigen der *Sunday-Times* aus, in den Ankündigungen von zahllosen Ausstellungseröffnungen, Dichterlesungen, Vorträgen, von besonderen Radio- und Fernsehprogrammen. Drei der größten Violinisten der Gegenwart hintereinander in einer Woche, die besten Dirigenten, Sänger, Pianisten der Welt in dichter, kaum zu bewältigender Aufeinanderfolge, Marcel Marceau mit neuem Programm, allabendlich umjubelt im überfüllten »New York City Center«, die Uraufführung der Oper »Vanessa« von Samuel Barber in der Metropolitan-Opera: ein sang- und klangfreudiges Werk aus der Nachfolge Richard Strauss', zu dem Gian-Carlo Menotti, der Komponist des okkulten Musikdramas »Das Medium« und geschickter Nachahmer literarisch-musikalischer Vorbilder von Puccini bis Strawinsky, ein Textbuch schrieb, dessen brodelnde, goldschnitthafte Stimmungsmalerei eine veraltete Form der Oper mit pseudopoetischen Mitteln zu renovieren versucht – man weiß angesichts eines solchen Überangebots an ästhetischen Reizen kaum noch, wohin man sich zuerst wenden soll. In den Broadwaytheatern behaupten sich die literarischen Erfolge der Spielzeit, O'Neills »Langen Tages Reise in die Nacht«, Williams' »Garden District«, Inges »Dunkel am Ende der Treppe« und John Osbornes »Blick zurück im Zorn« neben einer so problematischen, das Bild des Dichters keineswegs unverfälscht wiedergebenden Angelegenheit wie der Dramatisierung von Thomas Wolfes »Schau heimwärts, Engel«, die jedoch die größte Punktzahl bei Publikumsabstimmungen erreichen dürfte und bereits für den Pulitzerpreis in Aussicht genommen wurde. In den »Off-Broadway«-Theatern, die in den letzten Jahren mehr und mehr an Bedeutung gewannen, werden Stücke wie Ionescos »Stühle« und Becketts »Endspiel« als Zeugnisse eines avantgardistischen Geistes, der sich am Broadway als zu kostspielig erwies, gefeiert, ebenso die nun schon in das dritte Nachspieljahr gehende »Dreigroschenoper«.

Man möchte diese vorläufige Übersicht, die noch lange fortgesetzt werden könnte, nicht abschließen, ohne der reizenden Aufführung eines reizenden Stückes von Marcel Aimé, »Clerambad«, zu gedenken, in dem gezeigt wird, welche bedrohlichen und zugleich überwältigend komischen Situationen entstehen, wenn ein Mensch beschließt, nach dem Buchstaben des Christentums zu leben. Die Aufführung, mit dem französischen Schauspieler Claude Dauphin, findet im »Rooftop Theatre« statt, gleich neben der Bowery, wo die Vagabunden sich »Good night« sagen, was jedoch die vornehmen New Yorker nicht hindert, sich allabendlich in Scharen zu dem kleinen Kunstereignis einzufinden.

(1958)

Theater in Amerika

Das europäische Theater ist, im wesentlichen, ein Repertoiretheater, das mit einer bestimmten Kulturidee an seine Aufgabe herantritt, ein Bildungstheater, von Gebildeten für Gebildete gemacht, das nur in – allerdings immer häufiger werdenden – Ausnahmefällen dazu neigt, sich aus einer »moralischen« Anstalt in eine dem Vergnügen der Einwohner gewidmete Stätte reiner Unterhaltung zu verwandeln. (Und auch wo dies geschieht, verbrämt es seine Absicht gern mit gemeinnützigen Argumenten.)

Das amerikanische Theater aber ist ein Geschäftstheater. Es ist ein Geschäft wie jedes andere, wie etwa der Handel mit Weizen oder Baumwolle, und die Leute, die sich damit befassen, sind nicht ehemalige Studenten von Theaterseminaren, nicht Professoren der Schauspielkunst oder Hofräte der dramaturgischen Wissenschaft, sondern Männer, die rechnen können, dicke Zigarren rauchen und beim Reden den Hut ins Genick schieben. Und doch gibt es auch »Idealisten« unter ihnen, die sich aus Liebe zur Kunst ein Geschäft entgehen lassen, weil sie wissen, daß das Theater als Institution Leute wie sie braucht, um am Leben zu bleiben. Man wundert sich immer wieder, wie viele gute Stücke in oft hervorragenden Aufführungen den Broadway erreichen. Überhaupt hat sich in letzter Zeit eine merkwürdige Entwicklung angebahnt: der Broadway, schon so oft totgesagt und durch die vielen kleinen Experimentierbühnen, die Off-Broadway-Theater, in Frage gestellt, hat sich wieder erholt und die Initiative ergriffen. In einem Lande, in dem auch auf dem Gebiet der Kunst das Prinzip der freien Konkurrenz gilt, muß das Geschäftstheater, um sich am Leben zu erhalten, seine künstlerischen Anleihen auch bei denen aufnehmen, die ihr Dasein und ihre Erfolge gerade der Opposition zu diesem Geschäftstheater verdanken – eben bei jenen Off-Broadway-Bühnen, die längst nicht mehr auf das »Village« beschränkt sind, sondern sich pilzartig über verschiedene Stadtteile verbreitet und damit bewiesen haben, daß es in New York noch genug Menschen gibt, die an Experimenten interessiert sind und sogar dafür zahlen wollen.

Auch auf dem Gebiet des Musicals sind Wandlungen im Gange, die auf ein Eindringen neuer, schöpferischer Impulse hindeuten.

Bisher verband man als Europäer mit dem Begriff des Musicals eine mehr oder weniger unbestimmte Vorstellung von gesungener und getanzter Unterhaltung, eine Mischung aus Singspiel und Ausstattungsrevue im Jazzstil, auf jeden Fall etwas, das mit der Kunst des

Theaters, mit Musik und Literatur nur am Rande und, wenn überhaupt, in einer leichteren und unverbindlicheren Form zu tun hatte. Aber schon bei »My Fair Lady« nach Shaws »Pygmalion«, war eine gewisse Abweichung vom Genre festzustellen. Mit »Westside Story« ist nunmehr ein Punkt erreicht worden, wo man von einer Revolution des Musicals aus dem Geist des »théâtre engagé« sprechen kann.

»Westside Story« zeigt den Krieg zwischen zwei jugendlichen Gangs, die einander in den Straßen von New York bekämpfen, dargestellt als eine moderne Version des Romeo-und-Julia-Motivs, sehr frei, sehr heutig und beängstigend realistisch in der Schilderung von Vorkommnissen, wie man sie täglich in den Zeitungen nachlesen kann.

Das Skelett ist also von Shakespeare, aber das Fleisch, das es umgibt, ist aus dem Stoff der Gegenwart geformt, und die Spannungen, von denen es lebt, sind die Spannungen zwischen den Einheimischen, den »Yankees«, und den massenweise eingewanderten Puertoricanern, denen nach dem Krieg das amerikanische Bürgerrecht verliehen wurde und deren Hoffnung auf Arbeit und bessere Lebensbedingungen in dem bereits übervölkerten New York nur in geringem Maß erfüllt wurde. Die Dialoge sind scharf, witzig, pointiert, im Slangton gehalten, und das Ganze ist von einer tänzerischen Bewegung (Choreographie: Jerome Robbins), die von den Menschen auf die Dinge übergeht, von den Darstellern auf die Kulissen und auf die ganze, unheimliche Stadt New York, die mit ihren nächtlichen Straßenschluchten, ihren Candy-Stores und Tanzhallen den traumhaft von einer Szene in andere hinübergleitenden, phantasmagorischen Hintergrund bildet. »Westside Story« hat die Aggressivität und den Tonfall von heute, und es zeigt, welche Wandlungen das Musical durchgemacht hat. Es spielt nicht mehr am Rande der Zeit, es greift Themen auf, die bisher der Sprechbühne vorbehalten waren, und es nimmt sie mit einer Direktheit und Unbekümmertheit in Angriff, die nicht davor zurückschreckt, empfindliche Punkte der Gesellschaft einer ebenso robusten wie heilsamen Nervenmassage zu unterziehen.

Fragt man sich, worin, ganz allgemein, der Unterschied zwischen amerikanischer und europäischer Schauspielkunst besteht, so kommt man zu sehr interessanten Vergleichen. Ich möchte dies an einem Beispiel erläutern. In einem New Yorker Kinotheater, in dem alte Filme gezeigt werden, sah ich einmal im selben Programm zwei Reprisen: einen Film mit Elisabeth Bergner, »Der träumende Mund«, und einen anderen mit Katherine Hepburn. Die Wirkung auf das Publikum war in beiden Fällen höchst aufschlußreich. Elisabeth Bergner hat sich in Amerika großer Beliebtheit erfreut, sie ist als Bühnenschauspielerin sehr gefeiert worden, was jedoch nicht hinderte, daß sie in diesem Film, der allerdings uralt war, ausgelacht wurde, und zwar nicht nur deshalb, weil ihre Kostüme veraltet, ihre Röcke zu lang und ihre Hüte längst aus der Mode gekommen waren, sondern weil sie einen bestimmten Stil darstellte, der durch das unzeitgemäße Kostüm nur noch mehr betont wurde. Elisabeth Bergner spielte den *menschlichen Sonderfall,* die interessante Ausnahme, das psychologische Rätsel. Die Art, wie sie durchs Zimmer ging, wie sie die Füße setzte, den Geliebten traumhaft verloren ansah, dies alles trug den Stempel des Ungewöhnlichen und Absonderlichen. Elisabeth Bergner zeigte, wie diese *eine* Frau in dieser Situation reagierte, sie stellte es mit ihren individuellen Mitteln dar, mit ihrer auf das Individuelle gerichteten Phantasie, ganz einmalig, ganz persönlich und unverwechselbar.

Katherine Hepburn aber spielte einen *Durchschnitts*typus. Sie zeigte, wie Millionen amerikanischer Mädchen zur Tür hereinkommen, wie sie sich bewegen, eine Zigarette anzünden, wie sie lieben und sich lieben lassen. Jedes amerikanische Mädchen im Parkett konnte sich mit ihr identifizieren. Es war nichts Ungewöhnliches, nichts Befremdendes in der Art, wie sie sich gab, keine Andeutung seelischer Abnormitäten, kein nervöser Tick, der ihre Rolle vielleicht interessanter gemacht hätte, und doch war es meisterhaft, wie sie es verstand, *einen Normaltypus vollkommen* darzustellen. Und seltsam, während ich in jenem Theater saß, wurde mir plötzlich der Gegensatz zwischen amerikanischer und europäischer Schauspielkunst deutlich. Man könnte ihn auch den Gegensatz zwischen *Typen*- und Charakterdarstellung nennen, zwischen Angleichung an den Durchschnitt und Abweichung von ihm, wobei allerdings die Frage aufgeworfen werden muß: Was war zuerst da, der Film oder das Publikum? Imitiert der Film einen Typus, den er vorgefunden hat, oder hat sich der Typus den Film geschaffen, der ihm entspricht. Die Antwort dürfte wahrscheinlich dieselbe sein wie auf die Frage, was zuerst da war, das Ei oder die Henne.

Ähnliches gilt für das Theater: Wenn in Amerika eine Schauspielerin beispielsweise eine Stenotypistin darzustellen hat, so will das Publikum wissen, daß sie mit den speziellen Gepflogenheiten dieses Berufes vertraut ist. Sie muß das Idealbild *aller* Stenotypistinnen sein, wie der Mann, der einen Butler oder einen Eisenbahner zu spielen hat, das Idealbild aller Butler und Eisenbahner darzustellen hat. Wer jemals eine Aufführung von Sidney Kingsleys »Detective Story« in Deutschland gesehen hat, weiß, wie schwierig es für einen an Schiller und den deutschen Klassikern geschulten Schauspieler ist, einen amerikanischen Polizisten zu spielen, ohne aus ihm einen Don Carlos oder Karl Moor zu machen. Es handelt sich um zwei verschiedene schauspielerische Methoden. In Europa: Konzentration auf den geistigen Gehalt der Rolle. In Amerika: minuziöse Beobachtung der für die Figur und ihren beruflichen und sozialen Status charakteristischen Merkmale.

Dieser Realismus ist nicht allein auf den Einfluß des russischen Theaters, vor allem Stanislawskis, zurückzuführen, der in Amerika noch nicht ganz abgeklungen ist. Er hängt nicht minder mit dem Wirklichkeitssinn der Amerikaner zusammen, ihrem Interesse an den Dingen und an der Art, wie sie *gemacht* werden, am Handwerklichen, das noch aus der Pionierzeit stammt, am Bauen, Hämmern, an jeder technischen Fertigkeit. Wer einmal in Amerika war, der weiß, daß man im Grunde von jedem Mann erwartet, er könne ein Türschloß reparieren oder sich ein Büchergestell zurechtzimmern, auch wenn er zufällig im Hauptberuf über griechische Geschichte an der Harvarduniversität lesen sollte.

Es ist diese Nähe zum *Praktischen,* die man häufig auf der amerikanischen Bühne wiedertrifft, dieses Interesse an dem, was der andere tut, was man selbst vielleicht nicht kennt und worüber man mehr wissen möchte, zum Beispiel, wie es nun wirklich in einem Rechtsanwaltbüro zugeht oder in einer Klinik, in einer Bank, in einer Kirche. Man will das auch auf der Bühne dargestellt sehen, es ist ein Teil der Welt, in der man lebt, es informiert, es bereichert die Erfahrung. Freilich ist festzustellen, daß mit dem Heraufkommen neuer, experimenteller Stile das Dokumentarische zugunsten des Imaginativen mehr und mehr zurücktritt. Aber noch ein Stück wie Thornton Wilders »Unsere kleine Stadt«, das ohne Requisiten gespielt wird, zeigt, zumindest in Andeutungen, eben jene Liebe zu den kleinen Dingen des täglichen Lebens, die für den Amerikaner typisch ist, jene Freude am Milieu, am technischen Detail, auch wenn es uns, wie hier, nur in der Abstraktion vorgeführt wird.

Das amerikanische Theater ist etwas Fließendes. Es hat nicht *einen* Stil, es hat viele Stile. Es hat keine Tradition, sondern muß sich mit jeder Aufführung erst eine Tradition erkämpfen. Es ist ein Theater ohne Klassiker (und nirgends kann man so schlechte, so hilflose Shakespeare-Aufführungen sehen wie hier). Aber es ist das Theater einer Nation, die sich deutlich auf der Bühne wiedererkennen will, ein Theater, das in seinem oft verwirrend unübersichtlichen Nebeneinander von Trivialem und Sublimen, von Striptease, Tragödie, Negertanz, Konversationsstück und biblischer Erbauung genau die Interessen der Menschen widerspiegelt, aus denen sich diese Nation zusammensetzt: ihre fleischfressende Gier und ihre Sucht nach Betäubung ebenso wie ihren Hunger nach Wahrheit und ihr Grübeln über Zweck und Inhalt ihres Daseins.

(1959)

Hans Sahl hat sich des Themas in den folgenden Jahren immer wieder angenommen. Vor allem in der Absicht, für deutsche Leser das amerikanische Drama und den amerikanischen Theaterbetrieb grundsätzlich, in seiner Differenz zur europäischen Theatertradition, zu charakterisieren. Beispielsweise in seinem systematischen Artikel »Theater in Amerika«, in: Atlantisbuch des Theaters, Zürich 1966. Sahls Bemühungen, die Unterschiede der Theatertraditionen zu vermitteln, ist auch sein Beitrag »German Drama Today« für die Londoner *Times* (20. April 1954) zuzurechnen. Anm. d. Herausgebers

Meine letzte Fahrt mit der »Liberté«

Ein großes Schiff fühlt, wenn seine Zeit um ist. Es schleppt seine Todesahnung mit sich über den Ozean – wenn es Segel hätte, würden sie schwarz sein.

Noch geht alles seinen Gang, die Speisen werden zur gewohnten Stunde verabreicht, Bingo und Pferderennen finden im Salon statt, im Kino gibt es »Breakfast bei Tiffany« und »Letztes Jahr in Marienbad«. Die Passagiere, die der Zufall zusammenbrachte, wissen, daß sie sechs Tage lang auf Gedeih und Verderb aufeinander angewiesen sind. Sie machen gute Miene zum bösen Spiel. Die Amerikaner unter ihnen haben sich bereits nach fünf Minuten mit »Bob« und »Ruth« und »Mortimer« angeredet. Der Algenforscher aus Belgien hat Mühe, seinen Tischnachbarn ähnliche botanische Kenntnisse zu entlocken. Eine Mexikanerin streitet mit einem Perser über die Vorzüge der Vielweiberei. Die Cellistin Ingrid sagt: »Es ist gut, wieder in Europa gewesen zu sein. Wissen Sie, daß in Amerika alles viel schneller gespielt wird?« Es ist, wie es immer war auf der *Liberté*, und doch irgend etwas stimmt nicht mehr. Der Tischsteward, der dir sonst väterlich zum Munde redete, erlahmt viel zu schnell in seiner trinkgeldbeflissenen Anstrengung, die Ingredienzen seiner Coquille St. Jacques anzupreisen. Gerichte müssen zurückgeschickt werden. Es wird nicht mehr so heiß gegessen, wie gekocht wurde. Ein großes Schiff fühlt, wenn seine Zeit um ist. Manchmal glaubt man es nachts in den Wänden krachen und ächzen zu hören.

Die *Liberté* hieß einmal *Europa* und wurde 1928 von Blohm & Voß in Hamburg vom Stapel gelassen. Nach dem Krieg wurde sie als Reparationsleistung Frankreich übergeben. Seitdem hat sie zehn Jahre lang den Dienst zwischen Le Havre und New York versehen. Sie hat den Geist Frankreichs in der Nußschale über die Wasser getragen: seine Weine, seine Parfüms, seine Lieder, seine Bouillabaisse. Sie war anders als alle anderen Schiffe. Vom Promenadendeck bis hinunter zu den Mannschaftsräumen bot sie einen Querschnitt durch die französische Gesellschaft. Oben das Paris der Champs-Elysées, die Auslagen der Rue Royale, Abendkleider auf leuchtender Tanzfläche, dunkel getäfelte Bibliotheksräume, Klubatmosphäre. Unten Montmartre und Quartier Latin, die Apachenlokale der Rue de Lappe. Wenn die feinen Leute sich in ihren Klubsesseln langweilten, gingen sie in die Touristenklasse, wo es heißer, erregter zuging. Smokings und Mädchen mit Bardotfrisuren. Diorkleider und Beatniks in Blue jeans. Die Klassen vermischten sich hier, die Bankkonten, die Kabinennummern. *Vive la Liberté!* Oben führten fröstelnde Engländerinnen rachitische Hündchen spazieren. Unten tanzte man Rock 'n' Roll mit Negerinnen und sang »Auprès de ma Blonde«.

Wir haben die *Liberté* auf ihrer letzten Fahrt nach New York begleitet. Wir standen im Sprühregen eines lauwarmen Novembertages am Bug und winkten den Leuten zu, die auf der Mole standen, letzte Vorposten einer Abschiedsgemeinde von *Liberté*-Patrioten, die gekommen waren, ihr Adieu zu sagen. Und wir haben mit dem Kapitän gesprochen, in seiner Kajüte, die mehr wie ein Büro aussah. Kapitäne entsprechen heute nicht mehr ganz den extremen Vorstellungen eines Melville oder Conrad. Es sind Unternehmertypen, Hoteliers in Uniform, nüchterne Rechner und Organisatoren, die Gemeinwesen mit Tausenden von Menschen zu verwalten haben. Kapitän Ferrenbach, Kommandant der *Liberté*, hat fünfzehn Steuermänner, die für ihn das Rad drehen. Wir fragen ihn, was aus der *Liberté* werden wird. Er weiß es noch nicht genau. Er ist ein wenig verlegen. Es war ein gutes Schiff, sagt er. *Un bon marin*. Gerüchten zufolge solle es in ein schwimmendes Hotel umgewandelt werden. Aber das ist auch alles, was man von ihm erfahren kann. Kapitän Ferrenbach ist ein Mann von Welt. Er trägt weder Vollbart noch Südwester. Er jagt keinen weißen Wal. Er küßt zum Abschied meiner Begleiterin die Hand und gibt der Hoffnung Ausdruck, uns am Abend auf seiner Cocktailparty begrüßen zu können.

Ein großes Schiff spürt, wenn seine Zeit um ist. Auch die Passagiere spüren es. Es ist, als ob man einen Leichnam an Bord hätte. Mitglieder der Trauereskorte erzählen sich Geschichten aus dem Leben der Verstorbenen. »Früher gab es sogar Hummer in der Kabinenklasse«, sagt der Algenforscher. Im Kino zeigt man Bilder der neuen *France*, die zu Beginn des nächsten Jahres in Betrieb genommen werden soll. Jungvermählte räkeln sich in Luxuskabinen. Ein von Seeluft gebräunter Businessman entnimmt seiner Aktentasche gewichtige Dokumente, während blauer Zigarettendunst sein soeben in der Schnellwäscherei gestärktes Hemd umkräuselt. Aber die Leidtragenden der *Liberté* lassen sich durch solche Technicolorkünste der Werbetechnik nicht beeindrucken. Sie haben einem großen Schiff das letzte Geleit gegeben. Mag ein noch größeres den Anforderungen moderner Entlüftung, erlesener Massenspeisung und Schnellbügelei auf See besser genügen – mit der *Liberté* ist ein Stück Frankreich, ein Stück Europa aus dem transatlantischen Verkehr gezogen worden, das die Brücke zwischen der Alten und der Neuen Welt bildete.

(1961)

Poesie in unpoetischer Zeit

Zwei Anthologien der Beat-Generation

Die Tatsache, daß gleichzeitig zwei Taschenbücher über die »Beat-Generation«, zwei Anthologien, in Massenauflagen erschienen sind, ist erneut ein Beweis für die Popularität einer Bewegung, die, weit über das Literarische hinaus, die Jugend Amerikas in den letzten Jahren ergriffen hat. Das eine, »The Beat Scene«, ist ein mit literarischen Kostproben versehener Bildbericht aus den beiden Hauptquartieren der »Bewegung«, Greenwich Village und San Francisco: Bärtige Jünglinge und blaubehoste Mädchen in Jogihaltung am Boden hockend, Gedichte vortragend, Saxophon blasend, rauchend, tanzend – ein illustrierter Fremdenführer durch die amerikanische Boheme und ihre jüngsten Repräsentanten, als dokumentarischer Beitrag zum Studium ihrer keineswegs weltumstürzenden Sitten und

Gebräuche nicht ohne Reiz, als Spekulation auf die Spießerneugier, die sich darauf stürzen wird, nicht ohne einen Anflug von Komik. Es sind einige Beiträge darunter, die Beachtung verdienen. 45 Autoren, bekannte und unbekannte, 45 verschiedene Individualitäten, die auf ihr Recht, gehört zu werden, pochen. Der Ton läßt aufhorchen. Man nimmt sich kein Blatt vor den Mund, man ist böse. Seymour Krims schmerzlich-sarkastische Abrechnung mit dem Zynismus einer Zeit, in der man entweder mit den Wölfen heulen muß oder vor die Hunde geht, könnte als Motto über dem Ganzen stehen.

Seymour Krim ist auch der Herausgeber jener Anthologie »The Beats«, der man vielleicht einmal, freilich auf einem weniger anspruchsvollen künstlerischen Niveau, eine ähnliche Bedeutung als Ausdruck einer bestimmten literarischen Zeitströmung zusprechen wird wie Kurt Pinthus' »Menschheitsdämmerung« zur Zeit des deutschen Expressionismus kurz nach dem Ersten Weltkrieg. Freilich wird man hier vergebens nach Erscheinungen vom Range eines Trakl, Werfel oder einer Else Lasker-Schüler suchen. »The Beats« ist eine kuriose Sammlung von Selbstbekenntnissen, programmatischen Erklärungen, Bandaufnahmen aus dem Café »The Five Spot« in der Bowery (Ted Joans), Leseproben und Auszügen aus den Büchern von Kerouac, Ginsberg, Corso, Ferlinghetti usw. Norman Mailer, der seit seinem Traktat über den »weißen Neger« zum Schutzpatron der »Beatniks« ernannt wurde, ist mit einer Dramatisierung seines »Hirschparks« vertreten, einer brünstigen Szenenfolge aus dem »wüsten Land« der Zivilisation, die bereits T. S. Eliot, als er noch jung war, wundersame Rhythmen der Verzweiflung entlockt hatte und die hier vornehmlich auf ihre erotischen Verirrungen und Zwangsneurosen abgetastet und durchleuchtet wird.

Es spricht für die Ehrlichkeit des Herausgebers Seymour Krim, daß er in diese Werbeanthologie auch die Stimme eines jungen Kritikers aufgenommen hat, Norman Podhoretz, Herausgeber der ausgezeichneten Zeitschrift *Commentary,* der in dem Primitivismus der »Beatniks« und ihrem Kult der Instinkte nichts anderes sehen will als eine Absage an die Intelligenz und einen weiteren, gefährlichen Beweis für die in Amerika übliche Anbetung und Glorifizierung des Jugendlichen an sich. So überzeugend sich seine Ausführungen gerade dem europäischen Leser anbieten – und Podhoretz ist ein glänzender Stilist –, so lassen sie doch manche Frage unbeantwortet, die sich in diesem Zusammenhang aufdrängt; zum Beispiel ignorieren sie die kaum noch zu bestreitende Tatsache, daß diese Bewegung keineswegs auf

Amerika beschränkt ist, sondern einer Grundstimmung der Jugend in vielen Teilen der Welt entspricht.

Ich traf Seymour Krim, Herausgeber der »Beats« und einer ihrer artikuliertesten Wortführer, im Hause einer gemeinsamen Freundin auf Cape Cod, jener mit Erinnerungen an die literarische Vergangenheit Amerikas vorbelasteten Halbinsel, an deren Nordspitze, dem heutigen Provincetown, vor 340 Jahren die Pilgrims zum erstenmal an Land gingen und dann quer über die Bucht nach Plymouth weitersegelten. Hier, zwischen dem Atlantischen Ozean und dem Wattenmeer, auf dem schmalen Streifen Land, das zuerst von portugiesischen Fischern besiedelt wurde, ist von jeher der unbehauste Geist Amerikas zu Hause gewesen. Thoreau hat die dichten Waldungen mit ihren »Ponds«, den kleinen Seen und ihren einsamen Dünenlandschaften, die ein wenig an die friesischen Inseln erinnern, in seinen zarten Naturbeobachtungen festgehalten. Dos Passos hat hier gelebt, in einem Haus auf den Dünen, in dem ich diese Zeilen niederschreibe. Hier rang O'Neill barhäuptig mit Orkanen, gründete der Münchner Hans Hoffmann seine Malschule, die für die Entstehung des »abstrakten Expressionismus« in Amerika so bedeutsam werden sollte und seitdem aus Provincetown ein zweites Greenwich Village gemacht hat, eine Künstlerkolonie, mit vielen kleinen, interessanten Galerien, in denen sich am Abend braune, schlanke Gestalten mit dem holdseligen Charme ihrer zerrütteten Jugend vor den letzten Erzeugnissen ekstatischer Schleuder- und Tropftechnik drängen, während draußen, auf der endlos langen Commercial Street, ein wunderbar heller und bisher noch nicht angeschossener Mond auf die Budenwelt der Bazare, Hummernstuben, Lagerschuppen, der Jazzcafés, Sandalenwerkstätten und Antiquitätenläden herniederschaut.

Ich lag mit Seymour Krim am Strand des Atlantischen Ozeans, Möwen kreischten, es roch nach Seetang und toten Fischen, und Seymour, mit schwarzer Badehose und Hornbrille, ein netter junger Mann von 35 Jahren, sehr höflich, sehr ernst und sehr kameradschaftlich, ließ den Sand durch seine Finger rieseln. »Wir sind keine Nihilisten«, sagte er. »Wir bejahen das Leben.« Und als wollte er auf der Stelle den Wahrheitsbeweis antreten, erhob er sich und sprang kopfüber ins Meer, das noch ziemlich kalt war, recht kalt sogar, während ich am Ufer stand und diesen unerwarteten Ausbruch übertriebener Lebensbejahung ein wenig fröstelnd zur Kenntnis nahm. Ich bin mit Seymour durch die Wälder von Cape Cod gelaufen, und ich habe auch seinen eigenen Beitrag zu der von ihm herausgegebenen Anthologie gelesen, das erschütternd aufrichtige Selbstbekenntnis eines jungen Menschen, der auf dem Umweg über Nervenheilanstalten und elektrische Schocks den Weg zu sich selbst gefunden hat, zu seiner »Selbstverwirklichung« als Mensch und Künstler in einer Massengesellschaft, in der die Abweichung von der Regel, das »Anderssein« einen jungen Menschen, der sich nicht anpassen will, um den Verstand bringen kann und in der die Flucht in das Abnorme der Preis ist, den er bezahlen muß, um sich als Einzelfall zu behaupten. Immer wieder wird in den »Beats« dieses Thema von der Gefährdung des Individuums und seiner Selbstverteidigung aufgegriffen, Gefährdung durch den Wahnsinn in einer wahnsinnigen Zeit, dem man, wie manche von ihnen glauben, nur entgehen kann, indem man ihn in sich selbst entdeckt und auslebt, sich gleichsam zu ihm bekennt und damit eine Welt ad absurdum führt, in der das Normale Wahnsinn und der Wahnsinn zur Norm geworden zu sein scheint.

Auflehnung gegen die Zeit, die sie nicht will und die sie nicht gewollt haben, ist also ebenso in dieser Jugend wie der Wunsch, eine eigene (Außenseiter-)Gesellschaft zu gründen, die sich in Sprache (Slang), Kleidung, Gebaren, in ihrem Schreiben und Malen und Musizieren grundsätzlich von der Welt der »Squares«, der Bürger, unterscheidet. Es ist dies, so betrachtet, eine in fast allen Ländern feststellbare Reaktion der Jugend auf den »Kalten Krieg«, den sie nicht verstehen kann, weil es ihr an politischer und menschlicher Erfahrung fehlt. Wie soll eine Generation, die, wie alle jungen Menschen , mit einer großen Hoffnung auf das Leben heranwuchs, sich in einer Welt zurechtfinden, in der die unmenschlichsten Gewalttaten und Verbrechen unter dem Deckmantel eines betrügerischen Idealismus begangen wurden, in der die Sprache der Diplomatie durch die der Kutscherkneipen abgelöst wurde und die Drohung mit der Atombombe an die Stelle internationaler Verhandlungen und Vereinbarungen getreten ist? Eine Jugend, die um Wahrheitsfindung bemüht ist, kann sich mit einer solchen Welt nicht abfinden, einer Welt, die sie allein schon deshalb nicht verstehen kann, weil sie nur die Symptome sieht, nicht aber die Ursachen. Man kann von ihr nicht verlangen, daß sie die Gegebenheiten des kalten Krieges kritiklos akzeptiert, denn diese selbst sind das Ergebnis einer nun schon länger als ein Menschenalter andauernden Auseinandersetzung mit den Problemen unseres Jahrhunderts. Kein Wunder, daß sie sich auch dort betrogen fühlt, wo ihr eigenes Dasein auf dem Spiel steht, wo sie einsehen müßte, daß ihr grundsätzliches

Neinsagen zu eben dieser Welt, die jeden Augenblick in die Luft fliegen kann, wenn es dem bösen Nachbarn so gefällt, daß diese a-priori-Ablehnung ihr selbst jede Verantwortung abnimmt, vor allem die Verantwortung des Mitdenkens, und sie somit zu dumpfen Objekten einer nur noch dem Augenblick lebenden Trieb- und Instinktverherrlichung macht. Die Freiheit, die sie meint, ist im Grunde ebenso anarchisch wie die Welt, gegen die sie gelebt wird. Es ist auch hier eine Freiheit auf Kosten der anderen. Walt Whitmans Satz »How far can freedom go?« (Wie weit kann die Freiheit gehen?) wird von dieser Generation zum erstenmal ausprobiert und bis zur Zerreißprobe unter Beweis gestellt.

Dabei ist die Kunst im Grunde nur ein Vorwand, wenn auch ein sehr willkommener, um sich selbst darzustellen. Man möchte der Welt kundtun, daß man noch da ist, daß man leben möchte, daß man existiert. Es ist eine Art von amerikanischem Existenzialismus. Man tritt aus der Anonymität heraus und bläst Trompete oder rezitiert Gedichte. Man braucht dazu nicht »gebildet« zu sein. Einige dieser Dichter können ihre Gedichte selbst nicht niederschreiben, sie können sie nur aufsagen. Der Jazz hat ihnen den Weg gezeigt. (Von Louis Armstrong wird behauptet, er könne keine Partitur lesen. Aber er hat mit seiner Musikalität die Welt erobert.) Es ist deshalb auch kein Zufall, daß in der Beat-Generation viele Minoritäten vertreten sind, die bisher kaum zu Worte kamen: Neger, Juden, Iren, Italiener.

Was wir hier erleben, ist das Ende des ästhetischen Zeitalters, eine Art Zwangsversteigerung des künstlerischen Erbgutes, auf dem zu viele Glaubenshypotheken lagen. *Dada*, als Bewegung den »Beats« vergleichbar, war die Aufhebung der Kunst mit *künstlerischen* Mitteln. Auch wo man sie verhöhnte, blieb man noch Künstler, hatte ein ästhetisches Gewissen, kümmerte sich um Formprobleme. Die »Beats« aber wollen aus der Kunst eine von jedermann erlernbare Form der Selbstdarstellung machen (obwohl die mit äußerstem Raffinement hergestellten Gedichte eines Kerouac, Corso, Ginsberg eine solche Programmatik Lügen strafen). Es ist eine Amateurkunst, der es nur auf die Echtheit und Unmittelbarkeit des Ausdrucks ankommt, auf den Inhalt und seine erregende Mitteilbarkeit. Der Wille zur Kunst ist wichtiger geworden als diese selbst, die Absicht bedeutsamer als die Leistung. Möglicherweise kann daraus sogar noch etwas Großes entstehen, vielleicht eine neue Volkskunst, die Selbstdarstellung eines Volkes in Wort, Geste und Musik, die zweite Unabhängigkeitserklärung Amerikas, das sich von Europa lossagt und aus Jazz, Poesie und abstrakter Malerei, aus Slang, Tanz und Farbe den Rohstoff für eine neue Form des gestischen Beisammenseins formt. Was das anlangt, so sind die Beatniks sehr hoffnungsvoll. »Wir stehen erst am Beginn«, sagt Segmour Krim. »Wir glauben an das, was wir zu sagen haben. Wir glauben sogar an Amerika, nicht alle von uns, aber viele. Nein, wir sind keine Nihilisten.«

(1960)

Reime in ungereimter Zeit

Walter Mehrings »Neues Ketzerbrevier«

Der kleine Mann mit den besorgten Augen, der nach dem Ersten Weltkrieg in raucherfüllten Kabaretts saß, weiße Schnäpse trank und zuhörte, wie seine Chansons von den berühmtesten Diseusen seiner Zeit vorgetragen wurden, während draußen schon die Feinde der Republik ihre Stellungen bezogen; der Mitarbeiter der *Weltbühne* und des *Tagebuch*, der, wie sein Freund Tucholsky, bereits in den zwanziger Jahren nach Paris übersiedelte, um Distanz zwischen sich und das Land seiner Geburt zu bringen; der Dichter auf der Flucht zwischen Marseille und New York, in den Lagern und Gefängnissen Vichy-Frankreichs »Briefe aus der Mitternacht« an die Geliebte schreibend; der Individualist und Einzelgänger, der sich nie einer Partei anschloß und heute im Tessin lebt, »ein von links und rechts gebackpfeifter, dummer August«, wie er einmal von sich selber sagt – dieser vom Schicksal, von historischen Katastrophen und einem außerordentlichen Talent gezeichnete, ausgezeichnete Mann ist der Held eines Gedichtbandes, der sich, man verzeihe den abgenutzten Vergleich, »fast wie ein Roman liest«. Wir sprechen von Walter Mehrings eben erschienenem Buch »Neues Ketzerbrevier«, das einen Längsschnitt durch mehr als vierzig Jahre seines lyrischen Schaffens darstellt.

Das Buch ist in mehr als einer Hinsicht eine Überraschung. Hier liegt ein dichterisches Werk vor, das in seiner Bedeutung noch gar nicht genügend erkannt und eingeordnet worden ist. Ein halbes Jahrhundert in Versen, die zugleich Dichtung, Kommentar, Information sind, Ausdruck der Zeit und Kritik an ihr. Die Autobiographie einer Epoche in Liedern, Chansons, Gedichten, unterbrochen durch kurze Prosastücke in Form von Dialogen, Selbstgesprächen, Zeitungsmeldungen, die den verbindenden Text zwischen den verschiedenen lyrischen Etappen seiner Flucht durch die Zeit herstellen. Auf diese Weise wird eine erzählerische Kontinuität erreicht, die den Zeitraum von den nun schon zum Bestsellerthema gewordenen »zwanziger Jahren« bis zur Gegenart umfaßt.

Mehring ist mit der Woge des Expressionismus auf die Bretter des Kabaretts geworfen worden. Er hat den Berliner Witz auf das Sprachfieber jener Jahre übertragen und literaturfähig gemacht. Es war die Zeit, da er, gemeinsam mit George Grosz, Hülsenbeck, den beiden Herzfeldes, den Dadaismus ins Leben rief und als Textdichter von »Schall und Rauch«, der »Rampe« und »Wilden Bühne« seine schönsten Chansons schrieb, Moritaten einer anfälligen, sich selbst nicht ganz ernstnehmenden Zeit: »6 Tage Rennen«, »Wenn wir Stadtbahn fahren«, »Der Rattenfänger von Hameln«, »Lied der Straßenkehrer« und viele andere, die hier im einzelnen nicht mehr aufgezählt zu werden brauchen – sie gehören bereits der Literatur an und gehen in ihrem metrischen Einfallsreichtum, ihrer raffinierten Wort- und Reimkunst weit über das hinaus, was man mit dem Begriff des »Kabaretts« zu verbinden pflegte.

Mehrings Kabarett war Geste und Rhythmus gewordenes Aperçu, es war Signal, Fanfare, Jüngstes Gericht, gemischt mit norddeutscher Schnoddrigkeit, ein Einmanntheater der Literatur, in dem ein satirischer Geist seinen Zeitgenossen zurief, was er von ihnen hielt, und dafür gefeiert wurde. Er hat die Lyrik aus der Esoterik eines George oder Rilke hinausgeführt, er hat sie sozusagen »auf die Straße gesetzt«, mitten in die moderne Großstadt, dort, wo sie am lautesten und aufgeregtesten war. Seine Lieder und Chansons hatten refrainartigen Charakter; sie setzten, bei aller skurrilen Eigenwilligkeit, eine Tradition fort, die von Villon bis Heine, von des »Knaben Wunderhorn« bis zu Wedekind und Aristide Bruant reichte und deren Formenwelt er auf vielfache Weise abwandelte. So wurde er zum Balladendichter einer Zeit, deren Schlagworte er aufgriff und zu Wortmontagen verarbeitete, in der sich Aktuelles mit einer aus vielen Zeiten, Kulturen, Bildungselementen zusammengesetzten Collagewelt mischte – ähnlich den dadaistischen Bildmontagen eines Arp oder Schwitters, die aus der »Vereinbarkeit des Unvereinbaren« eine neue Kunstform zu entwickeln versuchten.

Der Mehring von heute möge verzeihen, wenn von ihm bisher vorwiegend nur in der Vergangenheitsform die Rede war. Zu sehr drängt sich, wenn man von ihm spricht, die Erinnerung an jenes Berlin auf, das in ihm sich selbst entdeckte, das Berlin der Presseбälle, der Reinhardt-Premieren, des »Romanischen Cafés«, des Kapp-Putsches, der Inflations- und Konjunkturjahre. Zu sehr ist man geneigt, vor allem an den frechen, witzigen, aggressiven Mehring von damals zu denken, den Verfasser abgehackter, skandierender Schlagertexte im Stakkatostil, der zum Vortragsstil eines neuen schauspielerischen Typus wurde, von Rosa Valetti bis zu Kate Kühl, von Paul Graetz bis zu Trude Hesterberg, an den ewigen Raisonneur Provokateur, den Humoristen, den Propheten des Unheils, der einer Republik, die noch nicht merken wollte, daß ihre Tage gezählt waren, sein »Hoppla, wir leben!« ins Parkett rief.

Daneben gab es einen andern Mehring, der so leise und lyrisch werden konnte wie in der »Kleinen Stadt« oder dem Lied von den »Roten Schuhen«, das Blandine Ebinger unvergeßlich sang, Zeugnissen einer rein musischen Phantasie, die an Claudius oder Mörike denken ließ und die Vermutung nahelegte, daß in dem Kleinkunstapokalyptiker auch ein heimlicher Romantiker steckte, ein verhinderter Spitzweg, der in seinem kleinen Neurosengärtlein die lieblichsten Zierpflanzen züchtete.

Wäre nur dies von ihm, geschrieben zwischen zwei Weltkriegen, es würde bereits genügen, ihm seinen Platz in der Literaturgeschichte zu sichern. Aber da ist mehr. Da ist Neues, teilweise noch Unveröffentlichtes, da sind die Gedichte aus der Emigration, die beinahe die Hälfte des »Neuen Ketzerbreviers« ausmachen, mit den zwölf »Briefen aus der Mitternacht«, von denen der erste (»In einer Nacht, die ich nicht schlief, / Setzt ich als Segel diesen Brief«) in Wien geschrieben wurde, 1937, und die über Nizza, Camp de Saint-Cyprien und andere Unheilsstätten seiner *»résidence forcée«* in das Marseille nach dem französischen Zusammenbruch führen. Der auf der Massenflucht durch Frankreich Zurückgebliebene, auf sein Visum nach Übersee Wartende, zieht hier die Bilanz einer Generation und einer Gesellschaft – eben jener jüdischen Berliner Gesellschaft, die auf die *Weltbühne* und das *Tagebuch* abonniert war, die zu Reinhardt und Piscator ging, Bücher kaufte, Verlage finanzierte, Theater, Volkshochschulen, eben jenes aufgeklärte, fortschrittsgläubige Berlin, das denen, die daran teilnahmen, das trügerische Gefühl vermittelt hatte, es wäre Deutschland, und dessen Überlebende nun neben ihm auf dem Stroh lagen und Gelegenheit hatten, über ihren Irrtum nachzudenken:

»Die sah ich einst Gesellschaft spielen
Die Kunstmäzene, Bibliophilen,
Beim Bachkonzert – beim Presseball.
Da liegt der Fortschritt nach dem Fall.
Bestimmt, Welträtsel zu studieren,
Gelehrte fand ich hier vertieren.«

Die zwölf »Briefe«, an eine liebenswerte Frau gerichtet, die vor ihm das rettende Visum bekam, sind voll von Anklage, Abschied, Trauer um das Verlorene – ein ebenso privater wie öffentlicher Schmerz wird zum Vehikel einer Aussageleidenschaft, die ein ganzes Zeitalter Revue passieren läßt (»Das zieht zum Gral mit Kind und Kegel, / Das baut Zuchthäuser uns aus Hegel«). Am erschütterndsten vielleicht der achte Brief, mit seiner Anrufung der ermordeten, eines »natürlichen« Todes gestorbenen oder freiwillig aus dem Leben gegangenen Freunde Ernst Toller, Mühsam, Ossietzky, Ernst Weiß, Joseph Roth, Hasenclever, Theodor Lessing, Carl Einstein – eine Totenklage in Memoriam einer sang- und klanglos verscharrten Generation, geschrieben in der Silvesternacht 1940/41, mit dem mehrfach abgewandelten, liedhaften Refrain:

»Der beste Jahrgang deutscher Reben,
Ließ vor der Ernte so sein Leben.«

Der Insel Martinique, an deren »Kokosbrüsten« der endlich Entkommene fünf Nächte liegen darf, ist ein Liebeslied gewidmet, das zugleich Abschied von Europa ist und Dankgesang, bis das Schiff, die »Wyoming«, in den Hafen von New York einfährt und er in sein lyrisches Notizbuch den Vermerk eintragen kann:

»Was willst du mehr, Poet? Du schreibst...
Du bist gerettet.

Aber die Schwierigkeiten scheinen nun erst zu beginnen. Die Frage: Was soll man schreiben, für wen, wohin?, wird für den Schriftsteller deutscher Sprache, der, im Kriege, in Amerika Zuflucht gefunden hat, zur Frage des heimatlos gewordenen Intellekts schlechthin. Ein Ausspruch von Thomas Wolfe »*We are so lost, so naked and so lonely in America*...« wird als Motto über ein Gedicht für George Grosz zu dessen fünfzigstem Geburtstag gesetzt. »Riverside Drive«, »Florida« und »Kleine Windmusik« sind Landschaftsbilder und Pastellzeichnungen aus dem Skizzenbuch eines Verzweifelten, der bei allem vergeblichen Bemühen, sich dem »*American Way of Life*« anzupassen, nicht vergessen kann, daß gerade dieser ihm das Leben gerettet hat. Amerika als Idee und Wirklichkeit – zwischen diesen beiden Polen der Beunruhigung fühlt er sich als unverbesserlicher Europäer hin- und hergerissen. Anders als George Grosz, der Amerika ohne Vorbehalte akzeptiert hatte, nimmt Mehring die Neue Welt mit einem Gefühl wohlwollenden Befremdens zur Kenntnis. Grosz bejahte Amerika, weil er in ihm die Verwirklichung einer exotischen Sehnsucht sah, eine Mischung aus Karl May, Hemingway, Gershwins »Rhapsody in Blue« und Cowboyromantik. Er bewunderte Amerika, weil es ihn zugleich von einer Vergangenheit befreite, in der auch der Künstler hineingerissen worden war in politische und soziale Auseinandersetzungen, die hier, so schien es ihm, durch den pragmatischen Sinn der Amerikaner, auf eine vernünftigere, zivilisiertere und weniger blutige Weise ausgetragen wurden. Grosz hat Amerika dazu benutzt, um sich von seinem Mißbehagen an der Menschheit zu erholen und nur noch seiner Malerei zu leben; Mehring ist auch in Amerika ein Satiriker geblieben. Er sah beides: das Amerika eines noch immer funktionierenden, demokratischen Gewissens, das in erheblichem Maße dazu beigetragen hatte, die Welt von Hitler zu befreien, und jenen andern, niemals ganz zu ergründenden, aus vielen Widersprüchen zusammengesetzten Kontinent, der ihn im »Transatlantischen Psalter« zu ebenso widerspruchsvollen wie glänzenden Formulierungen inspiriert, vom Jukebox-Choral einer Drugstore-Jugend, die darauf wartet, »Daß sich das Icecream-Mirakel / Im Messing-Tabernakel« ihr offenbare, bis zu den bösen Strophen: »Plantagenzucht der Rassen, Gestutzt von Puritanern, / Die den Urtrieb hassen.«

Zur Zeit seiner größten Berliner Triumphe hatte Mehring unter anderm seinen »Seemannschoral« gedichtet, der, so geht die Sage, in den finsteren Jahren zur Nationalhymne der »inneren Emigration« wurde, die in vorgerückter Stunde in der »Taverne« sein »In Hamburg an der Elbe / Gleich hinter dem Ozean« intonierte, während ungefähr um die gleiche Zeit der Dichter dieses »anonymen Volksliedes« in Paris der »äußeren« Emigration seinen »Emigrantenchoral« schenkte, mit den mitreißenden Anfangszeilen: »Werft / Eure Herzen über alle Grenzen / Und wo ein Blick grüßt, werft die Anker aus!«, eine in ihrem Elan, ihrer Verve wohl einzigartigen Apostrophierung des Flüchtlingselends, bei der sich noch »Vaterland« auf »Emigrant« reimt und »verbannt« auf »Waterkant«. Mehring ist immer ein Virtuose des Reimens gewesen. Er hat dieses von Rilke zu höchster artistischer Vollendung und gleichzeitig *ad absurdum* geführte Kunstmittel in vollem Bewußtsein der ihm innewohnenden magischen Kräfte ausgenutzt. Für ihn ist der Reim die kürzeste Verbindung zwischen vielen unendlich weit auseinanderliegenden Gedankenwelten, eine Herausforderung an den Sprachgeist, sich durch Analogieschluß seiner unbegrenzten Ausdrucksmöglichkeiten zu erinnern. Es ist der Funke, der das Pulverfaß der Assoziationen zur Explosion bringt. Beispielsweise in der Ballade über den Zusammenbruch Frankreichs: »Und Katastrophenwitternd schrie / Landfremd das stallwehkranke Vieh.« – In seinen letzten Gedichten »The World of To-Morrow« und »March of Time« wird diese, im »Emigrantenchoral« noch mit einer fast koketten Freude am geglückten Sprachexperiment zur Schau getragene Reimtechnik bis zur letzten Vergeistigung getrieben.

Wie in der Malerei das Spätwerk eines Künstlers dadurch charakterisiert ist, daß die Konturen sich verwischen, Licht und Schatten ineinander übergehen, so scheinen in dieser Spätlyrik Mehrings die Kontraste zwischen Gestern und Heute, gelebter und vorgestellter Wirklichkeit aufgehoben. Im Anfang war der Reim, der das Chaos bändigte und das Auseinanderstrebende wie in einer Eisenklammer zusammenhielt. Er geht noch immer, in listigen Vermummungen, durch eine wie verschneit wirkende Syntax, die auch in typographischer Hinsicht bemerkenswert ist: diese letzten Seiten wirken wie Blätter einer Partitur, in der vielstimmig gegeneinander musiziert wird. Merkwürdig, daß ein Schriftsteller, der auszog, den Leuten die Esoterik auszutreiben, am Ende selbst noch zum Schöpfer einer neuen, esoterischen, geheimnisvoll in sich verschlungenen, mit sich selbst redenden Bildsprache werden sollte, einer Lyrik, in der gleichzeitig Weimar, Berlin, New York, Goethes Altersstil und Rilkes »Duineser Elegien« zur größten Wochenschau des Jahrhunderts sich vereinigen. Der Ansprung auf die Zeit ist noch da, die Lust an der Sprachorgie, das Delirium der Aperçus. Aber dringendere Geschäfte melden sich an. Man muß seinen Schreibtisch aufräumen, bevor der Tag zu Ende ist. Man muß »Erinnern und Vergessen«, wie es im Gedicht von den beiden »barmherzigen Schwestern« heißt, die an das Bett des Schlafenden treten und ihm, nach so vielen Fragen an die Vergangenheit, eine letzte Antwort auf die Zukunft geben:

»Du schläfst zurück zum Kind – zum Tier – zur Pflanze
Du löst dich auf und löst dich in das Ganze ...«

Die deutsche Lyrik ist inzwischen andere Wege gegangen. Auch für sie gab es ein »Erinnern und Vergessen«, aber man vergaß nur allzu schnell, woran man nicht mehr erinnert sein wollte. Man knüpfte dort an, wo man 1933 aufgehört hatte, und übernahm die Fertigprodukte einer dichterischen Erfahrung, die inzwischen durch Pound und Brecht, Eliot und Auden, Eluard und Lorca bis zu Dylan Thomas und William Carlos Williams angereichert worden war. Dabei ist manches entstanden, das in dem »Verfahren gegen Unbekannt«, mit dem man einer unbewältigten Vergangenheit den Prozeß machte, sich das Recht erworben hat, gehört zu werden. So führte die Scheu vor dem mißhandelten, usurpierten Wort bei einer Dichterin wie Ingeborg Bachmann zu einer dem Schweigen abgerungenen, kargen Eindringlichkeit, die sich nur an das Wesentliche verschwenden will. So gibt es Gedichte von Krolow, Piontek, Celan, Heißenbüttel, die, wenn auch »verschlüsselt« und »chiffriert«, von dem Ringen um eine neue Sprache in einer sprachlos gewordenen Zeit berichten. Aber noch in ihren aufrichtigsten Manifestationen möchten ihre Autoren nur ungern einer Generation, mit deren Schicksal sie sich rückwirkend solidarisch erklären, die Anerkennung zollen, um die sie sich selbst – »stellvertretend« – bewerben. Selbst ein Sprachtalent wie Enzensberger ist ohne die assoziierende Wortkunst Mehrings undenkbar, obwohl er es gewiß niemals zugeben dürfte. *»La recherche de la paternité est interdite.«* Man möchte es ganz allein gemacht haben.

Von Adorno stammt der verhängnisvolle Satz, nach Auschwitz sei es nicht mehr möglich, ein Gedicht zu schreiben. Als ob Dichten eine Sache wäre, der durch Mehrheitsbeschluß Einhalt geboten werden könnte, und nicht etwas, das in jedem Fall ein Risiko darstellt, eine Sache auf Tod und Leben. – »Erinnern *und* Vergessen«, wie es Mehring formulierte und durch sein eigenes Beispiel bezeugte, bedeutet, daß man das »Trauma« überwindet, indem man es darstellt. Mehrings Trauma, und nicht nur seins, ist authentisch belegt, es steht in den Geschichtsbüchern:

Man schreibt das Jahr 1933. Eine Kultur zerplatzte, und die Splitter flogen in alle Himmelsrichtungen, bis nach Schanghai, Kapstadt, Texas und Sibirien. Mehring hat sie in einer einmaligen dichterischen Bemühung wieder zusammenzusetzen versucht. Wie Whitman, der einen ganzen Kontinent mit seinen Armen an sich ziehen wollte, hat er das zerstörte, zerstückelte Erinnerungsbild im Brennpunkt seiner Phantasie eingefangen. Er ist der Whitman einer Welt, die am Kurfürstendamm begann und in den Vernichtungslagern endete und die auf ihrem Höllenweg alle Höhen und Tiefen des Gefühls durchmaß, von der »Menschheitsdämmerung«, die den Anbruch einer neuen Zeit verkünden sollte, bis zu der letzten, menschlichen Erniedrigung und Demütigung. Das Trauma, von dem er sich freischrieb, war ein »Paradise Lost«, das von der Gedächtniskirche bis nach Halensee reichte, mit Filialen *»all over the world«*, der geographische Ausgangspunkt für eine Gedankenflucht von imponierenden Ausmaßen, die im Steilflug zu den Stätten seiner Kindheit zurückkehrt, den Marmortischen im alten »Café des Westens«, an denen er mit Else Lasker-Schüler spielte. In diesem Sinne ist seine Dichtung allerdings »Asphaltdichtung«: Gesang der Ketzer über den Wassern, Gesang aus Kaffeehäusern, in denen aufrührerische Gedanken gedacht und einige der schönsten Lieder und Gedichte deutscher Sprache gedichtet wurden, Gesang einer Zeit, die nach den Sternen griff und in der Hand behielt – einen Schluck Erde und die geprägten Stanzen von Mehrings zeitlosüberdimensionalem Augenzeugenbericht.

(1963)

Hemingways Spätwerk

Schon seit geraumer Zeit schien der Hemingway-Mythus einer Revision zu bedürfen. Hier war ein Schriftsteller, der in den zwanziger Jahren die Welt aufhorchen ließ durch einen neuen Ton der Erzählung. Es war ein Ton, der, im Gegensatz zu Proust und Joyce und Thomas Mann, nicht durch die Beschreibung, sondern durch die Aussparung der Gefühle wirkte. Hemingways Helden waren Stierkämpfer, Boxer, Männer »in einem anderen Land« und andere Outsider der Gesellschaft, die das Wagnis des Lebens als eine stumme Pflicht dem Tod gegenüber auf sich nahmen. Charakteristisch für sie war ihre beredte Schweigsamkeit, ihre vielsagende Einsilbigkeit. Man war vom Schicksal gezeichnet, aber man sprach nicht mehr darüber. Man sprach lieber vom Boxen, Fischen, Skifahren, von Pferderennen und Stierkämpfen, man trank und liebte zwischen Gefechtspausen. Hemingways Helden waren Gescheiterte, die in krisenhaften Situationen auf eine männliche Weise unterlegen waren und trotzdem moralisch Sieger blieben – wie »der alte Mann«, der dem Meer den großen Fisch abrang und ihn heimbrachte, obwohl von ihm nur noch das Skelett übriggeblieben war.

Hemingways lakonischer Stil mit seinen vielen »Unds« und »sagte er« und seiner hartnäckigen Beschreibung bedeutungsloser, wenn auch spannungsgeladener Details hat viele Nachahmer gefunden. Einer seiner berühmtsten war Hemingway selber. Er hatte einen Mythus geschaffen, der einer literaturmüden Zeit nach dem Ersten Weltkrieg entgegenkam: den wortkargen Beobachter kritischer Zeitläufe, den heroischen Antihelden, der überall, wo Messer gezogen wurden und Blut floß, zur Whiskyflasche griff und seinen Ekel über die Zeit hinunterspülte. So beschrieb er auch die Invasion, an der er als Kriegsberichterstatter teilnahm, und zum erstenmal glaubte man in seiner Kunst des »Understatement« einen falschen Zungenschlag zu vernehmen. Dieser Hemingwaysche Manierismus, der mehr und mehr seine große Erzählergabe zu überschatten begann, hatte in seinen letzten Büchern eine harte Probe auf die Realität zu bestehen. Der Verdacht lag nahe, daß der Stil sich selbständig gemacht hatte und im Begriff war, seinen Aussagecharakter zu verlieren. Was sich aber bisher nur als Vermutung dem Leser anbot, wird nunmehr durch die Veröffentlichung aus Hemingways Nachlaß »A Moveable Feast« (erschienen bei Charles Scribners's Sons in New York) bestätigt.

Als Hemingway im Jahre 1956 mit seiner Frau Mary im Hotel Ritz in Paris abstieg, ließ er sich aus dem Keller die alten Koffer holen, die dort seit mehr als zwanzig Jahren gelagert hatten. Sie enthielten seine Tagebücher und Aufzeichnungen aus der Zeit nach dem Ersten Weltkrieg, da er als Korrespondent einer kanadischen Zeitung in Paris lebte. An diesem Material hat er, mit Unterbrechungen, bis kurz vor seinem Tod im Jahre 1961 gearbeitet. Das Ergebnis war eine Sammlung von Short Stories autobiographischen Charakters, die den Hemingway-Mythus in einem neuen Licht erscheinen lassen. »Wer das Glück gehabt hat, als junger Mensch in Paris zu leben«, schrieb er einmal an einen Freund, »den verläßt diese Stadt nicht mehr, wohin er auch geht, denn Paris ist ein unaufhörliches Fest.«

Die Erinnerung an dieses »unaufhörliche Fest« hat ihm die Hand geführt, als er, dreißig Jahre später, die Straßen und Plätze des Quartier Latin, in dem er mit seiner ersten Frau Hadley lebte, nachzeichnete, die kleinen Cafés der rive gauche, in denen er seine ersten Short Stories schrieb, vor allem die »Closerie des Lilas« am Boulevard Montpartnasse, wo er mit anderen »Expatriates« und Prominenten der »verlorenen Generation« in den späten Nachmittagsstunden seinen Aperitif trank und den Leuten zusah, die draußen vorbeigingen. Selten hat ein amerikanischer Autor diese Stadt, die Paul Celan in einem seiner schönsten Gedichte »die große Herbstzeitlose« nannte, mit soviel Verständnis für die besondere Lebensart der Franzosen, ihr Savoir-vivre, beschrieben. Selten aber auch ist ein Schriftsteller seines Formats – und Hemingway war ein großer Schriftsteller – so unempfänglich gewesen für die geistigen Aspekte dieser Stadt, für ihre Sprache, Kultur, Literatur und für die Menschen, die in ihr leben und davon geprägt werden.

Gewiß, er hat im Buchladen von Sylvia Beach verkehrt, wo er Joyce und Ford Madox Ford, Gertrude Stein und Scott Fitzgerald traf. Aber bis auf Ezra Pound, den er liebte und verXrte – und über den er als Dichter erstaunlich wenig zu berichten weiß –, bringt er für seine Freunde, die er nur allzuoft in Feinde verwandelt, wenig Verständnis auf. Hemingway hat die Austern von Paris geschlürft, wenn er Geld hatte; er hat seine Weine und Schnäpse getrunken, er hat den Anglern am Seine-Quai zugesehen und ist zum Rennen nach Auteuil und Enghien gefahren. Aber neben diesen kleinen Meisterwerken impressionistischer Prosa nehmen sich seine Begegnungen mit den Großen seiner Zeit, mit Joyce, Pound oder dem Maler Pascin seltsam dürftig aus.

Nun weiß man, daß Hemingway es nie liebte, über Literatur zu sprechen. Er teilte diese Abneigung gegen den literarischen »Shop talk« mit anderen amerikanischen Kollegen, für die das Schreiben so etwas wie eine geheime, beinahe lasterhafte Beschäftigung zu sein scheint, über die man erst spricht, wenn das Produkt der Öffentlichkeit vorliegt. Möglicherweise wirken hier noch Vorstellungen der puritanischen Zeit nach, in der die Beschäftigung mit dem »Schönen« schlechthin für unschicklich galt. Im Falle Hemingway kam jedoch zu der traditionellen Scheu, über sein Metier zu sprechen, eine besondere, anti-intellektuelle Note hinzu, die er kultivierte und die als ein Bestandteil des Hemingway-Mythus in sein Werk einging und ihn berühmt machte. Lillian Ross, in ihrer köstlichen Beschreibung eines Zusammenseins mit Hemingway in New York, zitiert den Satz, mit dem der große Mann, der so gern den Analphabeten spielte, seinem Verleger imponieren wollte: »Ich muß meinen Titel verteidigen.« Er liebte es, sich in der Boxersprache auszudrücken, wo es um subtilere Dinge ging. Wenn man jedoch bedenkt, wie schwer ihm das Schreiben fiel, wie er sich, besonders mit seinen großen Romanen, abplagte, und wenn man sich vor allem jenes schaurige Finale vor Augen führt – jenen Morgen in seinem Haus in Idaho, als er sich über sein Gewehr beugte und in den Mund schoß –, so fragt man sich, ob hier nicht ein inneres Drama seinen Abschluß fand, das von der Qual des »Anderssein-Wollens« berichtete? Hatte er bemerkt, daß die Parabel seiner Männlichkeit nur eine Maske gewesen war, ein Stilmittel, hinter dem sich eine innere Gefährdung verbarg, und daß auch andere dies inzwischen bemerkt hatten? Und wollte er mit diesem gewaltsamen Aktschluß noch eine letzte Sinngebung vollziehen, die ihm mit den Mitteln des Wortes nicht mehr zu gelingen schien?

Könnte es sein, daß der große Schriftsteller, der so gern den starken Mann spielte, der Boxer und Stierkämpfer liebte, gar nicht so stark und männlich war, wie er sich den Anschein zu geben versuchte? Liegt hier vielleicht eine Überkompensation mit literarischen Mitteln vor? Ein amerikanischer Kritiker dieses Buches hat auf die merkwürdig heftige Reaktion Hemingways hingewiesen, als einmal bei Gertrude Stein das Gespräch auf die Homosexualität kam: »Ich versuchte, Miss Stein klarzumachen«, schreibt Hemingway, »daß man als Junge in der Gesellschaft von Männern darauf gefaßt sein muß, einen Mann zu töten, daß man wissen muß, wie das gemacht wird, und daß man es auch wirklich machen würde, um nicht belästigt zu werden ...« Und der amerikanische Kritiker wirft die Frage auf, welche traumatischen Erlebnisse aus der Jugendzeit in Hemingway nachwirkten, als er diese Zeilen schrieb. Man möchte jedoch, aus Respekt für einen großen Mann, seine Methoden der verklausulierten Indiskretion nicht nachahmen und etwaige Mutmaßungen einer eingehenden Analyse seiner Schriften überlassen.

Die Bedeutung Hemingways als eines modernen Klassikers der amerikanischen Literatur wird dadurch jedenfalls nicht angetastet, höchstens der von ihm selbst in die Welt gesetzte Mythus hieb- und trinkfester Maskulinität, der sich selbst ad absurdum führte. Deshalb ist auch »A Moveable Feast« trotz allem ein großartiges Buch, weil es von einem großartigen Erzähler geschrieben wurde. Ein böser, alter Mann erinnert sich an seine Jugend in Paris. Er trinkt mit den Lebenden und führt üble Nachrede über die Toten. Noch einmal spürt man die Pranke des Löwen. Aber sie wirkt bereits etwas manikürt. Oder war sie es schon immer gewesen, und man hatte es nur nicht bemerkt?

(1964)

Walter Benjamin im Lager

Das Bild Walter Benjamins, das hier von einigen seiner Freunde gezeichnet wurde, wäre unvollständig ohne eine Schilderung seines Verhaltens im Lager. In extremen Situationen kann ein Mensch »ganz anders« reagieren oder aber genauso, wie man es von ihm gewohnt war, nur unter veränderten Bedingungen. Im Falle Benjamin brachte der Zusammenstoß mit der Realität des Lagers Wesenszüge heraus, die wohl schon immer in ihm waren, aber durch den Druck, der auf ihn ausgeübt wurde, auf eine seltsame und doch wieder für ihn bezeichnende Weise »verabsolutiert« erschienen. Es hatte dies etwas mit der Systematik seines Denkens zu tun, das sich in Pedanterie angesichts der jede Systematik verhöhnenden Wirklichkeit verwandelte. Indem er sich mit seiner Intelligenz, seinem politischen und historischen Verstand an der Realität zu orientieren versuchte, entfernte er sich immer mehr von ihr. Indem er die Realität »beim Worte« nahm, um sie zu entlarven, entlarvte er die Ohnmacht des Wortes, das von der Realität nur noch als Fassade benutzt wurde. Niemals ist mir der tragische Konflikt zwischen Denken und Handeln bei einem Menschen, der, als Marxist, doch gerade die Einheit von beidem anstrebte, so bewußt geworden, niemals auch das schmerzliche Scheitern einer Methode, die in ihrer liebenswerten Lebensfremdheit glaubte, die Wirklichkeit »verändern« zu können, während sie doch nur Interpretation blieb und als solche der Wirklichkeit nachhinkte. Benjamins unvergleichliche Fähigkeit, vom Detail her das Ganze zu sehen, kehrte sich diesmal gegen ihn. Der Blick auf das Ganze wurde ihm durch die Absurdität der Details verbaut, die sich selbständig gemacht hatten.

Wie fast alle Emigranten deutscher Abstammung, die sich bei Kriegsausbruch in Paris aufhielten, wurde Benjamin zunächst im »Stade Colombe« interniert. Dort traf ich ihn auf einer der Steinbänke, die uns zehn Tage und Nächte lang als Aufenthaltsort dienten, das aufgeschüttete Stroh war längst faulig geworden und mit *pâté de foie* verschmiert, einer billigen Leberpaste, die als Brotaufstrich unsere einzige Nahrung bildete und, da es kaum Wasser zum Waschen gab, Gesicht und Haare verklebte und in alle Poren eindrang – dies und noch manches andere, was sich in dem berüchtigten »Stade Colombe« zutrug, ist in der einschlägigen Memoirenliteratur nachzulesen.

Im Morgengrauen des zehnten Tages wurden wir auf dem Hofe

versammelt und in Gruppen zum Abtransport in die verschiedenen Lager eingeteilt. Ich hatte mit Benjamin und einigen Freunden verabredet, daß wir unter allen Umständen versuchten müßten, zusammenzubleiben. Es war dies eine Gepflogenheit, die sich auch bei späteren Gelegenheiten als lebensnotwendig erweisen sollte. So kam es, daß wir in demselben Autobus unter militärischer Bewachung durch die Straßen von Paris zur Gare d'Austerlitz und von dort im plombierten Eisenbahnwagen nach Nevers transportiert wurden. Gegen Abend trafen wir in Nevers ein und wurden in Eilmärschen in das etwa zwei Stunden entfernte Lager getrieben. Benjamin, dem das Laufen schwerfiel, hatte einen jungen Mann getroffen, der ihm den Koffer abnahm und ihm auch später, während der Lagerzeit, dienend und helfend zur Seite stand, der Jünger dem Meister, den er verehrte. Es war in der Beziehung des jungen zum alten Mann, in seiner Fürsorge für den körperlich Gebrechlichen und in praktischen Dingen Hilflosen ein fast biblischer Respekt für das Geistige in einer Zeit der Heimsuchungen und Gefährdungen. So etwa stellte man sich eine Prophetengestalt vor, die von einem Jüngling behutsam durch die Menge geführt wird...

Es war bereits dunkel, als wir in einem völlig ausgeräumten Schloß ankamen und über die verschiedenen Stockwerke und Zimmer verteilt wurden. Ich verlor Benjamin aus den Augen, wußte aber, daß der Jüngling sich um ihn kümmern würde. Es gab kein Licht, keine Betten, keinen Tisch und keinen Stuhl in diesem Schloß, nicht einmal einen Nagel, an dem wir unsere Sachen hätten aufhängen können. Erschöpft legten wir uns auf den Fußboden und schliefen sofort ein.

Am nächsten Morgen rief uns der französische Kommandant auf den Schloßhof und hielt eine Ansprache. Er war ebenso ratlos wie wir, was nicht weiter verwunderlich war. Der Entschluß, die Emigranten, die in Frankreich Asylrecht genossen, zu internieren, war in letzter Minute gefaßt worden, man war darauf nicht vorbereitet gewesen. Der deutsch-russische Pakt und die Invasion Polens hatten den Militärbehörden keine Zeit mehr gelassen, die Emigration auf ihre politische Zuverlässigkeit hin zu prüfen. Da die Kommunisten unter Hinweis auf die von den Westmächten im Stich gelassene Tschechoslowakei den Hitler-Stalin-Pakt ideologisch zu rechtfertigen versuchten, waren sie über Nacht aus Hitlergegnern zu seinen Verbündeten geworden. Dies erklärt manche Ungerechtigkeit, die uns damals empörte.

Gewiß gab es auch noch andere Gründe, zum Beispiel das Unvermögen französischer Militärs oder ihren Mangel an Bereitschaft, eine deutsche Opposition anzuerkennen. Für einen Leser der *Action Française* gab es keinen Unterschied zwischen Deutschen, die gegen Hitler, und solchen, die für ihn waren. Beide waren gleich bekämpfenswert. Im Zweifelsfalle entschied man sich für die Schlamperei und ließ die Dinge auf sich zukommen.

Es geschah nun etwas, das nicht der Ironie entbehrte, über das aber bisher nur wenig geschrieben wurde: Der organisatorische Drill der Verfolgten, die in der Gefangenschaft nicht aufhörten, Deutsche zu sein, siegte über den Mangel an Organisation bei den Franzosen. »Deutscher« Fleiß, »deutscher« Sinn für Sauberkeit und Ordnung, für Disziplin und Gehorsam bemächtigten sich der ansonsten in jüdischen Selbstreflektionen verstrickten Lagerinsassen. Wandervogelgeist hinter Stacheldraht fegte Stuben mit Strohbesen aus, hängte Wäsche zum Trocknen auf, veranstaltete Vorlesungen über den Unterschied zwischen Freud und Jung, Lenin und Trotzki. Aus einem Nichts wurde in Bälde ein Gemeinwesen geschaffen, das zu funktionieren begann. Es entstand, aus Chaos und Ratlosigkeit – eine Gesellschaft.

Plötzlich war auch ein Mann da, der sagte, was getan werden mußte. Niemand wußte, wie es dazu gekommen war, außer, daß er im richtigen Augenblick das Richtige vorgeschlagen hatte. Er war von Beruf Abteilungsleiter in einem Warenhaus gewesen. Um ihn war jenes Undefinierbare, das man »Autorität« nennt. Er hatte gelernt, Anordnungen zu treffen und sich seine Leute auszusuchen. Auf sein Geheiß wurde mit dem Bau einer Latrine begonnen. Eine Wasserleitung wurde gelegt, eine Lichtleitung. Aus der Soldatenküche wurde ein Suppenkessel beschafft, in den Zimmern Stroh aufgeschüttet. Decken wurden besorgt und aus alten Konservenbüchsen Eßgefäße und Trinkbecher angefertigt, indem man sie mit Erde blank rieb. Ein Mann, der Briefmarken sammelte, wurde zum Postmeister ernannt, ein anderer, ein Maler, berühmt durch seine Kochkunst auf Pariser Atelierfesten, zum Küchenchef.

Kurz danach begann Benjamin einen philosophischen Kursus im Freien abzuhalten. »Für Fortgeschrittene« und gegen ein Entgelt von drei *Gauloises* oder einen Hosenknopf. Ich konnte nicht an ihm teilnehmen, da ich, allen Bemühungen zum Trotz, mich krank schreiben zu lassen, einem Arbeitskommando zugeteilt worden war, das einen Flugplatz betonieren sollte. Benjamin pflegte mich kummervoll anzusehen, wenn ich in der Morgendämmerung zur Arbeit antrat, und in denselben Halbschuhen, derselben, nunmehr in Fetzen herabhängenden Sommerkleidung, die ich bei der Einlieferung ins »Stade Colombe« getragen hatte, hinaus in den Schnee schritt. Er prägte damals das Wort von der »Proletarisierung des Judentums« als der nächsten Etappe auf dem Weg seiner Diaspora – das Wort »Auschwitz« gab es damals noch nicht in unserem politischen Vokabular. Eines Abends, als ich mit ihm am Stacheldraht stand und den Schafen, die draußen grasten, zusah, sagte er: »Einmal wieder auf einer Caféterrasse sitzen und die Daumen drehen – das ist alles, was ich mir noch wünsche.« Als ich Monate später vorübergehend entlassen wurde und ihn in seiner Pariser Wohnung aufsuchte, drehte er keineswegs die Daumen – er saß an seinem Schreibtisch und arbeitete.

Die *Gauloises*, die man ihm bereitwillig als Vortragshonorar zahlte, waren nicht die einzige Währungseinheit im Lager. Es gab eine Nagelwährung, eine Bleistiftwährung, eine Knopfwährung, je nachdem, was im Augenblick am meisten benötigt wurde. Es gab »offizielle« Kurse, die nach dem Prinzip von Angebot und Nachfrage notiert wurden, zum Beispiel: fünf Zigaretten für einen Nagel, oder einen Nagel, zwei Zigaretten, einen Bleistift und einen Knopf für ein kleines Schreibheft. Es gab ehrliche Leute, die nur kauften, was sie brauchten, und andere, die »spekulierten«, indem sie etwa Zigaretten »aufkauften« oder Nägel und somit deren Kurswert in die Höhe trieben.

Es gab auch Gangster und Diebe in dieser »Gesellschaft«, die ein Spiegelbild jener andern war und jedem den Platz anwies, der ihm auf Grund seiner Fähigkeiten, seiner Dummheit oder Gerissenheit, seines Unternehmungsgeistes oder seines Mangels an Initiative zukam. Ein Vorfall, der Benjamin sehr beschäftigte und über den er viel nachdachte, erschien ihm von symptomatischer Bedeutung: Zwei Filmleute waren auf die Idee gekommen, dem Kommandanten einen Film »Vive la France« vorzuschlagen. Sie müßten dazu aber täglich nach Nevers fahren, erklärten sie, um Material in der Stadtbibliothek zu sammeln. Der Kommandant war begeistert und stattete sie mit Armbinden aus, die ihnen erlaubten, am Morgen ungehindert das Lager zu verlassen. Beneidet von sechshundert unterernährten Männern, die sie am Tor mit Drohungen und Verwünschungen empfingen, kehrten sie am Abend, nach Wein riechend und den Geschmack der »Cuisine française« auf der Zunge, ins Lager zurück und unterhielten sich tuschelnd auf dem Stroh über die »erstklassigen« Restaurants, in denen sie diniert hatten.

Eines Tages nahm mich Benjamin beiseite. »Es geht um die Armbinde«, flüsterte er. »Nein, lachen Sie nicht. Ich habe einen Plan.« Er wollte dem Kommandanten vorschlagen, eine literarische Zeitschrift herauszugeben, »natürlich auf dem höchsten Niveau«, eine Lagerzeitung für Intellektuelle, die dem Lande zeigen sollte, wer die Leute wären, die man da als »Feinde Frankreichs« eingesperrt hatte. »Kommen Sie morgen um 4 Uhr zu mir«, sagte er. »Wir werden unsere erste Redaktionssitzung abhalten.«

Benjamin hauste in einem Verschlag, am Fuß einer Wendeltreppe, die über seinem Strohlager eine Art Dach bildete. Aus einem Stück alter Sackleinwand hatte ihm sein Jünger einen Vorhang angefertigt, der ihn den Blicken der andern entzog. Ein Heiliger in seiner Höhle, von einem Engel bewacht. Als ich um 4 Uhr eintraf und den Vorhang beiseite schob, nicht ohne mich vorher bei dem nunmehr als Sekretär amtierenden Engel angemeldet zu haben, hockten bereits zwei andere auf dem Stroh. Die Redaktionskonferenz begann. Man trank eingeschmuggelten Schnaps aus Fingerhüten, die sich der Engel von den Soldaten beschafft hatte, und besprach, wie die Zeitschrift aussehen sollte. Benjamin war sehr ernst, beinahe feierlich. Für die makabre Komik des Unternehmens schien er wenig Sinn zu haben. »Meine Herren, es geht um die Armbinde«, wiederholte er immer wieder, als gelte es, einen anfechtbaren philosophischen Standpunkt zu verteidigen. Die Armbinde war für ihn zum Symbol des Überlebens schlechthin geworden. Sie war das Detail, von dem aus das Ganze manipulierbar wurde.

Befragt, was ich für die erste Nummer zu schreiben »gedenke«, schlug ich Benjamin ein Thema vor, von dem ich wußte, daß es seinen Beifall finden würde: »Die Entstehung einer Gesellschaft aus dem Nichts«, eine Soziologie des Lagers also, mit Beispielen, die unserer eigenen Erfahrungswelt entnommen waren, vom ersten Spatenstich für die Latrine bis zu ihrem »kulturellen Überbau«, den zu schaffen wir nunmehr im Begriff wären, indem wir diese Zeitung gründeten. Mein Vorschlag wurde einstimmig angenommen und von Benjamin in ein kleines Notizbuch eingetragen, in dem er die Beiträge für die erste Nummer verzeichnete.

Wir trafen uns jede Woche zweimal zur »Redaktionskonferenz« in Benjamins Verschlag, in den man nur auf allen vieren kriechend gelangen konnte, tranken Soldatenschnaps aus Fingerhüten und lasen uns gegenseitig die mit Bleistiftstummeln auf Packpapier hingekritzelten Artikel vor. Wovon Benjamins eigener Beitrag handelte, weiß ich nicht mehr, vielleicht weil er sich noch im Stadium der Vorbereitung befand. Ich glaube, es wäre eine sehr gute, eine bedeutende Zeitschrift geworden, die über das Lager hinaus den Weg in die Welt gefunden hätte. Leider ist die erste Nummer nie erschienen, wir kamen auch nicht mehr zu unsern Armbinden. Wenige Wochen später wurde das Lager aufgelöst, einige von uns, darunter Benjamin und ich, wurden auf Grund einer vom französischen PEN-Klub veranlaßten ministeriellen Verfügung nach Paris entlassen, um sechs Wochen später, beim Einmarsch der Deutschen in Frankreich, wieder eingesperrt zu werden. Diesmal gelang es uns nicht, zusammenzubleiben.

Nach dem Waffenstillstand traf ich Benjamin auf der Straße in Marseille. »Ich fliehe morgen über die Pyrenäen«, sagte er. Das war das letzte, was ich von ihm hörte, bevor er sich, schon an der Schwelle zur Freiheit und durch ein tragisches Mißverhältnis davon abgehalten, sie zu überschreiten, in einer Herberge an der spanischen Grenze das Leben nahm.

(1966)

George Grosz oder Die Vertreibung aus dem Paradies

Er starb in den frühen Morgenstunden, in einem Berliner Hausflur, am 6. Juli 1959. Als sie ihn hinauftrugen, war es schon zu spät. Er mußte lange dort gelegen haben, bevor man ihn auffand. Walter Mehring, der Freund und Dichter aus dadistischer Zeit, schrieb diese Worte auf seinen Tod:

»Die Zeitungsfrau
Der Eismann
Die Maurer
3 Allegorien
einer
Berliner GEORGE-GROSZ-
Morgendämmerung
umstanden den Sterbenden,
den sie
in eine Wohnung zu schaffen
versuchten –
vergeblich...

Sie hätten von ihm sein können –
Sie waren sein Werk
Keine Künstlerhand
hätte es
so
vollenden dürfen …«

So starb ein Mann, dessen Werk und Persönlichkeit die Nachwelt noch lange beschäftigen werden. Er selbst gefiel sich bis zum Schluß in der Rolle des metaphysischen Hanswursts. Als er, wenige Wochen vor seinem Tod, das Schiff in New York bestieg, das ihn nach dreißigjähriger Abwesenheit nach Deutschland zurückbringen sollte, sagte er den Interviewern am Hafen: »Wenn ich bei dem großen Schalterbeamten da oben eine Fahrkarte nach Paris verlangen werde, dann wird er mir sagen: ›Hier, Mr. Grosz, aber Sie müssen einmal umsteigen.‹ Und wenn ich ihm sagen werde: ›Aber der Herr vor mir, der brauchte doch nicht umzusteigen‹, dann wird er antworten: ›Ja, sehen Sie, das ist etwas anderes, das war nämlich Mr. Picasso …‹«

Die Bescheidenheit war echt, obwohl er Picasso im Grunde nicht leiden konnte. Die Zeit, da er sich noch für Experimente interessiert hatte, lag hinter ihm. »Ich habe gesagt, was ich zu sagen hatte«, pflegte er seinen Freunden in den letzten Jahren mitzuteilen. Was er zu sagen hatte, steht in den Zeichnungen, die in diesem Auswahlband enthalten sind.

Sie zeigen die verschiedenen Aspekte seiner Kunst, die sich oft überschneiden oder einander auszuschließen scheinen und doch dieselbe Handschrift verraten. Er war ein Meister der Zeichenkunst, so sicher seiner selbst im Gebrauch von Rohrfeder und Tuschpinsel, daß er es sich leisten konnte, zu vergessen, was er gelernt hatte, um daraus etwas Neues, ganz Eigenes zu machen. Er war Realist und Satiriker, Romantiker und Karikaturist, Menschenfreund und Menschenverächter. Er konnte nach der Natur zeichnen wie Dürer und Menzel oder in Hieroglyphen wie Klee. Er zeichnete Landschaften und Akte, Porträts und Stilleben. Er zeichnete den Aufruhr der Städte und den Geruch von Mord und Bürgerkrieg in den Straßen. Er zeichnete die Dünen von Cape Cod und Laternen, an denen Menschen hingen. Er war der Chronist einer Zeit, in der die kühnsten Gedanken in der Kunst gedacht wurden und die doch zugleich das Ferment der Auflösung in sich trug und die Ahnung künftiger Schrecken und Verbrechen, und er hat gezeigt, was war und was kommen mußte. »Wenn man genauer hinsieht«, schrieb er im Vorwort zu seiner Mappe »Über alles die Liebe« (1930), »werden Menschen und Dinge leicht dürftig, häßlich und oft sinnlos oder zweideutig. So setze ich meine graphischen Zeichen dafür. Nüchtern und ohne Geheimnis. So gehen die Menschen aneinander vorbei... Leere Stellen bleiben dort, wo sie waren; mit jenen Mitteln, die mir gegeben sind, versuche ich das zu fassen.«

Man hat ihn den »Daumier der zwanziger Jahre« genannt, und als solcher wird er wohl auch in der Kunstgeschichte fortleben. Er hat das Gesicht einer Epoche gezeichnet, die man einmal daran erkennen wird, daß es in ihr einen George Grosz gab, der es festhielt. Diese Unverwechselbarkeit, mit der ein Künstler sich einprägt, ist der schöpferische Beitrag, um den er unser Bewußtsein bereichert. »Wie von George Grosz gezeichnet«, damit ist ein menschlicher Typus charakterisiert, kein sehr schmeichelhafter, gewiß nicht, wie es auch nicht schmeichelhaft war, von Goya oder Daumier gezeichnet zu werden. Es war der Typus, der später für Deutschland und die übrige Welt so verhängnisvoll werden sollte, und doch war es nicht dies allein, was das Werk von George Grosz heute für uns denkwürdig macht. Er war nicht so sehr ein politischer Karikaturist in der Art des Engländers Low oder der Künstler um den *Simplicissimus*. Ja, fast möchte man sagen, daß seine Zeichnungen in dem Maße an künstlerischem Eigenwert verlieren, indem sie aktuelle politische Themen aufgreifen. Was ihnen ihre Einmaligkeit gibt, ist nicht nur die in ihnen enthaltene soziale Anklage und Kritik, nicht nur der Kampf gegen eine bestimmte Gesellschaft und einen für sie charakteristischen Menschentyp, sondern eine Auffassung vom Menschen schlechthin, die er mit künstlerischen Mitteln auszudrücken versuchte. In seinem Werk kommt sehr vieles zusammen, was sich nicht leicht auf einen Nenner bringen läßt: Spott und Trauer, Rebellion und Idylle, Freude an der »schönen« Form und an ihrer Zertrümmerung, Komposition und Dekomposition. Vor allem aber war es die Trauer um den Menschen, die ihn zum Satiriker gemacht hat, Trauer um das verlorene Paradies und um die abgrundtiefe Häßlichkeit derjenigen, die daraus verstoßen wurden.

Antike und Renaissance hatten den menschlichen Körper idealisiert. Sie zeigten ihn *vor* dem Sündenfall, ein Geschöpf der Natur, in organischem Einvernehmen mit ihr und ohne Scheu vor der eigenen Nacktheit, die noch nicht zu existieren schien – jedenfalls wurde sie nicht als solche empfunden. Grosz zeigt nicht den nackten Menschen, sondern den ausgezogenen, wie es vor ihm Egon Schiele getan hatte. Die Menschen, denen er unter ihre Kleider sieht, sind Großstadtmenschen, Fabrikmenschen, Büromenschen, die sich ihrer Nacktheit schämen und nicht wissen, was sie mit ihrem Körper anfangen sollen. Man merkt es diesen unförmigen, mit Krampfadern durchzogenen Waden und Schenkeln an, daß ihre Haut noch nie mit Sonne und Luft in Berührung kam. Wie hängen ihnen die Kleider von den aufgeschwemmten oder kläglich verkümmerten Leibern, wie falsch sitzt ihnen das Hütchen auf einem nicht dazugehörigen Kopf, und wie freudlos frönen sie der Liebe in ihren matt erleuchteten Mansarden. Was uns hier anblickt, ist der zum Ding gewordene Mensch des industriellen Zeitalters, der in einer von ihm selbst erschaffenen Welt der Dinge lebt, die nicht zu ihm gehören und zu denen er keine Beziehung hat. Diese Kleinbürger, Proleten, Bankdirektoren, diese Nachtklubgestalten und Totenkopfgeneräle hatten ihre Unschuld bereits verloren, bevor sie geboren wurden. Sie brauchten nicht mehr vom Baum der Erkenntnis zu essen – er war längst abgeholzt worden.

So sah Grosz die deutsche Gesellschaft nach dem Ersten Weltkrieg – als eine Fehlleistung der Schöpfung, die damit selber unter Anklage gestellt wurde. In diesen ungelüfteten Körpern mußten ungelüftete Seelen wohnen. Das »Ebenbild Gottes« wurde zur Karikatur, die sich selbst verhöhnte und, vor die Wahl gestellt, sich zum Menschen oder zurück zum Tier zu entwickeln, die Beamtenlaufbahn einschlug, Richter wurde oder Offizier. Man kann diese Zeichnungen von Grosz sehr politisch nehmen, als Ausdruck jener »linken« Revolte, mit der weite Kreise der deutschen Intelligenz auf einen verlorenen Krieg und auf die Lehre vom »unvermeidlichen« Untergang der bürgerlichen Ordnung reagierten. »Man muß das Volk vor sich selbst erschrecken lassen, um ihm Courage zu machen«, heißt es irgendwo bei Marx. In dieser Hinsicht läßt Grosz gewiß nichts zu wünschen übrig. Er hat das Volk vor sich selbst erschrecken lassen, aber er hat ihm damit auch die Courage genommen. Seine Zeichnungen des deutschen Untertanenstaates wirken heute wie eine prophetische Vorwegnahme jenes schaurigen Kapitels deutscher Geschichte, das im Braunen Haus begann und in den Vernichtungslagern des Zweiten Weltkrieges endete.

Man kann aber auch diese kaum mehr zu überbietende Erbitterung über eine Gattung Mensch als Teilerlebnis einer viel allgemeineren Ernüchterung betrachten, die nicht nur an ein Land gebunden war. Im Grunde war es die Klage des Künstlers über ein abhanden gekommenes Schönheitsideal, das ihm zugleich suspekt und lächerlich geworden war und von dem er trotzdem nicht loskam – wir werden später noch auf diesen Dualismus im Schaffen von George Grosz zurückkommen. Jedenfalls war es kein Zufall, daß seine Satire in dem Augenblick erlosch, in dem er 1932 nach Amerika auswanderte. Grosz hat Amerika ohne Vorbehalte akzeptiert. Er sah in ihm die Verwirklichung einer exotischen Knabensehnsucht, eine Mischung aus Karl May, Hemingway, Gershwins »Rhapsody in Blue« und Buffalo Bill. Er bewunderte Amerika, weil es ihn von einer Vergangenheit befreite, die Deutschland hieß und in der auch der Künstler hineingezogen worden war in politische und soziale Auseinandersetzungen, die hier, so schien es ihm, durch den pragmatischen Sinn der Amerikaner auf eine vernünftigere, zivilisiertere Weise ausgetragen wurden. Er sah in Amerika so etwas wie ein modernes Hellas, mit Swimmingpool und Waschmaschine, ein Land, in dem die Menschen sich nicht mehr ihrer Körper zu schämen brauchten und in Einvernehmen mit den Dingen lebten, die sie sich geschaffen hatten. Er wollte sich ihnen anpassen, nur noch »seiner Kunst« leben, einer Kunst ohne Engagement, ein amerikanischer Maler werden oder ein Illustrator wie Rockwell Kent, der die Umschläge für die *Saturday Evening Post* anfertigte. Aber die Metamorphose gelang ihm nicht ganz. Als er 1959 sein Haus auf Long Island verkaufte, kehrte er in das Berlin der zwanziger Jahre zurück, das er im Grunde nie verlassen hatte.

»Das Leben hier ist fröhlich, langsamer und unängstlicher«, schrieb er wenige Tage vor seinem Tod auf einer Postkarte. »Von 100 Berlinern sind 101 Pensionäre. Es gibt auch wieder richtiges Pils.«

Man hat sich heute daran gewöhnt, alles, was vor 1933 geschah, kritiklos hinzunehmen, und es besteht Gefahr, daß der berüchtigte »Mythos des 20. Jahrhunderts« durch einen andern, eben den der zwanziger Jahre, ersetzt werde. Als ob nicht gerade diejenigen, die an dem Zustandekommen jenes »perikleischen« Zeitalters, wie es Alfred Kerr damals nannte, persönlich beteiligt waren, sich auch seiner Fragwürdigkeit inmitten von soviel aufregend Neuem und sicherlich Bedeutendem bewußt geworden wären. Man möchte das heute nicht recht wahr haben. Man möchte vergessen, daß es nicht nur das Zeitalter Reinhardts, Piscators, Brechts, Klees, Schönbergs war, sondern auch das von Millionen Arbeitslosen, von Minister- und Fememorden, Straßenschlachten, von Hunger und Hoffnungslosigkeit, und daß das »perikleische« geradewegs in das Zeitalter Hitlers, Mussolinis und Stalins einmündete.

Niemand hat dies wohl schmerzlicher empfunden als Grosz, der als 53jähriger in Amerika seine Autobiographie »Ein kleines Ja und ein großes Nein« veröffentlichte, in der er einen Strich unter seine Vergangenheit zog und so ziemlich alles widerrief, woran er vor 1933 geglaubt hatte. Die »Avantgarde«, die ja wenig Sinn für Humor hat, konnte es ihm nicht verzeihen, daß dieses Buch eines einstmals führenden Avantgardisten so gar nicht in der Geheimsprache ihrer Zunft geschrieben war. Die Welt, die es spiegelte, schien eine sehr hausbackene zu sein, und der Mann, der sie beschrieb, forderte dazu heraus, in die Kategorie jener Spießer eingereiht zu werden, die er so meisterhaft mit seinem Griffel zu massakrieren pflegte. Zwischen dem Satiriker und seinem Opfer besteht ja meist eine Art Haßliebe, wie zwischen Goya und den Gestalten des spanischen Hofs, oder zwischen Tucholsky und Wendriner, und die Haßliebe, die Grosz für den deutschen Spießer empfand, ließ ihn seine Lebenserinnerungen gleichsam mit verstellter Stimme verfassen. Hier wurde insgeheim ein Attentat auf die Intelligenz des Lesers verübt. Ein Provokateur schrieb seine Memoiren, und das Resultat war eine dämonische Selbstpersiflage, eine Satire auf alle Memoirenliteratur und auf diejenigen, die sie lesen und von ihr Erbauung, Trost und eine Menge gehaltvoller Tageswahrheiten erwarten.

Grosz wurde am 26. Juli 1893 in Berlin geboren. Fünf Jahre später übersiedelte die Familie nach Stolp in Pommern, wo der Vater als Kastellan der dortigen Freimaurerloge eine Anstellung fand. Von seinen Schul- und Flegeljahren erfahren wir, daß er aus der Obertertia flog, weil er einem Lehrer eine Ohrfeige zurückgab. Wir wohnen einer Fensterszene bei, in der er eine Frau beobachtet, die sich langsam entkleidet, und die Gefühle, die er dabei empfindet, der süße Schmerz der Pubertät werden mit bemerkenswerter Genauigkeit beschrieben. Leser, die mit seinem parodistischen Talent noch nicht hinreichend vertraut sind, werden in den folgenden Kapiteln manches zu bemängeln haben, zum Beispiel, daß er – die Familie war inzwischen nach Berlin gezogen – seine ersten künstlerischen Eindrücke nicht im Kaiser-Friedrich-Museum empfing, sondern bei der Lektüre der *Gartenlaube* und »Über Land und Meer«. Auch der Anblick eines adligen Fräuleins, das auf einer Veranda Pflaumen malte, wirkte befruchtend. »Diese Freude an einer Art richtiger, runder Imitation hat mich nie verlassen«, vermerkt er nicht ohne Genugtuung. Später, als die Grosz-Familie wieder nach Stolp zurückgekehrt war und die Mutter das

Offizierskasino der Fürst-Blücher-Husaren bewirtschaftete, geht er bei einem Dekorationsmaler in die Lehre, der sich damit beschäftigte, »feinere Treppenhäuser« mit Blumengirlanden und schwimmenden Schwänen zu verzieren, was ihn zu der Bemerkung veranlaßt: »Ja, ein kleines Stückchen der großen Dekorationstradition eines Tiepolo, wenn auch noch so gering, wurde da sichtbar.« Es wurde auch noch anderes sichtbar, was ihn begeisterte, zum Beispiel Eduard Grützner, der »Maler des hohen Blutdrucks«, wie er ihn nannte, dessen biertrinkende Mönche er mitsamt den Fässern, vor denen sie ihre Humpen leerten, in den Abendstunden abzeichnete, während oben im Ballsaal die Regimentskapelle einen Cake-Walk zum Liebesmahle der Stolper Husarenoffiziere spielte. Des weiteren muß auch noch seine Vorliebe für die auf Jahrmärkten und Schützenfesten gezeigte Greuel- und Historienmalerei erwähnt werden, für Ritterszenen mit Burgen und Zugbrücken im Hintergrund oder für Schreckenspanoramen wie »Brand in der Pariser Oper«, »Die Wilddiebe oder die Räuberbraut vom Bayerischen Wald« oder »Fünfundzwanzig Jahre lebendig begraben«. Damals erhielt auch die später in die Tat umgesetzte Amerikaschwärmerei durch die Lektüre von Indianer- und Detektivgeschichten frühe Nahrung sowie durch die Gastspiele des Zirkus Barnum und Bailey und die aus diesem Anlaß durch die Stadt fahrende Abnormitätenkutsche. Es würde zu weit führen, den ergötzlichen Details dieser ungewöhnlichen Lebenserinnerungen im einzelnen nachzugehen: den Studienjahren an der Königlichen Akademie in Dresden, wo er Gipsabgüsse in Originalgröße abzeichnet und in der Kompositionsklasse von Professor Wehle »Die Sintflut« malt; seiner Militärzeit im Kriege, den er zuerst als Infantrist und dann als Simulant in einer Anstalt für Kriegsirre verbringt, nachdem eine Intervention des Grafen Harry Kessler ihn davor bewahrt hatte, als Deserteur erschossen zu werden. Zwischendurch kurzer Aufenthalt in Berlin, wo er Theodor Däubler kennenlernt, den Dichter des »Nordlicht«, den mächtigen Esser und Dithyrambiker, der über ihn die ersten Aufsätze in den *Weißen Blättern* schreibt.

Grosz ist jetzt fünfundzwanzig Jahre und im Begriff, berühmt zu werden. Der Krieg ist zu Ende, der Kaiser geflohen, Deutschland ist eine Republik geworden, und die Opposition sitzt im alten »Café des Westens«, wo so viele Ideen an Marmortischen geboren wurden, schreibt für die *Weltbühne*, stellt im »Sturm« aus und liest Marx und Lenin, während einige Straßen weiter geschossen wird und die Gegenrevolution sich zum Angriff auf die Republik rüstet. Um jene Zeit gründet Grosz, gemeinsam mit Hülsenbeck, Mehring, Herzfelde, den »Dadaismus«, der einen so nachhaltenden Einfluß auf die Kunst unseres Jahrhunderts ausüben sollte.

Dada – das war die Aufhebung der Kunst mit künstlerischen Mitteln. Selbst dort, wo sie sich selbst ganz aufzugeben schien und nur noch Protest war, Terror, Bürgerschreck, blieb sie ihrer Aufgabe treu, entwickelte sie neue Energien, stellte sie in der Unordnung neue Ordnungen her und machte aus der Formlosigkeit eine Form. So vieles ging damals zusammen: Expressionismus, Surrealismus, abstrakte Kunst – auch die »Pop Art«, die mit einer Verspätung von vierzig Jahren Amerika erreichen sollte, auch sie gab es schon damals. Im Grunde war Dada nichts anderes als die Überwindung des 19. Jahrhunderts in der Kunst. Es war Parodie und Selbstpersiflage, Mißtrauen gegen das Bestehende, Sinngebung des Sinnlosen, Bewußtmachung des Unbewußten. Man wollte die Zusammenhanglosigkeit der Welt zeigen, indem man Dinge konfrontierte, die nicht zusammengehörten. Man montierte Stilleben, die aus aufgeklebten Stoffresten, Photos, Hosenknöpfen, Fahrscheinen, Streichholzschachteln bestanden. Man stellte Gedichte aus Wortfetzen zusammen und Sinfonien aus Ventilatorengeräuschen, Kettengerassel und dem Heulen von Fabriksirenen. Dada war der Versuch, das Unvereinbare auf einen Nenner zu bringen und künstlerisch legitim zu machen.

Grosz hat vom Dadaismus die Freude an der Schockwirkung übernommen, das politische Engagement, das Rebellische und Anarchische. Auch daß er nichts mehr ernst nehmen konnte, am wenigsten sich selbst. Auf der andern Seite aber war er viel zu sehr Künstler, um sich auf *eine* Richtung festlegen zu lassen. Von der Kunst des Unvereinbaren lebte auch er: wenn man genauer hinsieht, lassen sich zwei entgegengesetzte und einander widersprechende Konzeptionen in seinem Schaffen erkennen, zwei Haltungen, zwei Tendenzen: die eine, Stellung zu nehmen, einzugreifen in den politischen Kampf und den Zeitgenossen in die Flucht zu schlagen, indem man ihn so zeichnet, wie man ihn zu sehen glaubt – und die andere, nichts als Künstler zu sein, so »schön« wie Rubens oder Renoir zu malen, sinnlich, konkret, beinahe akademisch genau die Formen nachtastend. Dieser Konflikt zwischen einer ästhetischen und einer moralisch-pädagogischen Verpflichtung geht durch ein gesamtes Werk, wobei bald das eine, bald das andere in den Vordergrund rückt. Ein Frauenakt bei Grosz kann entweder eine anatomische Studie sein, fleischlich, üppig »nach der Natur gezeichnet«, oder eine sexuelle Vision von aggressiver Eindeutigkeit wie damals, als er am Fenster stand und der Frau zusah, die sich vor seinen Augen entkleidete.

In seinem Memoirenbuch spricht er einmal von seinem Großvater, der ein Korbmacher in Finsterwalde war, und macht dazu die folgende Bemerkung: »Vielleicht sind äußerlich alle meine Bilder Körbe ... Ich denke heute, daß das Zeichnen viel mit dem ursprünglichen, dem Menschen angeborenen Sinn für Flechten und Weben gemeinsam haben muß ...« Tatsächlich wirken seine Zeichnungen oft wie »geflochten« oder »gewoben«, mit einer Liebe zum schmückenden Detail, die bei aller Sparsamkeit des Umrisses mit einer beinahe demonstrativen Sachkenntnis ausgespielt wird. Die Physiognomie der Dinge ist ihm oft wichtiger als die der Menschen, obwohl beide zusammengehören wie die Bierseidel und das Vereinsfähnchen auf dem Stammtisch zu den Gesichtern, die um ihn herumsitzen. In den frühen Blättern, »Pandämonium« oder »Straßenecke«, spürt man das damals durch Prinzhorns »Bildnerei der Geisteskranken« und die Entdeckung der Kinderzeichnung geweckte Interesse für das Primitive, das hier zugleich etwas Dämonisches hat. Es sind »graphische Zeichen«, kunstvoll hingekritzelte, in sich geschlossene Kompositionen, in denen eine fratzenhafte, sich zerfleischende Menschenwelt mit einer wilden Zickzacktechnik, die den Wahnsinn der Zeit andeuten soll, dargestellt wird. Später wird dieses noch vorwiegend abstrakte Gewoge von Linien und Leibern mehr und mehr durch einen messerscharf den Gegenstand umreißenden Realismus abgelöst. Die Zeichnung wird nun zum politischen Pamphlet, zur Röntgenaufnahme, die Mißbildungen an Körper und Seele registriert. Die fratzenhaften Arabesken der Angst seiner früheren Blätter verwandeln sich in sekttrinkende Schweinsköpfe, Mopsgesichter, Schakale, in bekneiferte Assessoren mit Jägerhütchen und in wotanspielende Germanen mit Bärenfell und Pensionsberechtigung – Milieuskizzen aus der »Family of Men«, die hier zum Abnormitätenkabinett wird, Genreszenen, in denen kein Pardon gegeben wird und die Lust am vereinfachenden, oft plakathaften Umriß, am vernichtenden Schnörkel seine Modelle wahrhaft zu »Gezeichneten« macht.

Grosz war ein glänzender Kalligraph, wie auch aus seinen Briefen und Postkarten hervorging, die er mit schönschreiberischem Vergnügen ausmalte und auf die abenteuerlichste Weise verzierte. Er hat viel über das Wesen der Linie nachgedacht und einige sehr kluge Dinge darüber gesagt: »Die Linie existiert nicht in der Natur. Sie ist eine Erfindung des Menschen, ein Führer für diejenigen, die in die Formlosigkeit, die uns überall umgibt, eindringen wollen... Sie ist der Ariadnefaden, der uns durch das Labyrinth von Millionen natürlicher Objekte führt... Ohne die Linie wären wir verloren. Wir würden nicht mehr den Weg zurückfinden...«

An diesem »Ariadnefaden«, der in den meisten Fällen zum Strick wurde, an dem er seine Opfer aufhängte, hat sich Grosz auf den abenteuerlichen Weg durch ein Land begeben, das soeben einen Krieg verloren hatte und zum Schauplatz einander bekämpfender Ideologien und Heilslehren geworden war. Er hat das Berlin der Nachkriegszeit gezeichnet, mit seinen Kriegskrüppeln, Schiebern, Huren, Zuhältern, seinen arbeitslosen Proletariern und seinen arbeitslosen Generälen, die auf den Tag der Abrechnung mit einem verhaßten Regime warteten, er hat die Großen der Finanz und die Kleinen mit dem über Nacht entwerteten Sparkonto gezeichnet, die blind und böse nach »dem Feind« Umschau hielten, den sie für ihr Mißgeschick haftbar machen könnten. Hat er übertrieben, hat er zu hart angepackt?

Zunächst einmal: diese Zeichnungen sind von einer unheimlichen Komik und von einem Witz, wie er nur in dieser Stadt möglich war. Die Berliner »Schnoddrigkeit« wird hier sozusagen apokalyptisch, sie wirkt umstürzlerisch. Grosz hat dabei von dem Recht zur Übertreibung, das dem Satiriker zusteht, weitgehend Gebrauch gemacht, Aristophanes und Molière, Hogarth und Bosch, die seine Vorbilder waren, sind in ihrem Spott über den Menschen nicht viel anders vorgegangen. Sie zeigten menschliche Grundsituationen, personifizierte Charaktereigenschaften, die sich selbständig gemacht hatten. Bei Molière gehen Geiz, Verstellung, Niedertracht, Hypochondrie auf Menschenfüßen über die Bühne, obwohl sie nichts sind als fleischgewordene Abstraktionen, oder zur Abstraktion gewordenes Fleisch. Bei Aristophanes werden die Bürger von Athen zu gefiederten Sinnbildern menschlicher Schwächen und Laster. Grosz treibt die ungöttliche Komödie bis zu dem Punkt, wo bestimmte Grundtatsachen über den Menschen verlautbart werden, die ein humanitäres, fortschrittsgläubiges Zeitalter bereits aus dem Bewußtsein verdrängt hatte.

So sahen sie also aus, die dann Jahrzehnte später in Frankfurt vor Gericht stehen sollten, Boger, der Erfinder der Bogerschaukel, »Papa Kaduk« und all die andern KZ-Wüteriche – keine finster dreinblikkenden Unholde, sondern zigarrenschmauchende Familienväter mit Hängebauch und Elfenbeinzahn an der goldenen Uhrkette, die Tierfreunde und Blumenzüchter, die von »deutscher Ehre« sprachen, wenn sie Zyklon B meinten, Buchhalter des Todes, Verwaltungsbeamte im Dienste der »Endlösung«. Hier wird ein Typus sichtbar, den es wohl schon immer gegeben hat, der aber erst in unserm Zeitalter dazu ausersehen war, »Geschichte« zu machen. Mit dem Korbmacherfleiß seines Finsterwaldener Großvaters zeigt ihn Grosz in immer neuen Varianten, gleichsam im Status nascendi, vor der Machtübernahme, als die Krematorien noch nicht zur Walzermusik von Johann Strauß brannten ... Aber er war schon immer da und wartete auf seine Stunde.

Es war nicht der »deutsche Mensch schlechthin« – auch Grosz war ja ein Deutscher, und Beckmann, und Hindemith, und viele, viele andere, die Männer vom 20. Juli, die meisten von ihnen in Uniform –, man kann also nicht alles auf den »Kasernenhofgeist« oder den »Kadavergehorsam« zurückführen. Wo ist die Antwort? Einige wußten sie, Dante, Shakespeare, Freud, der Marquis de Sade, auch Grosz wußte sie. Er ist, obwohl er sich gern als den zweitgrößten deutschen Humoristen seit Wilhelm Busch bezeichnete, dem Geheimnis erschreckend nahe gekommen.

Noch einmal, viele Jahre später, in Amerika, hat er in einer Serie von Aquarellen, »Die Stockmenschen«, einen Nachtrag zum Thema geliefert. Der Stockmensch – das ist der Kollektivmensch unserer Zeit, das entleibte, ausgeblutete Produkt eines totalitären Zeitalters, die Marionette, die durch einen Urwald von Blut und Gedärmen marschiert, maskenhaft, ein Ungeziefer, das die Erde kahlfrißt und alles Lebendige tötet. Eine furchtbare, nihilistische Märchenwelt, voll von Fratzen und Dämonen, ein Angsttraum unserer eigenen, entstellten Gegenwart erstand hier als Antwort des Künstlers auf Fragen, die sich immer wieder aufdrängen, wenn der Glaube an den Menschen erschüttert worden ist.

Und er selbst, der so nüchtern und illusionslos seine Zeitgenossen betrachtete, was war das für ein Mensch, dieser George Grosz, über den soviel geredet und geschrieben wurde und der den Leuten in Amerika erzählte, Kunst wäre dazu da, um Geld zu machen, und wer kein Geld mit der Kunst machte, der sollte es lieber lassen. Man konnte über ihn lächeln, wenn er sich, rittlings auf einem Stuhl sitzend, im Gewühl der Fifth Avenue für *Life* photographieren ließ. Und man fand es ein wenig übertrieben, wenn er auf einer Jahrestagung der »American Academy of Arts and Letters« seine Rede mit einem Boxergruß an das erlauchte Auditorium beschloß und sich hinterher von Marylin Monroe ihr Autogramm mit Tinte auf den entblößten Unterarm schreiben ließ. Er trieb seine Scherze mit der

Welt, er spielte den Narren in einer One-Man-Show, betitel »Dada in Yankeeland« oder »George de Stolp« oder auch kurz »Böff«, wie ihn seine Freunde nannten...

Grosz war eine mythenbildende Figur. Das Paradoxe seines Wesens forderte ebenso dazu heraus wie die Legende, die sich schon zu Lebzeiten um ihn gebildet hatte und die er bewußt nährte, indem er sich in vielen Verkleidungen der Mystifikation anbot. Nicht nur sein Werk, in dem verschiedene Standpunkte miteinander im Streit lagen, auch seine Persönlichkeit war in mehrere Wesen aufgespalten. Wer ihm nahestand, wurde gerade durch dieses innere Drama, das sehr oft zum absurden Theater wurde, immer aufs neue angezogen – hier stellte ein Mensch sich selbst in jedem Augenblick in Frage und pfuschte, selbst ein Schöpfer, dem andern ins Handwerk, indem er sich abwechselnd tot oder lebendig stellte. Er war vielleicht der einzige wirkliche Dadaist, den diese Bewegung hervorgebracht hat, ein ewiger Provokateur, der immer das Gegenteil dessen sagte, was man von ihm erwartet hatte. Er nahm jede Antwort vorweg, auch das Staunen und die Verblüffung, wenn er zu weit gegangen war. Und während sein Gesicht todernst blieb, schien sein Auge zu fragen: Wie weit kann ich noch gehen? Wie weit kann überhaupt ein Mensch noch gehen?

Er ging sehr weit. Vom »Gesicht der herrschenden Klasse« und dem »Christus mit der Gasmaske«, der ihm einen Prozeß wegen Gotteslästerung einbrachte, bis zu den à la Rubens gemalten Nudistinnen der Spätzeit; vom Propheten des deutschen Unheils bis zu dem in Erinnerung an »Linsen mit Speck, gutbürgerlich« und an das Offizierskasino der Stolper Fürst-Blücher-Husaren schwelgenden Antimilitaristen und Hitlergegner. Einmal, als ich ihn nach dem Krieg in München traf, brachte er, mit Derby, Monokel und grüner rororo-Krawatte, die ehrfürchtig umherwandelnden Besucher einer Munch-Ausstellung zur Verzweiflung, indem er schon am Eingang ausrief: »Komm schnell – hier beginnt die Verwahrlosung der Kunst!« Woraufhin er sich, angesichts der berühmten Porträts, in einem unnachahmlichen Monolog über die bedauerliche Unkenntnis des Meisters in Sachen Herrenkonfektion ausließ: »Ein großer Maler muß auch ein großer Schneider sein, er muß wissen, wie man Hemden macht, Handschuhe, Schlipse, Spazierstöcke! Sieh dir diesen Fuß an, das ist kein Schuh, das ist ein Plätteisen!« Vor dem Gemälde »Marats Ermordung«, mit dem blutbesudelten Akt Charlotte Cordays, blieb er nachdenklich stehen und sagte laut, während empörte Blicke der Umstehenden den Kunstbanausen zur Ordnung riefen: »Und hier, mein Freund, siehst du die Malerei *vor* der Erfindung des Penicillin.«

Ein andermal verwirrte er auf einer Cocktailparty in New York die Anhänger des abstrakten Expressionismus durch eine Lobrede auf die »Schönheiten« einer Subway-Reklame für Schäfer-Bier. »Wie ist das gemalt«? rief er entzückt aus, »das leicht beschlagene Glas, mit dem überschäumenden Bier, herrlichem, eisgekühltem Schäfer-Bier! Prachtvoll! Sehen Sie, Ladies and Gentlemen, das ist Kunst: es macht mich auf der Stelle durstig – so durstig, daß ich bei der nächsten Station aussteige und mir sofort ein Glas Schäfer-Bier bestelle. Das macht Ihnen kein Picasso oder Pollock nach!«

Für Grosz war das, was in Deutschland geschehen war, ein Schock, von dem er sich nie ganz erholt hat und dem er sich mit selbstquälerischer Ironie hingab. In seiner Autobiographie gibt es eine Stelle, wo er sich bereits als alten, zittrigen Mann auf den Stufen eines New Yorker Nachtasyls sitzen sieht und neben sich jemand sagen hört: »Siehste den? Der hat mal ›Ecce Homo‹ gezeichnet.« – Was nun folgt, ist eine Verhöhnung der eigenen Vergangenheit und eine Liebeserklärung an die Trivialitäten amerikanischer Massenkultur:

»Für mein Leben gern wär ich ein amerikanischer Illustrator geworden, einer jener Erwählten, die für die populären Magazine die Bilder zu den Kurzgeschichten machen. Als junger Anfänger schon und auch später, als ich auf verrückten dadaistischen Irr- und Abwegen wandelte oder expressionistisch ›eckig‹ zeichnete und malte, besah ich mir gern heimlich derlei naturgetreue Illustrationen. Hier war wirklich etwas für die Masse... Und das Schönste an diesen bunten oder schwarzweißen Textbegleitungen war ihre Normalität.

Gewiß, es war viel Banales daran und auch eine beschönigende Tendenz, aber eben dieses halbe Verzuckern und Verniedlichen mochte ich. Ich mochte es lieber als die umgekehrte Säuerlichkeit und sich künstlerisch gebärdende Unechtheit in Form und Farbe. Insgeheim lag mir das amerikanische Mittelstandsideal näher als die teils wirkliche, teils schein-verrückte Sonderwelt, in der die froschartigen Größen der sogenannten Avantgarde der Kunst lebten und leben wollten. Leider war ich selbst, anstatt ein normaler Illustrator, auch nur einer von diesen aufgeblasenen Fröschen...«

Nach einem wahrhaft flagellantischen Ausbruch von Selbsthaß, der ihn zu dem schon ans Parodistische grenzenden Geständnis verleitet, daß hätten die Deutschen nicht seine Werke verbrannt, er selbst es getan hätte, fährt er fort:

»Ja, ein Illustrator im typisch oberflächlich amerikanischen Sinn wäre ich gern geworden; einfachen Geistes, gehorsam, treu der zu bebildernden Geschichte folgend und von vornherein schon wegen der zu erwartenden Leserbriefe besorgt, ob auch alles stimme, ob kein Knopf zu wenig da sei und kein Haar zuviel... Hatte ich nicht schon als Junge neidvoll die täuschende Echtheit Grütznerscher Mönche bestaunt oder den Schwung der Husarenritte an den Wänden des Stolper Offizierskasino? Liebte ich nicht von jeher unsern großen Menzel, der durchaus populär illustrierte, der nichts verzeichnete, dem die moderne, oft aus purem Nichtskönnen stammende Willkür vollkommen fernlag, der ganz normal war und doch ein großer Künstler?...«

»Ein kleines Ja und ein großes Nein« war das Werk eines Mannes, der den Menschen hinter ihre Schlagworte und Parolen gekommen war, wie er ihnen einst, in seiner Berliner Zeit, unter die Kleider geguckt und dabei festgestellt hatte, wie häßlich sie waren. Im Grunde war es das Produkt einer »battle fatigue«, eines totalen Überdrusses an jeder programmatischen Zugehörigkeit zu dieser oder jener »Richtung«. Der »Mythos der zwanziger Jahre« setzte sich nun in einen andern um, den des »American dream« seiner Jugendjahre, als er Karl May und den »Lederstrumpf« gelesen hatte, und er suchte ihn nun, wiederum in klassischer Dadamanier, zu verwirklichen: Der Gastwirtssohn aus Pommern wurde zum »Mann von Manhattan«. Er hat diese Rolle mit einer für ihn bezeichnenden Liebe zum Detail gespielt, von den spitzen Schuhen und dem bunt bebänderten Strohhut bis zu dem »tadellos sitzenden« tropical suit, an dem »kein Knopf zu wenig war«. Wie sich diese Zeit der Anpassung an das Amerikanische auf seine Kunst auswirkte, ist bereits erwähnt worden. Abgesehen von den »Stockmenschen«, die bei ihrem Erscheinen berechtigtes Aufsehen erregten, ist ihm der Übergang zur Farbe nur begrenzt gelungen. Er wollte ein großer amerikanischer Maler werden, und gewiß sind dabei einige höchst bedeutsame Bilder entstanden, die in jedem Museum zeitgenössischer Kunst ihren Platz behaupten dürften. In den meisten dieser Gemälde herrscht jedoch ein illustratives, beinahe rhetorisches Element vor, das ihren Wert als primär malerische Konzeptionen in Frage stellt. Hinzu kam, daß nach dem Krieg die abstrakte Kunst Amerika erreichte und tonangebend wurde. Grosz fühlte sich ausgeschaltet. Die Tatsache, daß er, der Freund Arps und Klees, der Revolutionär von gestern, nunmehr mit andern Vertretern der gegenständlichen Kunst wie Ben Shahn oder Hopper in Amerika für »unmodern« erklärt werden sollte, machte ihn nur noch aufsässiger. Obwohl es ihm nie schlecht ging und er immer noch begeisterte Anhänger und Käufer für seine Kunst fand, war es für den Protagonisten von einst gewiß nicht leicht, den zweiten Mann zu spielen. Und obwohl er sich nichts anmerken ließ und weiterhin der »perfekte Gentleman« blieb, der sein – noch immer populäres – Außenseitertum mit soviel Haltung und Würde durch die 57. Straße trug, so standen doch die letzten Jahre in Huntington im Zeichen einer immer schwerer zu ertragenden Isoliertheit, die sein Schaffen lähmte und es schließlich fast ganz zum Stillstand brachte. Er war zu klug, um die Erfolge der Pollock, Motherwell, Kline zu ignorieren, die sogar ihm, zumindest in finanzieller Hinsicht – das imponierte ihm immer sehr – Bewunderung abnötigten, was er auch sonst über die abstrakten Schulen denken mochte. Die Zeit, der er immer um einige Entdeckungen voraus gewesen war, hatte ihn überholt und – jedenfalls vorläufig – »auf die Matte« geworfen. Er war noch immer der großartige Erzähler und Tischgenosse, der seine Freunde mit verschwenderischer Freigebigkeit bewirtete. Aber in den Exzessen seiner Trunkenheit, die, wie bei dem in Paris gestorbenen Dichter Joseph Roth, einen Akt der systematischen Selbstzerstörung darstellten, spürte man den Stolz, mit dem er sich dagegen auflehnte, zum »alten Eisen« geworfen zu werden.

Im »Großen Gatsby« hat Scott Fitzgerald das Ende des »American dream« in einem Haus auf Long Island erzählt. Ähnlich erlebte ihn George Grosz, ebenfalls in einem Haus auf Long Island, inmitten von Gartenfesten, unter bunten Papierlaternen, während er schwankend seine Geschichten erzählte und die Leute zum Narren hielt. Geblieben waren von den Buffalo-Bill-Träumen seiner Jugend, abgesehen von seiner unglücklichen Liebe zum Yankeetum und zu einem Land, das er aus Lust am Widerspruch vorbehaltlos akzeptiert hatte, nur die Schallplatten aus jener Zeit, »Dixieland« oder »Alexander's Ragtime Band«, zu denen er, den Strohhut schief aufgesetzt, mit täppischen Bewegungen den Cake-Walk tanzte. Oder er schlug, wenn er sich unbeobachtet glaubte, die Hände vors Gesicht, ein alter Mann, wie ihn van Gogh in einer seiner Studien aus St. Remy gezeichnet hat...

Man tut seinem Genie keinen Abbruch, wenn man in die Erinnerung an eine der denkwürdigsten Figuren unserer Zeit auch jene letzten, tragischen Momente aufnimmt, die nicht einer schmerzlichen Größe entbehren. Vielleicht hätte er sich nach seiner Rückkehr aus Amerika in Berlin als Künstler wiedergefunden. Manches deutet darauf hin, zum Beispiel die Mitteilungen über seine ersten Eindrücke nach der Ankunft. Jedenfalls sind noch wenige Jahre vor seinem Tod jene meisterhaften Mäusestudien entstanden, die dem Skizzenbuch eines Dürer oder Menzel entnommen sein könnten. Heute, da man sich, so lange dem Gegenstand entfremdet, wieder an ihn heranzutasten versucht, ist es Zeit, sich eines Mannes zu erinnern, der zu den Meistern deutscher Zeichenkunst gehörte und der sich am Gegenstand bis zum Exzeß satt zeichnete...

Ein großer Eindruck bleibt zurück. Ein großes Erstaunen, ein großes Betroffensein. Das Bild einer Zeit und eines Künstlers, der es für immer festhielt. Da ist Gelächter und Bosheit und Jüngstes Gericht. Häßlichkeit und Schönheit gepaart in lustvoller Verschnörkelung. Ein Exempel wird statuiert, eine Situation bereinigt.

Als Masaccio die Vertreibung aus dem Paradies malte, ließ er Adam und Eva in furchtbarem Erschrecken die Hände vors Gesicht schlagen. Das Bild, das sie im Geiste vor sich gesehen haben mögen, war eine Karikatur von George Grosz: »ECCE HOMO«.

(1966)

In Deutschland, da lebte ein kleiner Mann...

Porträt eines Einzelgängers im Exil: Hermann Borchardt

Einmal als ich Brecht in New York besuchte – er wohnte damals, 1942, in der 57. Straße, Ecke Lexington Avenue –, verabschiedete sich gerade ein kleiner, untersetzter Herr, emsig an seinem Hörapparat nestelnd, von ihm. Die Kleidung war betont korrekt: blauer, zweireihiger Anzug, unauffällige Krawatte, schwarze, sorgfältig geputzte Schnürstiefel. Was mir sofort auffiel, war der bange, etwas erstaunte Blick des Schwerhörigen und eine verstümmelte Hand, die er in der Rocktasche zu verbergen suchte. Er beendete das sichtlich für beide ergiebige Gespräch mit einer feierlichen Aufforderung an Brecht, ihn doch mal wieder zum Kaffee zu besuchen. »Dies, mein Lieber, ist der größte lebende Satiriker deutscher Sprache«, sagte Brecht, nachdem der andere gegangen war. »Er heißt Hermann Borchardt.«

Den Namen des »größten lebenden Satirikers deutscher Sprache« wird man schwerlich in einer Geschichte der Exilliteratur finden. Gewohnt, die Emigration als eine homogene, mehr oder weniger

»linke« Gemeinschaft zu sehen, geeint durch den gemeinsamen Kampf gegen Hitler, bequemt man sich nur ungern dazu, sich mit jenen zu beschäftigen, die innerhalb der Opposition eine Opposition bildeten und deshalb schwer einzuordnen sind.

Für Borchardt war das Exil ein Wendepunkt, der sein Denken entscheidend veränderte. Ursprünglich ein Mann der Linken, ging er den Weg, den auch Franz Werfel, Alfred Döblin, Joseph Roth gegangen sind, einen Weg, der aus dem Zusammenbruch der Illusionen in den Glauben führte. Er war über Paris, wo er keine Arbeitserlaubnis bekommen konnte, nach Rußland emigriert, mußte das Land aber »binnen 48 Stunden« verlassen, als er sich weigerte, die russische Staatsbürgerschaft anzunehmen. Kurz nach seiner Rückkehr nach Deutschland verhaftete ihn die Gestapo. Als er sich, 1937 entlassen, nach New York absetzte, war er mittellos und auf die Unterstützung amerikanischer Hilfskomitees angewiesen.

Die Erlebnisse dieser Jahre haben Borchardt zum Anhänger christlich-konservativer Gedankengänge werden lassen; denn ob als Professor in Minsk oder als Häftling deutscher Konzentrationslager, in denen er sein Gehör und einen Finger einbüßte – was er da am eigenen Leib erfahren mußte, das waren Auswirkungen desselben Prinzips nur unter verschiedenen weltanschaulichen Vorzeichen. Mit der ihm eigenen geistigen Beweglichkeit und einer durch nichts mehr zu erschütternden Logik der Beweisführung wurde er so zum Kritiker einer Zeit der Auflösung, der Zersplitterung, der Schlagworte und Ersatzwahrheiten. Er haßte die Dummheit, und die Dummheit haßte ihn; denn er war ihr erbittertster Gegenspieler.

Brecht hatte ihn einen Satiriker genannt? In seinem oft rätselhaften, sich selbst parodierenden Wesen überschnitten sich die Gegensätze. Er, der bedeutende Philosoph, der in seinem nachgelassenen, über tausend Seiten langen Fragment »Traktat über die Unsterblichkeit«, einer Auseinandersetzung mit dem Neupositivismus des Wiener Kreises, den unpopulären Versuch unternahm, eine der damals einflußreichsten philosophischen Schulen herauszufordern, er, der Geschichtsprofessor, der in Zeitaltern und Kulturen dachte – da stand er und spielte mit skurrilem Pathos seinen Zuhörern die Komödie menschlicher Torheiten vor, spielte sie in demselben, nur ein wenig übertriebenen Tonfall, den er seinen Opfern abgelauscht hatte, und mit einer an Karl Kraus erinnernden Kunst der rhetorischen Entlarvung.

In seiner Autobiographie »Ein kleines Ja und ein großes Nein« hat

George Grosz der Erinnerung an seinen Freund ein kleines Gedicht gewidmet:

In Deutschland, da lebte ein kleiner Mann,
Borchardthans so hieß er,
Den stellten sie als Lehrer an,
Er lebte wie ein Spießer.
Doch im geheimen in seiner Kammer
Beschrieb er der Menschheit ganzen Jammer.

Er beschrieb ihn, in den Jahren vor 1933, zunächst in zwei Theaterstücken, »Die Bluttat von Germersheim«, das Ernst Joseph Aufricht für sein Theater am Schiffbauerdamm angenommen hatte, und einer Komödie »Musik der nahen Zukunft«. Beide wiesen ihn als einen Anhänger der radikalen Linken aus. In der New York Public Library fiel mir unlängst ein Heft von Wilhelm Herzogs *Forum* vom März 1929 in die Hände, in dem der dritte Akt von Borchardts »Musik der nahen Zukunft«, der er den Untertitel »Eine Don-Carlos-Parodie für eine sogenannte ›Proletarische Revolutionsbühne‹« gab, abgedruckt war. Dazu ein Begleitwort des Verfassers, eine vehemente Attacke gegen jene Geschäftemacher des Kommunismus auf dem Theater, die »eine große Idee, die Idee geistiger und seelischer Aufrüttlung«, für ihre Zwecke mißbrauchten.

Interessant an dieser Polemik ist die für Borchardts Temperament und Denkweise bezeichnende Tendenz, die Idee des Kommunismus, den er übrigens nicht ökonomisch, sondern als ein Moment ethischer und emotionaler Erneuerung begreift, gegen ihre Verwirklichung auszuspielen. Nicht viel anders, wenn auch auf einer grundsätzlich anderen Ebene, wird von ihm, fünfzehn Jahre später, die Diskrepanz zwischen Idee und Wirklichkeit des Christentums zur Diskussion gestellt, in dem Roman »Die Verschwörung der Zimmerleute«, der 1943 bei Simon & Shuster, mit einem Vorwort von Franz Werfel, in englischer Übersetzung erschien.

Der Roman, ursprünglich ein gigantisches episches Drama von 2000 Seiten und vom Autor auf 623 Seiten zusammengestrichen, ist zugleich Chronik und Utopie, Zeitkritik und verfremdete Geschichte. Mit einer Akribie, die dem Leser vortäuschen will, daß hier authentische Begebenheiten nacherzählt werden, führt uns Borchardt in eine Welt, die wir zu kennen glauben und auch wieder nicht, in ein Deutschland zu Beginn dieses Jahrhunderts, das dennoch zeitlos ist und sowohl das Deutschland der Hohenstaufen, der Fugger und des Dreißigjährigen Krieges sein könnte als auch das der Stresemann, Krupp, Liebknecht und des Nürnberger Parteitages. Es ist eine fiktive, dennoch in ihren Menschen, Landschaften, politischen Konstellationen unverkennbar deutsche Gesellschaft in der die Machtergreifung Hitlers, der hier in der Gestalt eines Dr. Urban auftaucht, sein Sieg und sein Untergang, im Vexierbild einer sorgfältig retuschierten Wirklichkeit teils nachvollzogen, teils vorerlebt werden. Zwei feindliche Ideologien treten zum Kampf an: die eine, die den Menschen zum »Objekt« der Geschichte erklärt und somit entmündigt, und die andere, die ihm die Würde des Individuums, das frei über sein eigenes Schicksal entscheidet, erhalten bzw. zurückgeben will.

Um dem Leser die Lektüre dieses vielschichtigen und figurenreichen Buches zu erleichtern, hat Borchardt ihm ein Verzeichnis der mitwirkenden Personen beigegeben, das 142 Namen aufweist. Die bei weitem imponierendste Persönlichkeit unter ihnen ist bezeichnenderweise der Führer der Konservativen und Präsident der Republik, Adam Faust, eine Adenauer-Figur, die Borchardt, lange bevor sie den politischen Schauplatz betrat, als den Typus voraussah, der die Nation aus dem Zusammenbruch herausführen würde.

Weniger gut schneiden die Liberalen ab, die in ihrem Glauben an die »Vernunft« der Massen und an die Gleichberechtigung der Meinungen und Ideen den Sieg Urbans überhaupt erst möglich machen. Und ganz schlecht natürlich die von Borchardt besonders boshaft charakterisierte »Eiserne Phalanx der Intelligenz, schillernd in allen Farben des Fortschritts, einschließlich des roten Blutes der Revolution«.

Für Borchardt ist das Politische immer ein Korrelat des Sittlichen gewesen. Der elitäre Kommunist von einst, der die »Musik der nahen Zukunft« bereits zu hören glaubte, träumt von einer Erneuerung des Menschen durch eine christliche Elite, wobei er auf Vorstellungen und Institutionen einer sehr fernen Vergangenheit zurückgreift, nämlich auf die Zünfte und Handwerkerinnungen eines vorindustriellen Zeitalters, die er nun in die Gegenwart verlegt: Urban wird nicht durch amerikanische Bomber und russische Tanks vernichtet, sondern durch den Orden der Zimmerleute, eine Bruderschaft in Christi, die nicht an irgendeinen Stand oder an eine Klasse gebunden ist, sondern quer durch die Gesellschaft geht.

Es sind nicht wenige Bücher im Kampf gegen Hitler geschrieben worden, aber selten hat es sich ein Autor so schwer gemacht wie

Borchardt mit seiner »Verschwörung der Zimmerleute«. Abgesehen von seiner Bedeutung als ein Epos von monumentalen Ausmaßen, das sich als Parabel einer Zeit sehr wohl neben Thomas Manns »Doktor Faustus« behaupten kann, ist es das Werk eines großen und furchtlosen Geistes, der, auch auf die Gefahr hin, ausgelacht zu werden, in seinen vier Wänden am Morningside Drive »ein Reich strahlender Ehrbarkeit« aufrichtete. Heute, da die Beschäftigung mit dem, was in den Jahren der Unfreiheit jenseits der deutschen Grenzen gedacht und geschrieben wurde, bereits in den Rang einer Wissenschaft aufrückt, wäre es ein kaum zu rechtfertigendes Versäumnis, wollte man das Werk dieses wahrhaft bedeutenden Mannes der deutschen Öffentlichkeit länger vorenthalten.

(1972)

Die Kunst, in der Tasche zu zeichnen

Al Hirschfelds Karikaturen

Seit über dreißig Jahren erscheinen jeden Sonntag im Theaterteil der *New York Times* die berühmten Schauspielerkarikaturen von Al Hirschfeld. New Yorker machen sich ein Vergnügen daraus, falls die Lektüre der pfundschweren *Sunday-Times* ihnen noch die Zeit dazu läßt, den Namen »Nina« zu finden, den der Zeichner unauffällig versteckt. Nina ist die Tochter Al Hirschfelds und der deutschen Filmschauspielerin Dolly Haas, die 1933, auf der Höhe ihrer Karriere, nach Amerika emigrierte und dort Mrs. Hirschfeld wurde.

Hirschfelds Karikaturen stellen ein Kapitel New Yorker Theatergeschichte dar. Sie sind auf den Proben entstanden, am Broadway oder bei einem der Try-outs in Boston oder Philadelphia, wo die Stücke, bevor sie nach New York kamen, bis vor kurzem ausprobiert wurden. Hirschfeld hat sich eine besondere Technik angeeignet: Er hat gelernt, im Dunkeln zu zeichnen. Er hat auch gelernt, in der Tasche zu zeichnen, mit einem Bleistiftstummel, der skizzenhaft eine Geste oder ein Stück Physiognomie niederschreibt, dazu ein paar Stichworte, die dann später, wenn aus Fragmenten das Ganze zusammengeschmolzen wird, herangezogen werden, zum Beispiel »Haar wie Drahtwolle« oder, im Hinblick auf das Gesicht des Komikers Zero Mostell, »Ein Bündel schmutziger Wäsche«.

Für Hirschfeld ist die Linie nicht die kürzeste, sondern die längste Verbindung zwischen zwei Punkten. Was da an Schnörkeln, Ausbuchtungen, Schleifen in graphischen Umlauf gesetzt wird, bevor die Linie ihr Ziel erreicht, ist ein Wunder an stilistischer Eingebung. Von seinem Freund Charlie Chaplin, mit dem er gern am Kaminfeuer philosophiert, stammt der bemerkenswerte Satz: »Bewegung ist befreites Denken.« Er trifft auch auf die von jeder Tradition befreiten Psychogramme Hirschfelds zu. Alles ist hier Bewegung, Ausdruck einer mit den Mitteln vereinfachender Übertreibung arbeitenden Denkstenographie. Münder werden zu Schnuten, Schnauzen, Tierrachen; Augen verwandeln sich in Knöpfe, Sehschlitze, Spiralen; Hände neigen dazu, sich in Form von Klauen, Pfötchen, Pranken und dergleichen zu manifestieren.

Hirschfelds Karikaturen sind frappierend »ähnlich« und erreichen ihre Treue zum Original, indem sie sich so weit wie möglich von ihm entfernen und nur noch das Essentielle im Gedächtnis behalten. Sie sind Visionen einer Theaterwelt, die ihrerseits aus Visionen besteht. Visionen von Autoren, die auf der Bühne Gestalt annehmen und vom Zeichner neu gesehen und interpretiert wurden. Als vor kurzem die neugegründete »Margo Feiden Galleries« in Greenwich Village eine One-Man-Show für ihn veranstaltete, fanden sich an jenem Abend 2000 Menschen ein, um den heute 70jährigen Al Hirschfeld zu feiern. Die Karikaturen an den Wänden betrachteten ihre Originale und stellten fest, daß sie sich nicht sonderlich verändert hatten. »Am liebsten zeichne ich die, die bereits wie Karikaturen aussehen«, sagte der bärtige Meister und drückte ihnen schmunzelnd die Hand.

(1973)

Kritiken aus New York

»Tod eines Handlungsreisenden«

Der beispiellose Erfolg von Arthur Millers neuem Stück »Death of a Salesman« ist in vieler Hinsicht bemerkenswert. Zunächst ist es ein Erfolg des jungen Regisseurs Elia Kazan, der bereits mit Inszenierungen wie Thornton Wilders »The Skin of our Teeth« und Tennessee Williams' »A Streetcar namend Desire« sein ungewöhnliches Bühnentalent unter Beweis gestellt hatte. Dann ist es natürlich auch ein Erfolg des Stückes und der Themenwahl. Der Verkäufer, der Händler ist in Amerika so etwas wie eine nationale Figur, er verkörpert den Mittelstand, und der Mann, der im Parkett sitzt, ist nur allzugern bereit, sich mit dem Mann auf der Bühne zu identifizieren. Außerdem war es das erste Stück eines amerikanischen Autors von Bedeutung, das in dieser Spielzeit herauskam, und das Publikum reagierte dementsprechend: Schon am Morgen nach der Premiere waren die Vorstellungen auf Monate hinaus ausverkauft, Bilder und Berichte über die Aufführung erschienen in allen Zeitungen, und die Kritiker überboten einander in Superlativen der Begeisterung. Es war der typische Fall eines amerikanischen Erfolges. Ein Stück geht drei Tage oder drei Jahre. Ein Autor ist zur Anonymität verurteilt oder sein Ruhm wird von Magazinen mit Millionenauflagen über das ganze Land verbreitet.

Auch Willy Loman, der tragische Held in Arthur Millers Stück, grübelt in seinem Haus in Brooklyn über das Mysterium des Erfolges in Amerika nach, wenn er, müde, verbraucht, ein Mann von 63 Jahren, mit seinen Musterkoffern von Boston nach Hause kommt, ohne etwas verkauft zu haben. Früher genügte ein Lächeln, ein Witz, ein Auf-die-Schultern-Klopfen, um den Leuten die Aufträge zu entlocken. Aber heute? Irgend etwas stimmt nicht mehr. Die Kunden von gestern sind entweder tot oder durch neue ersetzt worden, die ihn nicht mehr kennen. Und da sind die neuen Kettenläden; das Geschäft wickelt sich nach andern Gesetzen ab. Überredungskunst, Zauber der Persönlichkeit, joviales Auftreten – das alles zieht nicht mehr. Loman beginnt, an sich zu zweifeln. Unfähig, sich noch in einer Welt zurechtzufinden, in der Massenorganisationen an die Stelle persönlicher Kontakte treten, wird er vollends im Kampf mit seinen Söhnen aufgerieben, die ihn durchschauen und bemitleiden, aber ebenso ohnmächtig der Zeit gegenüberstehen wie er selbst.

Bereits in seinem ersten Stück »All my Sons«, das ihm den Pulitzerpreis eintrug, hatte Arthur Miller dem Vater-Sohn-Problem erschütternde Wirkungen abgewonnen. Damals war es der Konflikt zweier

Generationen, die einander nicht mehr verstehen können. Diesmal verstehen sie sich *zu gut,* weil sie an denselben Schwächen und Illusionen scheitern. Jeder liebt und haßt in dem andern sich selbst, und jeder sucht den andern für sein eigenes Versagen verantwortlich zu machen. Dieses ausweglose Verkettetsein einer Gruppe von Menschen, zu der noch die wunderbar ergreifende, selbstlos zwischen den Parteien vermittelnde Figur der Mutter gerechnet werden muß, gibt dem Stück seine Größe und macht aus ihm ein modernes Schicksalsdrama von tragischen Ausmaßen. Einzuwenden wäre vielleicht, daß der Selbstmord des Vaters am Schluß nichts Überraschendes mehr bietet, da er bereits in der ersten Szene vorbereitet war. Aber auch dieses Warten auf das Verhängnis, dieses langsame Zuziehen der Schlinge gehört zum Wesen des Tragischen und gibt dem Drama seinen unaufhaltsam dem Ende zueilenden Katastrophencharakter. Es ist die Tragödie eines Berufsstandes, der in der liebevollen, vielleicht ein wenig zu poetisch die Wirklichkeit verbrämenden Darstellung Arthur Millers etwas von dem Zauber einer sterbenden Lebensromantik erhält. »Ein Handlungsreisender«, heißt es am Schluß in der Grabrede auf Willy Loman, »zieht keine Schraube fest, er ist kein Rechtsbeistand und verschreibt dir keine Medizin. Er ist ein Mann, der hoch oben in den Wolken wohnt und sich auf sein Lächeln und seine gewichsten Schuhe verläßt, und wenn sie sein Lächeln nicht erwidern – Jungens, dann zittert die Erde ... Ein Handlungsreisender muß träumen; das kommt von der Fahrt über Land.« Dichterisch und zugleich hart zupackend in der Sprache und Zeichnung der Figuren, atmosphärisch in der Montage oft zeitlich und räumlich weit auseinanderliegender Schauplätze und Episoden, ist das Stück auch in technischer Hinsicht bemerkenswert. Elia Kazans farbig abgetönte, von der Musik Alex North' untermalte Aufführung verlegt die Welt Willy Lomans in ein Zwischenreich der Phantasie, in dem wirkliche und gedachte Vorgänge einander überschneiden und das durchsichtige, skeletthafte Bühnenbild Jo Mielziners die Vision eines zwischen Steinmassen versunkenen Hauses in Brooklyn heraufbeschwört. Lee J. Cobb als Vater, Mildred Dunnock als seine Frau, Cameron Mitchell und Arthur Kennedy in den Rollen der beiden Söhne stellten ihre schauspielerische Kunst in den Dienst einer Ensembleleistung von seltener Eindringlichkeit und schienen durch ihr nuanciertes Zusammenspiel denen recht zu geben, die von dem bereits jetzt zu höchster Prominenz arrivierten Elia Kazan eine Renaissance des amerikanischen Theaters erwarten.

(1949)

Iphigenie in New York

Den ersten Beitrag zum Goethejahr in Amerika lieferte eine in deutscher Sprache von den »Players from Abroad« veranstaltete Aufführung der »Iphigenie« mit Elisabeth Bergner. Vor einem Parkett von Ausgewanderten, die, ein nicht mehr existentes Griechenland mit der Seele suchend, den kleinen Theatersaal im »Hotel Barbizon Plaza« bis auf den letzten Platz füllten, erlebte man von neuem die reinigende Kraft eines Humanismus, für den die Sprache ein Ordnung schaffendes, Gerechtigkeit übendes Instrument der Wahrheitsfindung war. Goethe hat fast zu jeder menschlichen Situation die letzte, alle Zeiten überdauernde Formulierung gefunden. Hier ist es das Erlebnis der Fremde, und die ergreifenden Worte, die im Munde Elisabeth Bergners eine sehr persönliche, ichbezogene Bedeutung erfuhren (»Und es gewöhnt sich nicht mein Geist hieher«), stellten neue Zusammenhänge der Erfahrung her, die im Licht der letzten Ereignisse eine besondere schicksalhafte Färbung annahmen. Gewiß, Elisabeth Bergner ist niemals eine klassische Sprecherin gewesen. Der Faltenwurf der Antike liegt ihr weniger als die neurotische Nachtwelt von Strindbergs »Fräulein Julie« oder die improvisierte Heiterkeit von Tschechows »Heiratsantrag«. Sie steht gesetzlos dem Gesetz der Klassik gegenüber, das keine Launen kennt, keine noch so attraktiven Nebentöne und Manierismen – auch hier ist sie eine Fremde, ebenso unbehaust in Goethes Weimar wie in ihrem New Yorker Sprachexil, und trotzdem eine der überragenden Persönlichkeiten der zeitgenössischen Bühne, eine Künstlerin von dominierender Intelligenz, die selbst dieser Rolle eine eigene, für sie charakteristische Interpretation zu geben vermag.

Elisabeth Bergner spricht die Iphigenie nicht, sie spielt sie, stellt sie dar, wie sie einmal die heilige Johanna oder die Königin Christine darstellte, unmittelbar, privat, beinahe im Konversationston. Man kann diese Art der »Vermenschlichung« eines Mythos als dem Geist der Dichtung zuwider empfinden. Aber man kann sich nicht dem Bann einer Leistung entziehen, die mit bestürzender Genauigkeit die Nervensensationen der Rolle bloßlegt, am ergreifendsten vielleicht in jener Wiedererkennungsszene mit Orest, in der die Direktheit des Gefühls alle sprachlichen Barrieren durchbricht und nichts mehr ist als die Innigkeit eines großen Überwältigtseins. Überdies hatte sie in Herbert Berghof einen Gegenspieler, der das Stück immer wieder zu seiner reinen, nur dem Wort dienenden Urgestalt zurückführte. In diesem umnachteten, von den Furien gehetzten, sich selbst anklagenden Orest lebte das Beste fort, was das deutsche Theater zu geben vermochte: sprachliche Leidenschaft und Disziplin, Getragenheit der Geste und zugleich tiefstes, inneres Ergriffensein. Hier ist ein Schauspieler, der die geographische Entfernung von der deutschen Sprache durch geistige Nähe und intensive Arbeit an sich selbst überbrückt hat. Lothar Rewalt als Thoas, Theo Goetz als Arkas und Ulrich Haupt in der Rolle des Pylades fügten sich würdig einer Aufführung ein, die von Victor Barnowsky mit demselben künstlerischen Ernst vorbereitet worden war, wie dereinst das von ihm geleitete »Lessing-Theater« in Berlin beseelte. – Den »Players from Abroad« (Felix Gerstman und Gert v. Gontard) gebührt das Verdienst, das deutsche Theater in Amerika mit dieser Aufführung aus seinem jahrzehntelangen Provinzialismus befreit zu haben. Und auch Elisabeth Bergner ist dafür zu danken, daß sie sich so bereitwillig in den Dienst dieser Kulturaufgabe gestellt hat.

(1949)

Vereinbarkeit des Unvereinbaren

Zur abstrakten Malerei

Ein verdienstvoller Kenner der Moderne erklärte kürzlich, unsere Zeit habe im abstrakten Bild eine neue Kunstform hervorgebracht, die sich neben den andern, bisher bekannten ebenso behaupten werde wie etwa der Holzschnitt oder die Lithographie. Wenn dem nur so wäre. Aber die Beharrlichkeit, mit der die Abstraktion und ihre Anhänger nichts anderes neben sich gelten lassen wollen, läßt solche Hoffnung als verfrüht erscheinen. Wer heute in New York etwas erreichen will, muß zunächst seine abstrakte Visitenkarte abgeben, bevor er in den Kreis derer, auf die es »ankommt«, aufgenommen wird. Ob er malen kann oder nicht, spielt dabei weniger eine Rolle als seine Fähigkeit, sich als ein gelehriger Schüler in der Technik der Unverständlichkeit ausweisen zu können.

Es ist deshalb an der Zeit, die Dinge wieder zurechtzurücken und dem Begriff der Qualität auch dort Geltung zu verschaffen, wo er durch andere, etwa den der »Neuheit« oder des »Originellen« schlechthin, ersetzt zu werden droht. Jean Miró, von dem jetzt bei

Pierre Matisse eine Auswahl seiner Werke aus den letzten fünfzehn Jahren gezeigt wird, ist gewiß ein großartiger Arrangeur von Farben und Formen, ein Meister der Komposition, was Geschmack und Stil anbelangt, aber vielleicht wird man einmal mit Befremden auf einen Künstler zurückblicken, dessen raffinierter Farbensinn immer wieder in den Dienst eines sozusagen »kosmischen Bierulks« gestellt wird – was sich vor allem in den Titeln, die er seinen Bildern gibt, ausdrückt. Die »Vereinbarkeit des Unvereinbaren« spielt auch hier, ähnlich wie im Dadaismus, dem Miró noch heute näher zu stehen scheint, als man annehmen möchte, die Rolle eines Kinderschrecks für Erwachsene. Die Assoziationen, mit denen Miró arbeitet, sind dem chirurgischen oder geometrischen Schulbuch entnommen. Was immer wieder erstaunt, ist das Ausweichen vor dem Menschlichen, das einer Phobie gleichkommt. Der Mensch wird nicht mehr oder noch nicht ernst genommen. Er existiert nur noch als ein insektenhaftes, technisiertes Zwischenwesen, mit Fühlern, die sich in feine Maschinenteile verwandeln, oder als anonyme, gesichtslose Kritzelei, von einem Kind an die Wand gemalt. Der Bruch zwischen Künstler und Rebell geht oft mitten durch dasselbe Bild, als hätten zwei Naturen daran gearbeitet: ein Maler von sublimer Eigenart, der in den apartesten Farbenkombinationen schwelgt, und ein anarchischer Anti-Bourgeois, der sich über das ästhetische Vergnügen, das er anderen bereitet, lustig macht.

Die Gefahr, daß durch den Verzicht auf das Gegenständliche die Kunst zum Kunstgewerbe wird, ist oft diskutiert worden, und Kandinsky, der große Programmatiker der Moderne und vielleicht ihr bedeutendster Kopf, schien sich dessen bewußt zu sein, wenn er schrieb: »Die Gefahr einer Ornamentik stand klar vor mir, die tote Scheinwelt der stilisierten Formen konnte mich nur abschrecken. Erst nach vielen Jahren geduldiger Arbeit, angestrengten Denkens, vorsichtiger Versuche, sich ständig entwickelnder Fähigkeit, die malerischen Formen rein, abstrakt zu erleben, immer tiefer in diese unermeßlichen Tiefen sich zu vertiefen, kam ich zu den malerischen Formen, mit denen ich heute arbeite ...« Die Unbedingtheit und der tiefe künstlerische Ernst, der aus diesen Zeilen spricht, wird in den Spätwerken Kandinskys, die jetzt in der Galerie Sidney Janis zum erstenmal in Amerika gezeigt werden, noch einmal offenbar. Inzwischen aber ist fast ein Menschenalter vergangen, und was gestern noch revolutionär erschien, wird heute bereits als Muster für Schaufensterdekorationen und Zigarettenpackungen benutzt. Wie Freud und

Marx muß Kandinsky es sich gefallen lassen, daß seine Theorien einer inzwischen veränderten (und nicht zuletzt durch sie selbst veränderten) Wirklichkeit angepaßt werden. Was bleibt, ist der menschliche Einsatz, die Hingabe an das Werk und die geistige Integrität einer Leistung, die aus der Entwicklung der Formen nicht mehr hinwegzudenken ist.

Diese geistige Integrität wird in dem Lebenswerk Paul Klees, der mit Kandinsky und Franz Marc den »Blauen Reiter« begründete, zum beglückenden Attribut einer Kunst, die es nicht mehr nötig hat, ihre Existenzberechtigung in dieser Zeit nachzuweisen. In der Sammlung der Paul-Klee-Stiftung in Bern, die jetzt im New Yorker »Museum of Modern Art«, ergänzt durch Stücke aus hiesigem Privatbesitz, zu sehen ist, gibt es einige fast akademisch anmutende Beispiele aus seiner Frühzeit, die dem Objekt nach allen Regeln des Handwerks gerecht zu werden versuchen. Dann aber kommt die Auseinandersetzung mit der Tradition und ihre schrittweise Überwindung. Man spürt, wie der Geist der Entwicklung vorgreift und die Wirklichkeit bis zu einem Punkt abstrahiert, wo sie nur noch Zeichen, Symbol, Erinnerung wird. Der Impressionismus konnte noch nicht so weit gehen, obschon sich auch dort die Entfremdung von der Wirklichkeit ankündigte, etwa in den späten Bildern Monets, die das Sichtbare in Dunst, Atmosphäre, Nebel aufgehen lassen. Van Gogh (und auf andere Weise Cézanne) versucht noch einmal, das zusammenfallende Kartenhaus der Realität zu verstreben. Van Goghs Angst vor den fliehenden Konturen drückt sich in einem Überbetonen ihrer strukturellen Gesetzmäßigkeit aus. Er reißt sie an sich, bevor sie ihm ganz entgleiten, und er nagelt den Umriß eines Stuhls, eines Baumes, einer Häuserwand in Arles wie mit Eisennägeln auf der Leinwand fest. Van Goghs flammender, neurotischer Realismus läßt bereits die Furcht vor dem, was kommen wird, erkennen: Furcht vor dem Nichts, vor dem leeren Raum. Danach bleibt nur noch der Traum.

Diesen Traum hat Paul Klee gestaltet. Er malt, was man sieht, wenn man die Augen schließt. Es ist der Nerv der Zeichnung, der ihn zum Künstler macht, das Einmalige und Zwingende seiner Kompositionen. Manche seiner Phantasien haben einen schmückenden, heraldischen Charakter wie alte Buchillustrationen; andere wiederum, etwa die letzten Ölgemälde vor seinem Tod, erinnern an Hieroglyphen auf kostbaren orientalischen Teppichen. Klees Bilder sind vollends Fragmente. Sie sind aus dem Staunen über diese Welt entstanden. Klee nimmt die Dinge wörtlich, wie ein Kind, das sich über seltsame Laute, seltsame Wortstämme und Wortverbindungen wundert.

(1950)

Arabesken der Dämmerung

Tania Blixen

Wenn das Wort »Genie« in dieser Zeit entleerter Bedeutungen noch auf jemand Anwendung finden darf, dann wohl auf jene mysteriöse dänische Baronin, die seit zwanzig Jahren unter den Namen Isak Dinesen und Tania Blixen durch die Literatur geistert, zuerst in Amerika durch ihre Novellenbände »Seven Gothic Tales« und »Winter's Tales« zu erlesener Berühmtheit gelangte und dann in Deutschland durch ihr herrliches Afrikabuch, das (bei Rowohlt in einer Taschenausgabe erschienen) von ihren Erlebnissen in Kenya, British-Ostafrika, berichtet, wo sie eine Kaffeeplantage besaß, ein Buch, in dem das Abenteuerlichste auf die nüchternste, und das Nüchternste auf die abenteuerlichste Weise erzählt wird.

Hemingway, der, als er den Nobelpreis erhielt, gesagt haben soll, daß nicht er, sondern Tania Blixen ihn verdient hätte, Hemingway sieht bereits, bevor er einen Löwen abschießt, im Geist' die Bürstenabzüge vor sich, die über seine Heldentaten berichten. Aber Tania Blixen schießt nicht, um darüber zu schreiben. Das Bild, das sie uns von sich vermittelt, ist das einer aristokratischen Erscheinung, energisch, furchtlos und bei aller Offenheit unergründlich. Und so sind auch die Gestalten ihrer Erzählungen, die jetzt, von W. E. Süskind zu einem Auswahlband zusammengestellt, in gediegener deutscher Übertragung – Martin Lang, Rudolf von Scholtz, Süskind – unter dem Titel »Die Träumer« erschienen sind und wohl zu den bedeutendsten Proben zeitgenössischer Prosa gehören, obwohl sie in ihrer stolz das »Kontemporäre« ignorierenden Abseitigkeit weder in diese noch in irgendeine andere Zeit zu passen scheinen.

Die europäische »Avantgarde«, von Joyce über Proust bis Kafka, scheint an dieser exzentrischen Dame, die von sich sagt, daß sie zu schreiben begann, um sich während der Regenzeit zu unterhalten, spurlos vorübergegangen zu sein. Und doch konnte eine Erzählung wie die »Sintflut von Norderney«, die in jeder Sammlung zeitlosgroßer Meisternovellen ihren Platz neben denen eines Poe, Hauff, E. T. A. Hoffmann und C. F. Meyer behaupten würde, nur in einer Zeit geschrieben werden, in der das Psychologisch-Abgründige und die Frage »Wer bin ich?« den Menschen mehr als je zuvor beschäftigte. In der »Sintflut« geht es um vier Menschen, die sich vor der großen Überschwemmung auf einen Heuboden geflüchtet haben. Die Liebe zur Mystifikation, die in dieser wahrhaft diabolischen Geschichte darin liegt, daß ein als Kardinal verkleideter Komödiant die Verlorenen auf ihre letzte Stunde vorbereitet und diese Rolle bis zu Ende, und doch wieder nicht ganz bis zu Ende, führen kann, diese Freude am Vexierspiel, an gemalten Perspektiven und vertauschten Identitäten kehrt in ihren Geschichten häufig wieder, als ein Element barocker Sinnestäuschung und illusionistischer Tiefenwirkungen. »Ohne ein Gran Scharlatanerie kommt die große Kunst nicht aus«, heißt es einmal. Keiner ist, was er zu sein vorgibt; jeder möchte ein Vielfaches seiner selbst darstellen wie in den »Träumern«, wo der Pluralismus der Existenz am Beispiel der in drei verschiedenen Gestalten sich materialisierenden Geliebten gezeigt wird.

Die Menschen in Tania Blixens Erzählungen sind von einer großen Kraft und Leidensfähigkeit, gewohnt, alle Demütigungen schweigend zu ertragen, Geschöpfe einer Welt, in der es nur Herrscher und Beherrschte, Sklaven oder Herren gibt und die Vorstellung eines Daseins der Größe, der Schönheit und der vornehmen Gesinnungen wie ein ständig parates Idealbild ihre Handlungen bestimmt, eine Welt heftiger, ungebrochener Leidenschaften, dabei von einer süßen, funkelnden Traurigkeit, kühl, kalt, wie gehämmertes Kupfer. Alle sind sie beseelt von einer Unbedingtheit des Gefühls, die keine Grenzen bürgerlicher Beschränkung anerkennt. In der Erzählung »Der Falke« heißt es von der Hauptfigur: »Er bringt lieber einen Mann um, als daß er zu spät zu seiner Liebsten käme.« In den »Roads to Pisa«, die leider nicht in dieser Sammlung enthalten sind, soll ein Duell auf Leben und Tod zwischen zwei prinzlichen Freunden stattfinden, weil der eine eine Geschichte zum besten gegeben hat, die dem andern nicht gefällt. Die Menschen in diesen Erzählungen sind gespannt, hart, trotzig, kontrolliert – und dennoch allen Wildheiten und Unberechenbarkeiten ihrer Natur dämonisch ausgeliefert: Arabesken der Dämmerung, geboren aus der verschnörkelten Fabulierkunst einer als moderne Scheherazade verkleideten Grand Old Lady aus Kopenhagen.

Freilich: man darf nicht allzu viele von diesen Geschichten lesen, sie sind ungleich, mitunter ist es, als ob man durch ein kunstvoll geschmiedetes Gitter ins Leere sähe (»The Old Chevalier« oder »The Monkey«, die beide aus guten Gründen nicht in den Band aufgenommen wurden). Dann überwiegt das Ornament, der historisierende Zierat – der Aufwand der Herstellung, die Fabrikation wird deutlich, und man fragt sich, ob hier nicht jene Grenze der Gestaltung erreicht ist, jenseits welcher die Kunst beginnt, sich selbst ad absurdum zu führen. »Madame«, sagt in der »Sintflut von Norderney« der falsche Kardinal, »Madame, Sie haben eine große Vorstellungskraft und einen wunderbaren Mut... Aber sind Sie nicht«, der Kardinal zögerte, »ein wenig –« »Verrückt?« fragte die alte Dame. »Ich dachte, das wüßten Sie, Eminenz.«

(1956)

Albee

»Who is afraid of Virginia Woolf?«

Der junge, vierunddreißigjährige Edward Albee, ein schlanker, stiller Mensch, der mit mehreren Einaktern das »absurde Theater« Amerikas repräsentierte, hat ein neues Theaterstück geschrieben, »Who is afraid of Virginia Woolf?«, von dem man noch lange sprechen wird. Aus dem Autor der kleinen Form, der »Zoogeschichte« und des »Amerikanischen Traums«, ist über Nacht ein Dramatiker geworden, der auf eine zugleich kühle und passionierte Weise Menschenschicksale darstellen und zur Explosion bringen kann. Man spürt wieder die große Magie eines Theaters, das sooft schon totgesagt wurde, die Magie des gesprochenen Wortes, das dem Geheimnis der menschlichen Natur auf die Spur zu kommen versucht. Man spürt: hier wird, mit den Mitteln des naturalistischen Theaters und doch weit darüber hinausgehend, die Welt Ibsens und Strindbergs von einem jungen, begnadeten Autor in die Sprache unserer Gegenwart übertragen und wieder legitim gemacht.

Was vor allem überrascht, ist Albees Fähigkeit, ein Theaterstück zu schreiben, in dem vier Personen drei Akte lang ein Publikum in Atem halten können. Die Mischung von komischen und tragischen Momenten, die einander dauernd überschneiden, wobei das Tragische immer als dunkle Drohung hinter dem vordergründig frechen und frivolen Spiel erscheint, ist auch in technischer Hinsicht bemerkenswert. »Who is afraid of Virginia Woolf?« – der Titel ist eine surrealistische Variante des amerikanischen Kinderliedes »Wer fürchtet sich vor dem großen, bösen Wolf?« – spielt in einer kleinen amerikanischen Universitätsstadt. Nach einer Professorenparty kommt der junge Biologe mit seiner Frau noch zu einem Drink in das Haus des Historikers. Man vertreibt sich die Zeit mit Gesellschaftsspielen, in denen mit dem Entsetzen Scherz getrieben wird. Es ist eine »Walpurgisnacht« der Seelen, die einander quälen und liebkosen, foltern und begnadigen. Strindbergs Geschlechterkampf wird, fünfzig Jahre später, in der Beziehung zwischen Martha und George nachgeholt: zwei Partner in dem grausam-süßen Liebesspiel gegenseitiger Demütigungen und Erniedrigungen. »Er ist der einzige Mann, den ich je geliebt habe«, sagt Martha, kurz nachdem sie ihn in der Küche mit dem Gast des Hauses betrogen hat. »Er versteht mich, über alles Verstehen hinaus.«

Das Stück spielt in einer Nacht. Es wird unendlich viel geredet und unendlich viel getrunken. Es wird gelacht und geweint, gelallt und geflucht. Man nennt die Dinge beim Namen, und das ist nicht immer anständig, es ist oft sogar sehr unanständig. Aber nicht darum geht es, obwohl, nebenbei bemerkt, dies eines der wesentlichsten Merkmale ist, das Albees Menschen von denen Ibsens unterscheidet: Sie sagen, was sie denken, und sie nehmen kein Blatt vor den Mund.

Wie in »Der Eismann kommt« von Eugene O'Neill, dessen Erbe Albee nunmehr anzutreten scheint, geht es um das Ende einer Illusion. Zwei Frauen werden einander gegenübergestellt, beide kinderlos, beide neurotisch aus verhinderter Mutterschaft. Die eine, »Honey« genannt, ein hysterisches Gänschen, ist geheiratet worden, weil sie sich schwanger fühlte, was sich jedoch bald nach der Hochzeit als ein Irrtum herausstellte. Die andere, eben jene Martha, die eigentliche »Heldin« des Dramas, spielt seit dreiundzwanzig Jahren mit ihrem Manne ein verwegenes Spiel, auf das sich beide geeinigt haben: Sie spielen Eltern. Ein Traum wird zur Realität erhoben, in Gestalt eines nichtexistierenden Sohnes, der nur in der Phantasie mit ihnen lebt und von dem – zu andern – nicht gesprochen werden darf.

Das Stück erreicht seinen dramatischen Höhepunkt in dem Augenblick, in dem der Mann, teils aus therapeutischen Gründen, teils aus Rache für die ihm angetanen Demütigungen, beschließt, den Sohn sterben zu lassen. Man mag darüber streiten, ob die so lange hinausgezögerte »Auflösung« des Traumas durch einen Akt der »Geisterbeschwörung« eine wirkliche Lösung darstellt. Aber gerade in der Überwindung dieser psychologischen Schwäche des Stückes zeigt sich

Albees Stärke als Dramatiker: In die Schreie der Frau, die einen niemals vorhandenen Sohn beweint, mischt sich die Stimme des Mannes, der ihm auf Lateinisch die Totenmesse liest. Ein Wunschtraum wird beigesetzt, eine Illusion zu Grabe getragen. Absurdes Theater im Dienst der Psychoanalyse.

Die Aufführung unter Alan Schneiders Regie ist beispielhaft. Amerikaner sind immer am besten, wenn sie sich selbst spielen. Hier spielen sie: Amerika 1962, das Amerika des »small talk«, der nichtigen Unterhaltungen (»Have another drink«), der Mitternachtsbeichten unter Alkoholdruck, des sinnlosen Herumsitzens aus Angst vor dem Alleinsein, das Amerika eines von Albee mit ebensoviel Wehmut wie Ironie gezeichneten Menschenschlages, der so wenig mit sich und den andern anfangen kann und doch alles zu seiner Verfügung hat, was, nach Ansicht der Werbeindustrie, den Menschen »glücklich« machen soll. Es ist ein abgrundtief komisches und ein abgrundtief trauriges Stück, vor allem aber ist es ein Rollenstück, und so wird es auch von vier glänzenden Schauspielern gespielt: Uta Hagen, seit langem am Broadway geehrt und gefeiert, Tochter eines berühmten Professors deutscher Abstammung, gibt als Martha das vollendete Porträt einer aus vielen Widersprüchen zusammengesetzten, innerlich gefährdeten und zerrissenen Frau, eine schimpfende, in Slacks herumtobende, zugleich drollige und ergreifende Figur, deren verkrampfte Heiterkeit fast noch beängstigender wirkt als ihre hemmungslose Verzweiflung. Arthur Hill spielt den Gatten mit einer geistigen Überlegenheit, in der Gefühl und schauspielerischer Verstand sich zu einer Leistung von großer menschlicher Eindringlichkeit verdichten. Melinda Dillon als »Honey« und George Grizzard als ihr junger Ehegemahl (und Vater ihres ebenfalls nicht vorhandenen Kindes) werden den Figuren, die sie darstellen, mit einer hierzulande kaum mehr verblüffenden »Lebensechtheit« gerecht. Die Aufnahme des Stückes bei Kritik und Publikum dürfte den jungen Edward Albee als einen der führenden Dramatiker Amerikas etabliert haben.

(1962)

Brechts aufhaltsamer Aufstieg

Brechts »Aufhaltsamer Aufstieg des Arturo Ui« ist in New York nach wenigen Aufführungen abgesetzt worden. Ein großer Apparat war in Bewegung gesetzt worden, um Brecht zu dem noch immer ausstehenden postumen Bühnenerfolg in Amerika zu verhelfen. Sein Name war bereits Mythus geworden, und nicht wenige seiner Stücke sind hier, allerdings vorwiegend von Off-Broadway-Theatern und Universitätsbühnen, gespielt worden. Auf den Serienerfolg der »Dreigroschenoper«, die in der Bearbeitung Marc Blitzsteins jahrelang in einem kleinen Theater in Greenwich Village gezeigt wurde, folgten »Im Dickicht der Städte«, »Mann ist Mann«, das gleich zweimal, in verschiedenen Fassungen, über die Bühne ging, und der »Gute Mensch von Sezuan«, alle in kleineren Studioaufführungen. Manche mögen sich auch noch der denkwürdigen, von Brecht selbst besorgten Inszenierung des »Galilei« mit Charles Laughton erinnern, die vor etwa einem Jahrzehnt zu kurzem Gastspiel nach New York kam. Oder der erst kürzlich erfolgten Aufführung der »Mutter Courage«, die sich aber ebenfalls nicht lange am Broadway halten konnte, obwohl der Regisseur Jerome Robbins Brechts Intentionen auf die redlichste Weise gerecht zu werden versuchte, bis auf die Fehlbesetzung mit Anne Bancroft. Im ganzen kann man jedoch nicht behaupten, daß diejenigen, die das Theater Brechts kennenlernen wollten, hiezu in Amerika keine Gelegenheit gehabt hätten, obwohl dies immer wieder vorgebracht wird. Mit dem »Arturo Ui« aber sollte nunmehr der große Durchbruch am Broadway versucht werden.

Der Produzent David Merrick hatte es sich etwas kosten lassen. Er hatte sich Tony Richardson aus London engagiert, der zu den erfolgreichsten Theater- und Filmregisseuren beider Hemisphären gehört und das Stück mit einer Reihe prominenter Broadway-Schauspieler in Szene setzte. Um das Publikum auf das bevorstehende Ereignis vorzubereiten, hatte Harold Clurman, Kritiker, Regisseur und einer der ernsthaftesten Theaterfachleute Amerikas, in einer ausführlichen Würdigung, die kurz vor der Premiere im *New York Times*-Magazin erschien, Brechts Stücke als das »Bedeutendste« gefeiert, das in den letzten 35 Jahren geschrieben worden sei, und damit einer Meinung Ausdruck gegeben, die in hiesigen Intellektuellenkreisen häufig anzutreffen ist. Die psychologische Situation war also reif für einen Publikumserfolg. Warum ist er trotzdem ausgeblieben? Warum hat es sich wiederum gezeigt, daß Brecht nicht für den Broadway, daß der Broadway nicht für Brecht geschaffen ist?

Es lag nicht nur an der Aufführung, gegen die manches einzuwenden war. Tony Richardson hatte das Stück als einen stilisierten Jahrmarktsulk auf die Bühne gebracht, mit einer laut und lärmend die Vorgänge begleitenden Jazzmusik, mit grellen Schaubudeneffekten und dem ohrenbetäubenden Geknatter von Revolverschüssen und Maschinengewehrfeuer. Das war szenisch oft sehr wirksam, machte aus dem Ganzen jedoch eine Farce, die als Gleichnis unergiebig blieb. Hitler war eben nicht nur ein »Treppenwitz der Weltgeschichte«, nicht nur ein Arturo Ui, der durch Terror und falsche Versprechungen zum Herrscher über das Gemüsegeschäft wird. Was einen an ihm schaudern machte, war nicht nur die Fragwürdigkeit einer »Gesellschaftsordnung«, die ihn ermöglichte, sondern die Fragwürdigkeit der menschlichen Gattung überhaupt, etwa im Sinne der mit Branntwein heruntergespülten Erkenntnis in Büchners »Woyzeck«: »Der Mensch ist ein Abgrund – es schaudert einen, wenn man hinuntersieht.«

Es lag also gewiß nicht nur an der Aufführung, daß trotz eifrigster, wenn auch geräuschvoller Regieanstrengung dieses »Schaudern« ausblieb. Brechts nun schon sehr weit zurückliegender Versuch – das Stück wurde 1940 geschrieben –, den Ereignissen in Deutschland satirisch gerecht zu werden, indem er sie in ein Chicagoer Gangstermilieu verpflanzte, ging ebenso an der Sache vorbei wie Chaplins etwa um die gleiche Zeit entstandener »Diktator«. Beide hatten sich die Sache zu leicht gemacht. Beide scheiterten an einer Kunst der Vereinfachung, der sich die viel komplexere Hitler-Wirklichkeit widersetzte. Wenn Hanna Arendt in ihrem heftig diskutierten Eichmann-Buch von der »Banalität des Bösen« spricht, so möchte man ihr entgegenhalten, daß es auch eine »Dämonie des Banalen« gibt, die sich der soziologischen Analyse entzieht und nur noch massenpsychologisch erklärt werden kann. Was in der von Brecht versuchten Gleichsetzung von Nazi- und Gangstermethoden fehlt, ist der gefährliche Appell an ein – allerdings sehr deutsches – Bedürfnis nach »Weltanschauung«, die ideologische Schmuggelware, die das Verbrechen erst mundgerecht machen sollte. Da wurde nicht von »Blumenkohl« gesprochen, sondern von den »letzten Dingen«, wo es ans Totschlagen ging. Und wenn am Schluß des »Arturo Ui« der Ruf »Und morgen die Welt« (für die Gemüsehändler) ertönt, so fragt man sich: Ist das alles, was Brecht damals zu Hitler eingefallen ist?

Es ist ihm natürlich viel mehr eingefallen, was jedoch in der Übersetzung George Taboris, der sich allmählich zu einer ständigen Einrichtung für die Hinrichtung deutscher Texte auf der amerikanischen Bühne entwickelt hat, in die Brüche ging. Brecht ohne die Brechtsche Diktion ist nur ein halber Brecht, und auch dieser wurde in der Inszenierung Tony Richardsons und mit dem sonst ausgezeichneten Christopher Plummer als Wachsfiguren-Hitler auf ein Viertel seiner sprachlichen Beschwörungskraft reduziert. Auch die Mitwirkung namhafter Burleskekomiker in den Rollen von Göring, Goebbels, Röhm schien nicht dazu angetan zu sein, der Parabel das von Brecht angestrebte literarische Niveau zu sichern.

Die New Yorker Theaterkritik, die nur allzugern bereit gewesen wäre, sich der Sache Brechts anzunehmen, hat sich auch diesmal nicht dazu verstehen können. »Das Stück hat mir nichts gesagt, was ich nicht schon vorher gewußt hätte«, schrieb die handfeste *Daily News*, während Howard Taubmann, der das Stück in Warschau und in Ost-Berlin gesehen hatte, in der *New York Times* die Meinung vertrat, daß »Arturo Ui« nicht zu Brechts besten Stücken gehöre, obwohl er für den Mißerfolg vor allem den Regisseur und den Übersetzer haftbar machen wollte.

Das Rätsel Brecht, von dem man soviel gehört, manches gesehen und nicht viel akzeptiert hat, beschäftigt aber nach wie vor die New Yorker Kritik und läßt sie nicht zur Ruhe kommen. In einem Aufsatz »Der Bühnenschriftsteller als Theoretiker« hat Walter Kerr sich in der Sonntagsbeilage der *Herald Tribune* mit Brecht noch einmal auseinandergesetzt und sein »episches Theater« als eine »Ermüdungserscheinung« des Autors zu erklären versucht, der das Vertrauen in die Reichweite seiner dichterischen Möglichkeiten verloren und sich deshalb in die Theorie geflüchtet habe. Er sieht in dem Theoretiker Brecht, dessen frühe Stücke er übrigens als Zeugnisse eines bedeutenden poetischen Impulses anerkennt und sogar bewundert, einen Schriftsteller, der Regieanweisungen für das Theater schreibt und der als Bühnenautor versucht, sie in die Praxis umzusetzen, wobei die Dichtung der Theorie geopfert werde. »Es ist, als ob der Wagen Mutter Courage zöge, nicht umgekehrt.« Kerr mißtraut Brechts »epischem Theater«, wie er seiner politischen Haltung mißtraut, die er als bewußt zweideutig bezeichnet. Er sieht in beidem ein Ausweichen vor den Problemen, die er sich als Dichter gestellt hatte und mit denen er nicht ganz Schritt zu halten vermochte.

Man könnte diese Zeugnisse einer, um mit Brecht zu sprechen,

»idealistischen« Literaturkritik belächeln, hätte er nicht selbst am Ende manches, das er früher mit unduldsamer Konsequenz verfochten hatte, revidiert oder zumindest gemildert. Gewiß entspricht der pragmatische Charakter einer solchen Beweisführung, wie sie Walter Kerr versuchte, dem amerikanischen Geschmack für die Vereinfachung des Komplizierten. Aber auch Brecht war ein Vereinfacher, allerdings auf eine höchst komplizierte Weise, und vielleicht hätte er, der gelernt hatte, dialektisch zu denken, den »Arturo Ui« und manches andere, das heute der Kritik nicht mehr standhält, in den Bereich einer bereits durch die »Wirklichkeit« überholten »Arbeitsmethode« verwiesen.

(1963)

Arthur Miller und die Schuldfrage

»Incident in Vichy«

Die Auseinandersetzung mit dem, was in Deutschland geschehen ist, scheint in Amerika, zumindest auf der Bühne, in ein neues Stadium getreten zu sein. Die Diskussion über die Hitler-Zeit hatte sich allzu lange im Fahrwasser gewisser ideologischer Vereinfachungen bewegt. Als dramatische Person mußte sich der Deutsche, mit oder ohne Hoheitszeichen, damit abfinden, die Rolle des Bösewichts auf dem Theater zu spielen, des »villain«, dem mildernde Umstände nicht zugebilligt werden konnten. Von den Entscheidungen, mit denen der Mensch im totalitären Staat täglich konfrontiert wird, wollte man noch nichts wissen. Nicht wenige Intellektuelle der amerikanischen Linken hatten im Kommunismus die einzige wirksame Gegenkraft gegen den Nationalsozialismus (und seine Wiederauferstehung) sehen wollen, eine Illusion, die mit der Liquidierung des Stalin-Bildes durch seine eigenen Leute endgültig zu Ende gegangen war. In dem ideologischen Vakuum, das nunmehr entstand, blühten die Papierblumen einer nun schon fast modisch gewordenen Hoffnungslosigkeit, die es aber auch mit sich brachte, daß man sich nach neuen Fragestellungen umsah. Mit dem Abschwellen der antideutschen Stimmung nach dem Kriege wurde nun auch eine weniger emotional betonte Erörterung der damit verbundenen Probleme möglich. Die Schuldfrage, die bisher auf ein bestimmtes Land oder eine bestimmte Gesellschaft beschränkt geblieben war, wurde nun zur Frage nach der Natur des

Menschen überhaupt. Ein christliches, fortschrittsgläubiges Amerika, gewohnt, an »das Gute im Menschen« zu glauben, mußte sich mit Unmenschlichkeiten auseinandersetzen, die mit seinem Glauben nicht mehr in Einklang zu bringen waren und die durch die These von der deutschen »Alleinschuld« nicht genügend erklärt werden konnten. Auch Amerika hatte, allerdings im umgekehrten Sinne, eine Vergangenheit zu »bewältigen«, die auf dem Konzept der Nächstenliebe und der Brüderlichkeit aller Menschen aufgebaut war und die mit der Realität der Gaskammern und der modernen Massenvernichtung nicht mehr übereinstimmte. Auf die Frage: »Wer ist schuld an Auschwitz?« konnte man in letzter Zeit auf New Yorker Bühnen die Antwort hören: »Wir alle, jeder von uns« – was natürlich nicht eine Entlastung von Eichmann und seinesgleichen bedeuten sollte, sondern lediglich den Versuch, das Problem von der rein politischen Sphäre ins Metaphysische zu versetzen.

In seinem vielfach mißverstandenen Stück »After the Fall« hat sich Arthur Miller als einer der ersten um diese Fragestellung bemüht, obwohl es gewiß für einen ehemals sehr weit links stehenden jüdischen Autor in Amerika nicht ganz leicht gewesen sein muß, sich einer solchen Gewissensprüfung zu unterziehen. Sein Mut zur Selbstdarstellung wurde ihm denn auch von manchen Kritikern verübelt; man wollte in seiner Beichte nur eine Folge peinlicher Enthüllungen über sein Privatleben sehen. Es geht aber in diesem langen, schonungslosen Dialog mit sich selbst nicht so sehr um die Gestalt der Marilyn Monroe und um seine eigene Entlastung als Partner in einer weltberühmten Ehetragödie. Worum es Miller ging, war die Erkenntnis von der »gefährlichen« Natur des Menschen, die nicht nur mit Worten töten kann und mit Taten, sondern auch mit jenem Stillschweigen, das ihn zum Komplizen des Verbrechens macht, das an der Menschheit begangen wird. »Nach dem Sündenfall« war unter anderem die Antwort einer desillusionierten Linken auf den Verlust jener letzten, rettenden Instanz, die ihr eine »bessere Welt« unter dem Vorzeichen der sozialen Revolution versprochen hatte.

In seinem neuesten Stück »Incident in Vichy«, das soeben im Anta-Theater am Washington Square zur Uraufführung kam, wird die Frage der Mitschuld eines jeden einzelnen – Mitschuld durch stummes Gewährenlassen des Bösen – noch einmal aufgeworfen. Schauplatz ist diesmal nicht das Gewissen eines Menschen als abstraktes Schlachtfeld seines inneren Dramas. Das Stück spielt in seinem sehr realen Milieu: auf einer Polizeistation in Vichy während der deutschen Okkupation im Jahre 1940. Neun Männer, die bei einer der zahllosen Razzien auf den Straßen verhaftet wurden, sitzen auf einer Bank im Vorzimmer und warten darauf, vernommen und gegebenenfalls als Juden deportiert zu werden, unter ihnen ein Arzt, ein Maler, ein Schauspieler, ein Geschäftsmann, ein Professor, ein Kellner und ein österreichischer Prinz. Die Auswahl der Personen nach Ständen und Berufen, die einen Querschnitt durch die Gesellschaft ergeben soll, offenbart eine Tendenz zur Typisierung, die freilich durch das Thema gerechtfertigt erscheint: Gehört es nicht zum Wesen eben solcher Kollektivereignisse wie Krieg oder Terror, daß sie das individuelle Schicksal auslöschen und an seine Stelle nur noch die statistisch erfaßbare Zugehörigkeit zu einer Rasse, Gruppe, Berufsschicht setzen? Die Menschen in Millers »Incident in Vichy« sind Träger von Ideologien, die wie Erkennungsmarken an die ansonsten gesichtslose Anonymität ihres Schicksals angehängt sind. Es sind Modellfiguren, die in eine bestimmte Modellsituation gestellt werden, um eine bestimmte These zu beweisen. Sie wurde bereits in »After the Fall« erörtert und mündet hier in die Erkenntnis, daß es Umstände gibt, unter denen der Wunsch, zu überleben, das Einverständnis mit der Vernichtung anderer voraussetzt.

Zu diesem Zweck hat Miller eine Situation konstruiert, an der sich bestimmte menschliche Verhaltensweisen im Hinblick auf diese letzte Alternative ablesen lassen. Es genügt nicht, daß man, wie der deutsche Hauptmann in diesem Stück, widerwillig die Befehle der Nazi ausführt und somit zum Vollzugsorgan eines Systems wird, das man innerlich verabscheut und auf diese oder jene Weise zu »mildern« versucht. Man muß etwas tun, ein Beispiel geben, sich selbst als Opfer darbringen, wie der »aus Versehen« verhaftete Prinz, der am Schluß seinen Entlassungsschein dem Juden aushändigt, der nun an seiner Stelle den Weg in die Freiheit findet. Daß diese heroische Tat »an sich« sinnlos ist, daß sie nichts an der brutalen Realität der Vernichtungsmaschine ändert, der diese Menschen ausgeliefert sind, geht aus dem grandiosen Schluß hervor: neue Opfer werden von den Polizisten hereingeschleppt und auf die inzwischen leer gewordene Bank gesetzt. Die Verfolgung geht weiter. Aber in der letzten stummen Konfrontation des Hauptmanns mit dem Prinzen, des Jasagers aus Angst und des Neinsagers aus menschlicher Überzeugung, spürt man, wer hier »gesiegt« hat. Sartre hätte eine solche Szene gewiß nicht schreiben können, in der die Entsühnung einer moralischen Kollektivschuld durch die Tat eines einzelnen erfolgt, eben durch jenen »von Berg«, der sich freiwillig den Tod gibt, um einen andern zu retten. Man erinnert sich an die Worte der Holga in »After the Fall«: »Niemand, den sie nicht getötet haben, kann wieder unschuldig werden.« Schuldig ist also jeder, der sich bei dem Prozeß gegen Unbekannt darauf beruft, daß er überleben mußte und deshalb schwieg oder sogar mitmachte. Nur der Aristokrat in diesem Stück erweist sich auf Grund seiner an keiner Partei oder Ideologie gebundenen Auffassungen von Menschenwürde und sittlichem Verhalten als derjenige, der darauf verzichtet, überleben zu wollen, und somit seine Unschuld bewahrt.

Das Stück dauert etwa anderthalb Stunden und wird pausenlos gespielt. Unter der Regie von Harald Clurman und mit dem ausgezeichneten David Wayne in der Rolle des Prinzen wird »Incident in Vichy« zu einer dramatischen Begebenheit, gegen die nur einzuwenden wäre, daß mitunter die Szene mit Dialog ein wenig überlastet wird. Die Stärke des Stückes liegt in der Dringlichkeit seiner Fragestellung und in der Art, wie sie präsentiert und in Anschauung umgesetzt wird. Allein schon dies macht »Incident in Vichy« bemerkenswert – als den Versuch eines Autors, mit sich und der Welt ins reine zu kommen und dabei einige noch nicht ganz populäre Wahrheiten in seinem Land zur Debatte zu stellen.

(1964)

Charlie Chaplins Hitler

»The Great Dictator«

In den Sammellagern Frankreichs nach dem Zusammenbruch, auf den Fluchtwegen durch Spanien nach Lissabon, wo man auf das rettende Schiff nach Amerika wartete, überall, wo Verfolgte waren, sprach man davon: Chaplin hat einen Film über Hitler gedreht, in dem er selbst die Hauptrolle spielt.

Die Uraufführung des »Great Dictator« fand am 10. Oktober 1940 in Amerika statt und war für viele eine Enttäuschung. Man fand ihn naiv und der Aufgabe, die er sich gestellt hatte, nicht gewachsen.

Heute, zweiunddreißig Jahre später, stehen die Leute in Amerika vor dem kleinen Theater in der 57. Street um den Häuserblock an. Nach »Modern Times« und »City Lights« (Lichter der Großstadt) ist dies der dritte seiner großen Filme, die im Verlauf des jetzt in der ganzen westlichen Welt ausgebrochenen Chaplin-Booms gezeigt werden, und man ist überrascht: Was damals als anfechtbar, ja sogar peinlich empfunden wurde, weil man den Ereignissen noch zu nahe war, wirkt heute wie eine Parabel aus einer fernen, nun schon legendär gewordenen Zeit.

Freilich, die alten Einwände bestehen noch immer: Chaplins KZ ist ein fideles Gefängnis, das mehr an die »Fledermaus« als an Auschwitz erinnert; seine SA trägt Pickelhauben aus der Zeit Kaiser Wilhelms und rasselt mit dem Säbel in der Art des amerikanischen Witzblatt-Deutschen vor dem Ersten Weltkrieg. Die Judenverfolgungen finden in einem Ghetto statt, das den im Atelier aufgebauten Goldgräberstädten des Stummfilms ähnelt und in dem man sich in Kisten verstekken oder dem Polizisten mit der Bratpfanne auf den Kopf hauen kann, wenn man verfolgt wird.

Chaplin erscheint hier, wie man weiß, in einer Doppelrolle: einmal als Hitler, der ja von ihm den Schnurrbart übernommen hatte, und gleichzeitig als ein kleiner jüdischer Barbier, der dem »Führer« zum Verwechseln ähnlich sieht und am Schluß für ihn gehalten wird. Er muß in dieser Eigenschaft eine Rede auf dem Parteitag halten und benutzt die Gelegenheit zu einem Appell an die allumfassende Menschenliebe, der vielleicht damals Amerika aufhorchen ließ, dessen Rhetorik uns heute aber etwas abgestanden erscheinen will.

»The Great Dictator« besteht also aus zwei parallel verlaufenden Filmen, von denen der eine, Chaplin als Barbier, ihm Gelegenheit gibt, einige seiner schönsten Improvisationen im Stil der alten Slapstickkomödien zu präsentieren, etwa die Szene im Friseurladen, in der er einen Kunden im Takt der »Ungarischen Rhapsodie« einseift und rasiert, oder das Puddingessen der vier Verschwörer: derjenige, der eine Münze in seinem Pudding findet, soll den Diktator ermorden. Chaplin findet vier Münzen in seinem Pudding und schluckt sie wortlos herunter, nur seine Augen sprechen.

Im Gegensatz zu Karl Kraus, dem bekanntlich »zu Hitler nichts eingefallen« ist, ist Chaplin unheimlich viel eingefallen. Er macht aus ihm eine klinische Studie von beängstigender Komik, einen ruhelos durch seine Prunkgemächer irrenden Psychopathen, der zwischen Wutausbrüchen träumerisch am Klavier sitzt, plötzlich aufspringt, einen Mann, der ihm eine kugelsichere Uniform vorführt, erschießt oder dem vor ihm strammstehenden Göring einen Orden nach dem andern abreißt und auch vor den Hosenknöpfen nicht haltmacht. In einer lang ausgespielten, nun schon klassisch gewordenen Sequenz, die bereits Filmgeschichte gemacht hat, läßt er ihn einen großen

Ballon, der die Weltkugel darstellt, wie ein dressierter Seehund auf Kopf, Nase und Zeigefinger rotieren und so lange mit ihm herumspielen, bis er zerplatzt.

Das Paradoxe an dieser Figur ist, daß Chaplins persönlicher Charme, seine tänzerische Grazie in eine Haut, beziehungsweise Uniform, geschlüpft sind, die nicht zu ihm paßt. Dennoch ist es ihm gelungen, durch einen Akt der Verfremdung den Mann, den er am meisten haßte, auf einer Ebene darzustellen, die ihn objektiviert und zugleich entlarvt. Chaplin ist im »Great Dictator« etwas gelungen, was nur wenige vor ihm erreichten, nämlich, Geschichte zur Parodie werden zu lassen und die Parodie zugleich ernst zu nehmen.

Damals, vor mehr als dreißig Jahren, wagte man nicht, darüber zu lachen. Heute darf man es. Eben weil Chaplin keinen »antifaschistischen« Film drehte, sondern prophetisch eine Zeit vorwegnahm, in der man den Mann, vor dem einmal Europa zitterte, als einen »Treppenwitz der Weltgeschichte« betrachten würde, eben deshalb ist der »Great Dictator« heute, aber wirklich erst heute, möglich geworden. Man lacht hemmungslos, wenn Chaplin, ausgerechnet er, als Kanonier im Ersten Weltkrieg eine Landmine entschärfen soll oder sich beim Sturmangriff in die feindlichen Reihen verirrt und ohne es zu merken, brav weitermarschiert. Einer der Höhepunkte des Films ist der Besuch des Duce beim Führer, wobei der rote Teppich hin- und hergetragen werden muß, weil der Sonderzug immer an der falschen Stelle hält. Oder die im Stil der Fratellinis gehaltene Begrüßungsszene zwischen beiden und ihre verzweifelten Bemühungen, die Hand des andern zu schütteln und sie gleichzeitig zum faschistischen Gruß auszustrecken.

Chaplins »Great Dictator« ist ein Film, der mit den Mitteln der Commedia dell'arte in die Geschichte einzugreifen versuchte, als sie noch lebendig war, und über den man erst lachen kann, nachdem sie bereits Legende geworden ist, wie der Film selber!

(1972)

Woody Allen

Er könnte eine Erfindung des *New Yorker* sein, obwohl er sich in kein literarisches Genre pressen läßt. Er hat den Witz dieser Stadt und die Selbstironie, die aus dem Zweifel kommt. Es ist Schriftsteller, Regisseur, Schauspieler. Er hat Theaterstücke geschrieben, Short Stories und Filme, in denen er sein eigener Hauptdarsteller war. Er ist 36 Jahre alt und sagt mit traurigem Gesicht die komischsten Sachen. Er spielt immer sich selbst, den linkischen, über seine eigenen Füße stolpernden Schlemihl, der gelernt hat, mit seinen Neurosen zu leben und das Leben als einen Betriebsunfall anzusehen, mit dem man sich abfinden muß. Er ist klein und unscheinbar und würde unter denen, die draußen vor seinen Filmen Schlange stehen, kaum auffallen. Sein Name ist in aller Munde. Er heißt Woody Allen.

Er begann als Gag-Writer für Fernsehshows, und die Welt des Aperçus, des kurzfristigen, aus dem Augenblick geborenen Einfalls, ist seine Heimat. In »Play it again, Sam«, nach seinem gleichnamigen Theaterstück, das lange am Broadway lief, möchte er von Humphrey Bogart lernen, wie man Frauen verführt, nachdem die eigene ihm soeben davonlief. Aber alle Versuche, ihm nachzueifern, enden mit der seufzenden Feststellung, daß er eben Woody Allen ist, rote Haare hat und im entscheidenden Augenblick alles falsch macht. »Spiel es noch einmal, Sam« ist eine Komödie der erotischen Fehlleistungen und der heiteren Selbstpersiflage, dargestellt in der stoischen, keine Miene verziehenden Manier eines Buster Keaton der New Yorker Subkultur.

Sein neuester Film, den viele für seinen besten halten und dem man wohl einen Welterfolg prophezeien darf, ist eine Parodie auf den Bestseller von Dr. David Reuben »«Alles, was Sie schon immer über Sex wissen wollten, aber sich nicht zu fragen getrauten«, eines jener unfreiwillig komischen Produkte moderner Sexaufklärung, die durch ihre komplizierte Darstellung ziemlich simpler Vorgänge mehr verwirren als aufklären. Woody Allen hat einige der vom Doktor aufgeworfenen Fragen illustriert, zum Beispiel »Was ist Sodomie?«: Ein Arzt verliebt sich in ein Schaf, trägt es in ein Hotelzimmer und bestellt Kaviar, Sekt und eine Schüssel mit Gras. In »Was ist ein Aphrodisiakum?« spielt er einen Hofnarren, der sich verzweifelt bemüht, den Keuschheitsgürtel der Königin, die er sich vermittels eines Liebestrankes gefügig machte, mit Stemmeisen und Hellebarde aufzubrechen. Aber er muß sich beeilen, denn »gleich kommt die Renaissance, und da müssen wir alle malen«. Unnötig zu sagen, daß ihm zum Thema der »Frigidität der Frau und was man dagegen tun kann« zum Entzükken eines Publikums, das mit ähnlichen Problemen zu ringen scheint, die unwahrscheinlichsten Situationen eingefallen sind.

Dies alles, so witzig es auch sein mag, ist jedoch nur Vorspiel zu jenem letzten, tödlichen Anschlag auf Dr. Reuben, dessen tiefsinnige

Betrachtung »Wie entsteht eine Ejakulation?« am Beispiel eines Raketenabschusses auf Kap Kennedy vordemonstriert wird. Von einem Kontrollturm, in dem unaufhörlich Signale von verschiedenen Organen und Nervenzentren eintreffen, erfolgt der Countdown bis zu jenem kritischen »Go«, da die als Fallschirmspringer verkleideten Spermen sich in den Weltenraum stürzen – unter ihnen Woody Allen, der nicht ohne Bangen dem unabwendbaren Ereignis entgegenblickte.

Ein Einfall, der vom Komischen ins Kosmische wächst und eben dadurch der Gefahr eines Abgleitens in die Bereiche praktizierter Pornographie entgeht. Woody Allens Film hat den Charme und die Originalität einer Entdeckungsfahrt in neue, bisher unerschlossene Gebiete.

(1972)

Draculas Tochter

Valeska Gerts »Katze von Kampen«

Aus den Notizbüchern eines Genies, dem man ein Denkmal setzen sollte, womöglich aus Rindertalg, denn Valeska liebt das Beständige nicht.

Sie ist die Erfinderin des modenen Grotesktanzes gewesen, damals, kurz nach dem Ersten Weltkrieg, als sie auf der Bühne stand und eine ganze Ästhetik auf den Kopf stellte. Sie hat Dinge getan, die man für unmöglich hielt – damals! Ihre »Kanaille« war getanzter Freud; im «Zirkus« war sie Pferd und Reiter zugleich, Dompteur und Bestie. Im »Baby« hielt die Amme sich selbst auf dem Arm und krähte. Ihr »Japanisches Theater« war eine Studie in phonetischer Unverständlichkeit und als solche ein darstellerisches Wunder.

Valeska hat vieles vorweggenommen, was sich seitdem auf dem Theater abgespielt hat: Artaud und Grotowski, absurdes, entfesseltes, »befreites« Theater; auch die »Publikumsbeteiligung«, auf die man sich heute im Bereich des »Off-Broadway« soviel einbildet, ist von ihr erfunden worden. In den Lemurenkellern, die sie in New York und Provincetown und, nach ihrer Rückkehr, in Berlin und Kampen aufmachte, ließ sie Leute auftreten, die noch nie auf einer Bühne gestanden hatten.

Sie hat auch den Kitsch und die Kolportage wiederentdeckt, als eine Art Antithese gegen die Ausweglosigkeit einer Kunst, die sich selbst konsumierte.

Sie war der Zeit immer um eine Nasenlänge voraus, und sie ist alles zugleich gewesen: Gretchen am Spinnrad und Draculas Tochter. Ihre Schwestern sind die Hexen aus »Macbeth«, ihre Brüder die Schwarzkünstler einer neuen Alchimie des Schöpferischen: Eisenstein (der sie verehrte), Fellini, der frühe Disney. Ihre große Liebe war der Schauspieler Aribert Wäscher, der einen langen, qualvollen Tod starb. Man lese nach, was sie darüber geschrieben hat. Es hat die grausige Einfachheit einer Dienstmädchenmoritat.

Ja, Valeska hat auch Bücher geschrieben, sofern man das, was sie zwischen zwei Pappdeckeln der Öffentlichkeit übergibt, noch ein Buch nennen kann. Es sind Montagen einer Gedankenflucht, sprunghaft und doch organisch gewachsen wie die Blüten an einem Kaktusbaum. Ihr letztes Buch heißt »Katze von Kampen«. Valeska erzählt von ihren Lastern und Abenteuern, von den Huren und Zuhältern, die sie bei sich beschäftigte, von ihrer berühmten Gulaschsuppe und von der Angst vor dem Tod, in die alle Kunst mündet. Um manches in diesem Buch möchte man sie beneiden, zum Beispiel um Sätze wie diese: »Ich nehme Pillen gegen die Vergeßlichkeit. Ich vergesse die Pillen zu nehmen und muß Pillen nehmen, damit ich die Pillen nicht vergesse.« Oder am Schluß: Während ich dies Buch schrieb, ist mir siebenmal das Essen angebrannt.«

André Malraux gab seiner Autobiographie den Titel »Anti-Memoiren«. Ähnlich könnte man Valeskas Buch ein »Anti-Erinnerungsbuch« nennen. Es straft eine Gattung Lügen, zu deren Gepflogenheiten es bisher gehörte, daß der Autor sich so vorteilhaft wie möglich präsentierte. Valeska aber läßt sich auf keinen Kompromiß mit dem Leser ein. Ihr Leben und Schreiben, ihr Tanzen und Trachten sind eine »permanente Revolution« gegen die Daseinslüge, die Schönfärberei, den Betrug an sich selbst und an anderen gewesen. Sie sagt, was sie denkt, und sie hat den Mut, das Häßliche schön und das Schöne häßlich zu finden. In ihrer Hexenküche gibt es keine falschen Gewichte. Der Sand, der durch ihr Stundenglas rieselt, ist authentisch. Das macht auch dieses kleine Buch mitunter groß. Was für eine Frau! Was für ein Leben, zwischen zwei Pappdeckel gepreßt!

(1974)

Schreiben – etwas Anrüchiges

Amerikanische Autoren lieben es nicht, über ihr Handwerk zu sprechen – sie geben sich nicht gern literarisch.

Hemingway, auf der Höhe seines Erfolges, verglich sich mit einem Boxer, der seinen »Titel« zu verteidigen habe.

John Scott Fitzgerald liebte die Welt des Geldes, in der er seine Romane und Kurzgeschichten ansiedelte, die verschwenderischen Allüren reicher Leute, die er poetisch verklärte, während er selbst aus den Schulden nicht herauskam.

Faulkner, der sich in der Rolle des Landedelmanns aus dem Süden gefiel, sprach mit Vorliebe von Futterpreisen und anderen landwirtschaftlichen Problemen, die ihn bedrängten, wenn er seinen Verleger um einen Vorschuß bat.

Anläßlich eines Besuches bei John Dos Passos in Provincetown Ende der fünfziger Jahre fiel mir auf, daß der Autor von »Manhattan Transfer« und »Der 42. Breitengrad« einer Diskussion über seine Werke geflissentlich auswich. Endlich, ein Teil der Gäste war bereits gegangen, hielt ich es für angebracht, ihm etwas über den Erfolg seiner Bücher im Deutschland der zwanziger Jahre zu erzählen.

Dos Passos, ein großer, liebenswürdiger Mann, der eher den Eindruck eines linkischen Schullehrers machte, errötete und wich, sichtlich aus der Fassung gebracht, vor mir zurück, während er ein verlegenes »Thank you, thank you very much« stammelte.

Woher die fast neurotische Abneigung des schreibenden Amerikaners gegen das, was er, ein wenig verächtlich, »shop talk« nennt, nämlich die Beschäftigung mit Dingen, die, so glaubt er, nur ihn allein etwas angehen und keinen anderen interessieren?

Einmal empfindet er sich als Außenseiter, der dem »American Way of Life« abtrünnig wurde und einen Weg einschlug, der ihn seinem ursprünglichen Milieu entfremdete. Dieses »Anderssein«, das ihn vor der Menge auszeichnet, kann aber auch sein demokratisches Gewissen belasten und ein soziales Schuldgefühl erzeugen, das er sich nur ungern eingesteht.

Hinzu kommt die ungeheure Weite und Größe des Landes. »Manchmal hat man das Gefühl, als ob hier nicht einmal Tiere gehaust hätten«, schrieb der Lyriker Theodore Roethke, der von deutschen Eltern abstammte, über seine Heimat Michigan. »Nichts als Sümpfe und leerer Raum, unmittelbar und erschreckend. Es ist eine wunderbare Schulung für den Geist. Es ist Amerika.«

Amerikanisch ist das Gefühl der eigenen Winzigkeit gegenüber dem Kolossalen, von Melvilles »Moby Dick« bis zu Hemingways »Der alte Mann und das Meer«. Soziologisch gesehen, entspricht es der Stellung des Schriftstellers in der amerikanischen Gesellschaft, in der er nicht vorgesehen war. Er fühlt sich isoliert und empfindet das Schreiben häufig als eine Art Laster, als etwas irgendwie Anrüchiges, Unerlaubtes, das in einer zweckbetonten Gesellschaft keine soziale Funktion hat.

In Europa haben ein André Gide oder ein Thomas Mann das geistige Gewissen der Nation mitgeformt. In Amerika sind es die Rockefellers und Carnegies, Aristokraten des Geldes und nicht des Geistes, die als »Image bildend« das öffentliche Bewußtsein beschäftigen, während die Hemingways und Faulkners als erfolgreiche Ausnahmefälle bestaunt werden.

Geld, um auch dies noch zu erwähnen, hat nach puritanischer Auffassung nicht nur einen materiellen, sondern auch einen ethisch-moralischen Symbolwert, als Belohnung für ein »gottgefälliges« Leben, reich an Arbeit und Mühe und Aufopferung für die Seinen. Infolgedessen fühlt sich mancher amerikanische Autor erst dann wirklich »anerkannt«, wenn er es auch in dieser Hinsicht mit »den anderen« aufnehmen kann.

Um das Ganze auf einen Nenner zu bringen: Es gibt zwar eine Literatur in Amerika, aber kein literarisches Leben. Die Schriftsteller kommunizieren kaum miteinander. Jeder ist sein eigener Kolumbus, der einen neuen Erdteil entdecken und den »American dream« literaturfähig machen muß. Es gibt keine literarische Tradition, an die sie anknüpfen, keine Kaffeehäuser, in denen sie ihre Angst vor dem leeren Raum auf Marmorplatten niederschreiben könnten.

Sie sind die Wortführer einer »Lonely Crowd«, die in ihren Werken die Prosa des amerikanischen Alltags und die Massenhaftigkeit der Gattung Mensch dichterisch artikulieren – jeder auf seine Weise und nicht selten mit dem Gefühl, etwas höchst Wichtiges, wenn auch vielleicht Zweckloses, zu schaffen, über das man lieber nicht sprechen sollte – noch nicht.

(1974)

Der radikale Schick

Amerikas satirischer Schriftsteller Tom Wolfe

Was trägt die elegante Frau zum bewaffneten Aufstand der Black Panther? Diese Frage, die zur Zeit New Yorks High-Society bewegt, beantwortet Tom Wolfe, Amerikas begabtester satirischer Schriftsteller, in einer Reportage in der Wochenschrift *New York*.

Anlaß hierzu gab ihm jene Party, die der berühmte Dirigent Leonard (»Lenny«) Bernstein zu Beginn des Jahres in seiner 13-Zimmer-Eigentumswohnung gegeben hatte. Zweck der Veranstaltung war es gewesen, Geld zu sammeln für 21 »Panther«, die angeklagt waren, fünf Warenhäuser, ein Polizeirevier, den botanischen Garten und noch einiges andere in die Luft sprengen zu wollen.

Die Affäre im Hause Bernstein hatte insgesamt zehntausend Dollar gekostet. Am nächsten Morgen war in der Society-Kolumne der *New York Times* ein maliziöser Bericht von Charlotte Curtis erschienen, und einige Tage später kam die *Times* in einem Editorial noch einmal auf die Angelegenheit zurück. Es gab Berichtigungen und Leserbriefe.

Eine ganze Reihe ähnlicher Partys, die rings um die Park Avenue geplant waren, wurde Hals über Kopf abgesagt, zumal die »Jewish Defense League«, im Hinblick auf die Anti-Israel-Politik der Black Panther, Boykottmaßnahmen gegen Bernstein und andere Veranstalter angedroht hatte. »Lenny« und seine reizvolle Frau Felicia sahen sich plötzlich einem Kreuzfeuer der Kritik ausgesetzt. William Buckley, Herausgeber der konservativen *National Revue*, nannte das Ganze ein Paradebeispiel für »den unheimlichen Masochismus des weißen Liberalen, der den Panther bittet, in seine Luxushöhle zu kommen und ihn zu verspeisen«.

Tom Wolfe gehört zu denen, die dabeigewesen waren. In seinem Augenzeugenbericht schildert er mit umwerfender Komik jene Mischung aus Snobismus und aufrichtiger Sympathie für die Unterdrückten, mit der man in gewissen Kreisen, aus Angst vor der Revolution, sich bei den Revolutionären beliebt machen möchte.

Er beschreibt die erlesenen Leckerbissen (»in zerstampften Nüssen gewälzte Roquefort-Kügelchen«), die man den geladenen Bombenlegern zur Besänftigung verabreicht, die Reden des Panther-»Feldmarschalls« Don Cox, der dem erlauchten Publikum sein Programm einer gewaltsamen Beseitigung der bestehenden Gesellschaftsordnung vortrug, und das darauffolgende Frage-und-Antwort-Spiel mit dem als

Salon-Hippie verkleideten Meisterdirigenten. Er beschreibt den nonchalant am Bechsteinflügel lehnenden Revolutionsredner mit dem wilden Afro-Schopf und die begeistert seine Worte wie »Tigermilch« schlürfende Society-Lady, die errötend gesteht, dies wäre der erste schwarze Panther, den sie in ihrem Leben kennengelernt habe...

Tom Wolfe ist sehr viel zum Thema eingefallen. Er erzählt, wie Amerikas Neureiche stets die Tendenz hatten, von sich reden zu machen, entweder indem sie sich philanthropisch betätigten, den Museen ihre kostbaren Kunstsammlungen vermachten oder die Metropolitan-Oper erbauten. Die Kehrseite dieses Strebens nach Unsterblichkeit war die »nostalgie de la boue«, die Sehnsucht nach der Nachtseite des Daseins, beispielsweise in den sechziger Jahren, wo man den Geschmack für das pittoresk Verwahrloste und sorgfältig Ungekämmte entdeckte. Es war die Zeit von Rock und Pop und Camp.

Dann begann sich das kulturelle Establishment für die Civil-Rights-Bewegung und die Anti-Vietnam-Kundgebung zu interessieren. Mit dem Wechsel in der Führungsschicht, von den Gemäßigten zu den Radikalen, von Martin Luther King und James Farmer zu Stokely Carmichael, Rap Brown, LeRoi Jones, Eldrige Cleaver, fanden die Black Panther Eingang in die Penthouse-Apartments von New Yorks vornehmer Eastside. Eine neue Mode war geboren worden, die sogar in die Spalten von *Vogue* eindrang, wo man für »soul food« und Yorouba-Haartrachten zu schwärmen begann und »schwarze Kochrezepte« für ratlose weiße Millionärsfrauen erfand.

Radikalismus wurde zum Dernier cri derjenigen, die glaubten, sie könnten ihre Haut retten, indem sie die Schutzfärbung der anderen annahmen, die sie fürchteten. Man veranstaltete Partys für die irische Rebellin Bernadette Devlin für die streikenden Traubenpfücker Kaliforniens, für die linksradikale Zeitschrift *Rampart* und sogar für jene seltsame Neugründung »Freunde der Erde«, die es Frauen verbot, Pelze von Tieren einer aussterbenden Gattung zu tragen, als da sind: Leoparden, Polarbären, Ottern, Alligatoren und Berglöwen. Die einzige Entschuldigung, die man gelten ließ, wenn man eine Lady mit einem verbotenen Pelz ertappte, war, daß sie das Tier selbst geschossen und aufgegessen hätte. Tom Wolfes Untersuchung über den »radikalen Schick« läßt, bei aller Besorgnis um den derzeitigen Stand des sonst so gerühmten amerikanischen »Common sense«, dennoch eines erkennen: nämlich wie schnell hier radikale Bewegungen der gesellschaftlichen Gesamterfahrung einverleibt werden.

(1976)

New York – Tübingen
1987 – 1991

Inge Mahn oder »Die Welt des Als-ob«

Inge Mahn, geb. 1943, gehört einer Generation an, die gewillt ist, nichts mehr als gegeben hinzunehmen. Ideen, Menschen, Institutionen haben allzuoft ihre Fragwürdigkeit bewiesen. Begriffe, von denen man annahm, sie wären für immer da, sind austauschbar geworden: Leicht und schwer, fest und flüssig, wichtig und unwichtig. An die Stelle von Tellern aus kostbarem Porzellan, von denen noch unsere Eltern und Großeltern aßen, von schweren silbernen Bestecken, von Pokalen aus edelstem Glas sind Pappteller, Plastikbecher und Plastikbestecke einer Wegwerfkultur getreten, in der nichts mehr das ist, was es zu sein vorgibt. Die Dinge haben einen provisorischen Charakter angenommen, der jeden Augenblick wieder rückgängig gemacht werden kann. Verlorengegangen ist das Authentische, das Einmalige und Einzigartige, kurz, die Aura, wie Walter Benjamin es nannte. Verlorengegangen ist auch der Glaube an den Fortbestand des Bestehenden, das Wort »Ersatz« beherrscht die Stunde, alles ist ersetzbar geworden, auch der Mensch selber.

Inge Mahns Installationen sind Indizien einer verunsicherten Welt. Die Dinge haben begonnen, über sich selbst nachzudenken, an sich selbst zu zweifeln und an ihrer Bestimmung. Sie schweben dahin in einer Identitätskrise, zwischen einem Nicht-mehr und einem Noch-nicht, zwischen vorindustrieller Lauterkeit und technologischer »Verruchtheit«. Dabei kommt es zu spaßigen Kapriolen, scherzhaften Versuchen, über die Stränge zu schlagen, sich selbst zu übertölpeln, sich über seine eigenen Möglichkeiten hinwegzutäuschen, sie Funktionen zuzumuten, die unter normalen Umständen als ungehörig, wenn nicht absurd und undenkbar gegolten hätten. Säulen sind nicht mehr dazu da, etwas zu tragen und müssen aufgehängt werden. Gegenstände verlieren ihre Schwerkraft und benehmen sich gewichtslos wie in einem Raumschiff. Eine Treppe weiß plötzlich nicht mehr, wohin sie gehen soll und besinnt sich einen Augenblick, bevor sie abbiegt und eine Stufe vor die andere setzt. Ein Schminktisch verwandelt sich in einen Flügelaltar oder umgekehrt, ein Stuhl sitzt seitwärts auf einem anderen wie auf dem Schoß einer Geliebten. Eine auf den Kopf gestellte Welt tut so, als ob nichts geschehen wäre, gibt dir scheinheilig die Hand und lacht sich ins Fäustchen, weil du nicht gemerkt hast, daß es keine Hand war, sondern etwas ganz anderes. Fast scheint es, als ob man sich über dich lustigmachen wollte, doch steckt etwas viel Tieferes hinter diesem Versteckspiel, etwas Arabeskes, aus der Bahn Geworfenes, beim Wort Genommenes. Man denkt an die Galgenlieder eines Christian Morgenstern, wo Assoziationen, Abkürzungen, Satzzeichen sich selbständig machen und ein sprachliches Eigenleben beginnen. Oder an die »verkehrte Welt«, ein Lieblingsthema der Romantischen Schule, an Wilhelm Tiecks Pferd, das den Reiter reitet und an den Wein, der den Trinker trinkt. Die Auswechselbarkeit von Subjekt und Objekt, von Ursache und Wirkung, von Satz und Gegensatz – auch dies gehört zu jener Dialektik der Freiheit, um die es hier geht. Eine Litfaßsäule bekommt plötzlich Füße und möchte davonlaufen, Dinge werden vermenschlicht und Menschen werden zu Dingen und verschmelzen miteinander wie die zu Säulen erstarrten, gesichtslosen Wachposten, die eine mit Torten bedeckte, menschenleere Hochzeitstafel umstehen, betitelt »Das Mahnmahl«.

Inge Mahn ist einem Geheimnis auf die Spur gekommen. Ein Kind beugt sich lächelnd, verwundert über das, was ist, und fragt sich, warum es so ist und nicht anders, z. B. warum das Wasser abwärts fließt und nicht aufwärts, warum der Mensch auf zwei Beinen geht, warum alles, was geschieht, eine Ursache haben muß, eins plus eins zwei ist und nicht drei oder sieben. Kann man nicht diese ewig sich wiederholende Kausalität, die man Leben nennt, einmal unterbrechen? Kann man nicht durch ein paar kleine unauffällige Schreibfehler die Schönschrift des Normalen, Geläufigen, Bekannten, allzu Bekannten sabotieren, ein paar Sandkörner in die ach so geölte Maschine streuen? Warum nicht einmal Aphorismen aus Gips, Holz und Metall komponieren und zu Skulpturen einer Zeit ernennen, die ihren Weg verloren hat wie jener endlose rote Teppich, eine der geistreichsten Improvisationen aus der Werkstatt Inge Mahns, auf seiner einsamen Wanderung in Erwartung der Würdenträger, die ihn irgendwann, irgendwo beschreiten werden.

Der Amerikaner Thornton Wilder hat in »Our Town« ein Theater ohne Requisiten kreiert. Er zeigte die Menschen ohne die Dinge, die zu ihnen gehörten. Er zeigte nur das, was sie mit ihnen taten. Die Welt, in der sie lebten, war nur angedeutet; wichtig war nur der Mensch, nicht sein Mobiliar. Inge Mahn zeigt nur das Mobiliar und überläßt es dem Beschauer, sich den Menschen hinzuzudenken, irgendeinen, dich, mich, uns alle. Sie zeigt die Gipsabdrücke seines Erdendaseins, das in dieser kalkweiß getünchten Schneelandschaft schon Vergangenheit geworden zu sein scheint, vergessene Geschichte.

Inge Mahn schreibt eine Handschrift, die vor allem jene lesen können, die viel mit sich allein sind, eine Klopfsprache an die Zellenwände einer individuellen Einzelhaft geschrieben, die den einen vom anderen trennt, poetische, übermütig hingeschmierte Lebenszeichen, die besagen wollen: Wir sind noch da. Wir machen uns bemerkbar. Wir bürsten gegen den Strich. Wir spucken euch in die Suppe. Wir fangen Mucken und spießen sie auf wie Schmetterlinge in der Sammlung unserer geflügelten Worte, die wir auffliegen lassen wie Mückenschwärme, wann immer es uns paßt...

Inge Mahn – das ist die zur Kunst gewordene Fehlanzeige einer Gesellschaft, auf ihrer pathetischen Suche nach einem verlorengegangenen Zusammenhang.

(1990)

Man lebt immer »als ob«

Ein Gespräch mit Fritz J. Raddatz

FRITZ J. RADDATZ Sie haben vor fast drei Jahrzehnten Ihren Beitrag in Hermann Kestens Sammelband »Ich lebe nicht in der Bundesrepublik« mit dem Satz beendet: Vielleicht werde ich doch noch als ein lebenslänglicher Gast in die Bundesrepublik zurückkehren. Nun leben Sie hier. Was ist anders?

HANS SAHL Sie kommen in einem Augenblick zu mir, in dem ein Krieg begonnen hat. Das Meer brennt, die Vernichtungswaffen sind zielbereit aufgestellt. Ein Sechstel der Erde bietet den Anblick von Hunger, Chaos, Hoffnungslosigkeit, als Folge einer Lehre, die den Menschen soziale Gerechtigkeit versprach und eine klassenlose Gesellschaft. Und Sie fragen mich, wie ich Deutschland nach einer Abwesenheit von über fünfzig Jahren Exil finde? Ist das nicht eine Frage von gestern? Aber gut. Ich schrieb damals, daß ich nichts gegen die Bundesrepublik habe. Ich schrieb: »Ich bin ihr nicht gram. Ich teile nicht die allzu berechtigte Emigrantenfurcht, daß die Hand, die ich schüttele, die eines Mörders sein könnte – man kann auch anderswo Mörderhände schütteln, ohne es zu wissen.« Es gab also keine Berührungsangst. Aber ich war durch das Exil ein exterritorialer Mensch geworden, ein Gast in fremden Kulturen, hatte einen Pakt mit der Fremde geschlossen – ein Reisender zwischen Abfahrzeiten.

RADDATZ Da der Reisende jetzt angekommen ist – was ist fremd und was ist noch Heimat?

SAHL Beginnen wir mit der Sprache. Sie wissen, daß ich nie die These vertreten habe, ein Schriftsteller solle dem Volk aufs Maul schauen. Das soll er gerade nicht, und nicht einmal bei Gerhart Hauptmann reden die Leute wie in Wirklichkeit. Vieles, das heute gesprochen wird, ob im Bundestag oder in der Zeitung, scheint einem Fachjargon für Halbgebildete entnommen zu sein, die im 2. Semester aufgehört haben, Soziologie oder Psychologie zu studieren. Etwa die zu Tode strapazierten »Strukturen« oder die »Denkmodelle«, an die man sich halten oder nicht halten soll. Ja, Mißtrauen gegenüber der Sprache, das begann schon, wenn die Eltern sich zankten. Dann, im Ersten Weltkrieg, Siegesfeiern in der Schule, Frontgeist, Verlustlisten, dann der Zusammenbruch. Der große Spracherzieher Karl Kraus, der uns lehrte, die Sprache zu durchschauen, die Lüge, den Mißbrauch der Sprache als einem Instrument der Massenbeherrschung im totalitären Staat. »Umsiedlung« für KZ und »Endlösung« für Auschwitz und so weiter und so weiter.

RADDATZ Darf ich Sie hier unterbrechen und auf etwas zurückkommen, das Sie am Anfang sagten, nämlich, daß ich in einem Augenblick zu Ihnen komme, in dem ganz andere Probleme uns beschäftigen. Zum Beispiel der Krieg am Golf. Sie wissen, daß man den Deutschen vorwirft, sie wollten sich heraushalten, daß sie nicht mitmachen, ja, daß sie gegen den Krieg protestieren. Was halten Sie davon?

SAHL Ich verstehe, daß es junge Menschen gibt, gerade in Deutschland, die den Krieg verabscheuen. Aus guten Gründen. Aber ich erinnere mich auch, daß wir, die wir die Welt vor Hitler warnen wollten, verzweifelten, als 1938 der »Friede von München« ausbrach, was zur Folge hatte, daß der Krieg, der unabwendbar war, nur noch furchtbarer wurde. Vergessen Sie nicht, daß ich einer Generation angehöre, die mit der Parole »Nie wieder Krieg« aufwuchs. Ich war sechzehn Jahre alt, als Kurt Tucholsky alias Ignaz Wrobel auf den Stufen des Alten Museums in Berlin, gegenüber dem königlichen Schloß, die Republik ausrief. Ich ging noch zur Schule, wir gründeten Schülerräte und sagten dem Lehrer, er müsse anklopfen, bevor er ins Klassenzimmer kommt. Es war die Zeit, da man Offizieren auf den Straßen die Achselstücke abriß und Arbeiter auf Lastwagen mit Maschinengewehren und roten Fahnen durch die Stadt fuhren. Neben mir auf der Schulbank saß Hermann Budzislawski, der später im Exil die *Weltbühne* herausgeben sollte und nach dem Krieg in die DDR ging. Er war der erste, der uns von einem gewissen Karl Marx erzählt hatte, den wir unbedingt lesen müßten. Budzislawski trug schon damals eine Nickelbrille, war immer der erste, was wir ihm verübelten, und behauptete, bei Marx gelesen zu haben, wie Kriege entstehen. Nämlich durch den Kampf der kapitalistischen Mächte um neue Absatzmärkte. Und wenn es keinen Kapitalismus mehr gäbe, dann gäbe es auch keine Kriege mehr. Es war diese Simplifizierung der Geschichte, die dazu führte, daß Menschen der Generation vor mir, die den Krieg an der Front erlebt hatten, über den Pazifismus zum Marxismus und Kommunismus kamen. Was sie jedoch viele Jahre später nicht hinderte, *für* den Krieg gegen Hitler zu sein. Es gibt also so etwas wie einen »gerechten« Krieg. Das Problem ist nur, wer darüber entscheidet, wann ein Krieg »gerecht« ist oder nicht. – Mit anderen Worten: *Wann* in der Geschichte Gewalt angewandt werden muß, um eine größere zu verhindern. Albert Camus hat die Frage aufgeworfen, ob die Französische Revolution die Opfer, die sie kostete, gelohnt hat. Ich glaube, die Frage müßte anders gestellt werden: Lohnt es sich noch, für den Menschen zu sein, nachdem er uns schon so lange enttäuscht hat?

RADDATZ Lassen Sie mich da einhaken, ich möchte etwas gliedern. Wenn ich das, was Sie schrieben, richtig verstanden habe, war das schmerzliche Erlebnis für Sie nicht nur das Exil, sondern auch der Bruch mit einer Linken, der Sie einmal angehört hatten. Ich möchte mehr hören über jene doppelte Entwurzelung, einer aufgezwungenen und einer freiwilligen, die Sie geprägt hat.

SAHL Sie wissen bereits, daß ich einer Generation angehöre, die da glaubte, an der Verwirklichung des Sozialismus, zunächst in einem Lande, teilzunehmen. Die Zeit der Russenfilme. »Panzerkreuzer Potemkin«, »Aufstand der Matrosen von Kronstadt«, ekstatische Schreie, die Anthologie expressionistischer Lyrik »Menschheitsdämmerung« von Kurt Pinthus, Ernst Tollers Stück »Die Wandlung« mit der unvergeßlichen Szene der im Eisenbahnzug an die Front beförderten Soldaten: »Ewig fahren wir, ewig fahren wir«. Wir lasen Lenin und Trotzki, die Schriften der »Klassiker«, um mit Brecht zu sprechen. Später, als wir selber zu schreiben anfingen, versuchten wir das, woran wir glaubten, in die bürgerliche Presse einzuschmuggeln. Wir wurden subversiv und waren stolz darauf. Wir sprachen von »Fortschritt« und meinten die Diktatur des Proletariats. Wir sprachen von einer Gesellschaft, in der es keine »Unterdrückung des Menschen durch den Menschen« mehr geben würde und schafften im Namen der Toleranz diese ab. Damals begann die große Lüge, die wir für die große Wahrheit hielten. »Wo gehobelt wird, da fallen Späne«, das hat dann, viel später, ein anderer Weltverschlechterer, Hermann Göring, als Rechtfertigung für die Untaten der Nazis verkündet.

RADDATZ Charakteristisch für Ihre Position scheinen mir die Titel, die Sie ihren Büchern gaben: »Die Wenigen und die Vielen« und »Das Exil im Exil«. Da meldet sich einer, der den Widerspruch, die Abweichung, die Verweigerung zum Prinzip erhoben hat, und dies in einem Augenblick, in dem man es sich nicht leisten konnte, in dem es galt, die nackte Haut zu retten, in der Menge zu verschwinden, über Grenzen und Länder hinweg, mitzulaufen mit dem Haufen.

SAHL Es muß endlich einmal zur Kenntnis genommen werden, auch in der BRD, daß es eine nichtmarxistische, antikommunistische Emigration gab. Als seien Nichtsozialisten wie Alfred Döblin, Kommunisten, die mit der Partei gebrochen hatten, wie Gustav Regler (wenig später auch Manès Sperber) oder liberale Konservative wie Leopold Schwarzschild weniger Antifaschisten, weniger Emigranten gewesen als die Kisch, Seghers oder Brecht. Ist der Royalist Joseph Roth weniger Jude, weniger Schriftsteller, weniger antifaschistischer Emigrant als Walter Hasenclever; ist Klaus Mann oder Hermann Kesten oder Walter Mehring unbedeutender als Stephan Hermlin?

RADDATZ Sie haben damals in Paris, 1937, gemeinsam mit Leopold Schwarzschild, Konrad Heiden, Alfred Döblin, Klaus Mann, Walter Mehring und einem Dutzend anderer Autoren den Verband »Freie Presse und Literatur« gegründet, nachdem auf Weisung von Moskau der »Schutzverband deutscher Schriftsteller im Exil« der Öffentlichkeit mitteilen sollte, Schwarzschild wäre mitsamt seinem *Tage-Buch* von Goebbels aufgekauft worden. Was war geschehen? Was hatte das Politbüro veranlaßt, Schwarzschild unschädlich zu machen?

SAHL Er hatte im *Tage-Buch* den Versuch unternommen, die Moskauer Prozesse als das zu entlarven, was sie wirklich waren: Schauprozesse, mit denen Stalin seine politischen Gegner erledigen wollte. Da mußte etwas geschehen. Der Schutzverband hatte die Unvorsichtigkeit begangen, mich in seinen Vorstand zu wählen, und nun sollte ich eine Erklärung unterschreiben, die bereits von Anna Seghers, Kisch, Sperber und anderen unterschrieben worden war, des Inhalts, daß Schwarzschild und so weiter, und so weiter. Ich machte nicht mit, ich stieg aus. Ich nahm meinen Hut und ging, was zur Folge hatte, daß die Erklärung niemals veröffentlicht werden konnte, da sie laut Statut einstimmig angenommen werden mußte.

RADDATZ Ich kann mir vorstellen, und das geht ja auch aus Ihren Memoiren hervor, wie schwer es Ihnen gefallen ist, sich von Freunden zu trennen, die Sie schätzten, ja sogar bewunderten, von Weggenossen, um nicht zu sagen Parteigenossen, denn in der Partei waren Sie ja nie, auf der Flucht in Ihrem Fall nicht nur vor der Gestapo, sondern schlimmstenfalls auch vor dem NKWD. Sie waren ja nun ein Abtrünniger, ein »Nein-Sager«, wie in Brechts Lehrstück, einer, der die konspirative Arbeit der Partei gefährdet, weil er seinem Mitgefühl für die Unterdrückten allzu deutlich Ausdruck verleiht und deshalb durch einen Genickschuß liquidiert und in die Kalkgrube geschmissen werden muß... Und da wir gerade von Brecht sprechen: Wie hat er sich damals Ihnen gegenüber verhalten?

SAHL Er war damals nicht in Paris, sondern in Dänemark. Aber auch, wenn er in Paris gewesen wäre, er hätte sich nicht eingemischt. Brecht, nun ja, der große Rattenfänger mit der totalitären Flöte. Er hat die Poesie entpoetisiert, gegen den Strich gebürstet, er hat ihr die Fettaugen abgeschöpft und die Suppe über Nacht in den Kühlschrank gestellt. Er hat uns alle damals fasziniert, in den zwanziger Jahren. Seine Verse waren knochig, mager, wie er selber, seine Augen stechend. Er war ein großer Aufklärer, so schien es uns damals. Aber die Zeit hat ihn widerlegt. Er gehörte zu jenen elitären Intellektuellen, die sich proletarisch gebärdeten, um nicht erkannt zu werden, einer von jenen Bürgersöhnen, die nicht müde wurden, sich über ein »Kleinbürgertum« lustig zu machen, das sich sein mühsam erarbeitetes Sparkonto von den Kommissaren des sozialen Fortschritts nicht nehmen lassen wollte.

RADDATZ Er hat einige der schönsten Gedichte der deutschen Sprache geschrieben. Sein Einfluß ist noch heute spürbar, auch bei Ihnen, vor allem in Ihren frühen Gedichten.

SAHL Zugegeben. Man mußte durch Brecht hindurch, um Baudelaire und Rilke zu vergessen, und man mußte Brecht vergessen, um zu sich selbst zu kommen. Das habe ich versucht, in eben jenem Chorwerk, »Jemand«, das 1938 in Zürich herauskam. Es war zugleich ein Dank und ein Abschied – ein Dank an Brecht und ein Abschied von dem, was er für mich einmal bedeutet hatte.

RADDATZ Wir sind aus dem Geschichtsabschnitt, für den Hans Sahl der Chronist ist, in die Gegenwart gesprungen – für die Hans Sahl der Zeitgenosse ist. Verzeihen Sie, wenn ich da etwas bohre. Mich interessiert ganz unmittelbar die durch den DDR-Umbruch aktuelle Frage nach diesem seltsamen, schwer zu analysierenden

Amalgam aus Gläubigkeit, Feigheit, Anstand, List, Duckmäuserei; ich finde die Grenze zwischen Ehrlichkeit und Mogelei – und zwar intellektuell wie moralisch – oft kaum mehr erkennbar: sei es bei einem Lyriker oder einem Literaturwissenschaftler, einem Romancier oder einem Maler.

SAHL Es scheint in dieser Debatte über oder gegen die DDR-Intellektuellen wiederum darum zu gehen, eine Schuld zu verdrängen, die nicht zuletzt Teil einer bis heute noch unerforschten politischen Massensuggestion war.

RADDATZ Aber ist nicht verständlich, daß etwa ein honoriger Mann wie Stefan Heym sich wehrt, auch innerlich aufbäumt dagegen, sein ganzes Leben auf den Sperrmüll zu werfen?

SAHL Es ist nicht leicht, sich einzugestehen, daß man sein Leben und seine Existenz auf einem Irrtum aufgebaut hat. Noch schwerer, die Konsequenzen aus einer solchen Gewissensbefragung zu ziehen und freiwillig eine Gemeinschaft zu verlassen, die dem einzelnen Schutz vor der individuellen Vereinsamung anbot. Auch viele Linke oder Konservative der öffentlichen Meinung müssen sich heute fragen lassen: Wie kam es, daß man nach 1945 nicht jene Schriftsteller aus dem Exil zurückrief, die den Verlockungen des Politbüros und den damit verbundenen Massenauflagen widerstanden. Warum fand Alfred Döblins Roman »November 1918« so wenig Echo bei seinem Erscheinen? Lag es vielleicht daran, daß er eine damals nicht erlaubte Kritik an der Linken übte? Warum fand Schwarzschilds Buch über Karl Marx, »Der rote Preuße«, so wenig Echo nach dem Ende der Hitler-Herrschaft, wo er doch nicht müde geworden war, die Weltöffentlichkeit früh zu warnen? Warum starb Walter Mehring, dieser geistvollste unter den Sängern einer sterbenden Republik, diese apokalyptische Spitzmaus mit den spitzen unerbittlichen Zähnen, beinahe anonym in einem Züricher Altersheim?

RADDATZ Einspruch, Euer Ehren. Das war bestimmt nicht das Werk einer linken Camarilla – es gab aus vielen Gründen (die auszuführen hier zu weit ginge) keine Leser-Akzeptanz. Ich war selber in einem großen Verlag verantwortlich für solche gescheiterten Versuche: ob Traven oder Kisch, Anna Seghers oder Heinrich Mann, Mehring oder Walter Hasenclever – wir druckten es, aber niemand kaufte es.

SAHL Wir wollen uns doch auch nichts vormachen. Die Linke in der Bundesrepublik hat bis jetzt, bis vor einem Jahr, mit der ideologischen Struktur der DDR sympathisiert und hat die Bundesrepublik politisch denunziert, verachtet und die DDR und ihre Literatur als vorbildlich antifaschistisch dargestellt. Da gehörte ich natürlich nicht hinein.

RADDATZ Nun möchte ich – vielleicht vor allem mich selber – vor einer Art posttotalitärem Hochmut warnen. Nicht nur abstrakt »der Kommunismus«, auch konkret »die Kommunisten« hatten schließlich ein historisches Recht auf ihrer Seite. Die Neigung, nicht nur das Kind mit dem Bade auszuschütten, sondern gleich gar kein Kind reinzusetzen, ist mir fatal. Deswegen habe ich auch Schwierigkeiten mit Ihrem – etwas nach »Auserwähltsein« klingenden – Begriff »die Wenigen und die Vielen«. Die Wenigen sind doch immer Teil der Vielen. Wer sind denn die – etwa schuldlosen? – Wenigen?

SAHL Die Wenigen, entschuldigen Sie, sind eben die, die aus irgendeinem Vorstand ausgetreten sind, die Wenigen sind eben die, die gesehen haben, die Vorteile, die ich hatte, auch der Profit, ich gebe sie preis, weil ich eingesehen habe, es ist ein falscher Weg gewesen. Das sind die Wenigen. Die Vielen würden sagen: Okay, ich mache mit, ich muß ja, es geht ja nicht anders. Es kommt eben immmer nur auf die Wenigen an.

RADDATZ Ist es nicht dennoch verständlich, daß manch einer von den Vielen es nicht vermag, sich öffentlich bloßzustellen, anzuklagen, zu verteidigen? Vor Jahren saß einer der prominentesten Schriftsteller der DDR bei mir und sagte: »Das ist nicht mehr meine Partei.« Er blieb dennoch drin – und würde dasselbe heute, öffentlich, um keinen Preis sagen. Ich schwanke da selber – mal finde ich das anständig, mal verlogen. So verstehe ich Stefan Heyms Trotz-Plädoyer für irgendeinen besseren Sozialismus nicht – habe aber zugleich Respekt vor seiner Integrität.

SAHL Ja. Ich gebe Ihnen zwei andere Beispiele: Daß Stephan Hermlin einen Brief an Honecker geschrieben hat, beinahe würde ich sagen: als Kavalier, eine Geste gegenüber dem Gefallenen, schätze ich. Socialism begins at home – das ist eine mitmenschliche Geste. Honecker hat nicht mehr die Macht. Also der Brief ist ein persönliches Bekenntnis zu einem Menschen, dem es sehr, sehr schlecht geht. Das finde ich eigentlich sehr schön. Oder nehmen wir Hans Mayer, den Literarhistoriker. Er hat öffentlich geschrieben: Ich bin noch Marxist. Das finde ich anständig, daß er den Mut hat zu sagen, ich stehe dazu. Obwohl ich gar nicht übereinstimme mit ihm. Worauf es mir ankommt, ist die Identität von Werk und Autor. Das halte ich für sehr wichtig, daß sie zusammenbleiben.

RADDATZ Ist das nicht ein bißchen sehr ideal, wenn nicht idealistisch? Wir kennen ja genug Beispiele aus der gesamten Weltkultur, wo Werk und Person weit auseinanderklaffen. Picasso war gewiß kein Liebchen, und Brecht war sogar ziemlich mies. Die Reihe wäre lang.

SAHL Nein, so einfach ist es nicht.

RADDATZ Und die Bilder von Picasso?

SAHL Von einem bestimmten Moment an interessieren mich auch die Bilder nicht mehr. In dem Augenblick, wo ein Sechstel der Erde verhungert, in Trümmern liegt, wo der Mensch zu Ende geht – die schönen Bilder interessieren mich nicht mehr. Ich bin daran interessiert, daß die Menschen am Leben bleiben. Ich habe das Recht zu sagen, ich will die Schönheit Picassos nicht mehr, wenn er das Elend mitverursacht hat. Was interessieren mich die angeblich schönen Gedichte von Brecht noch angesichts der Verbrechen in der DDR, die er mitdekorierte. Nein, es geht wirklich jetzt um das Letzte. Ich verzichte auf die schönen Gedichte. Ich verzichte auf die Gerechtigkeit in diesem Sinne, das ist keine Gerechtigkeit mehr, daß wir auf Kosten der Armen und der Beschädigten und der Vergewaltigten wegsehen und uns erbauen. Die Bilder können mir gestohlen bleiben. Ich möchte, daß einer ein Buch nimmt und sagt, es hilft mir zu überleben, das ist wichtiger als die Schönheit der Farben und Worte.

RADDATZ Wenn Sie sich selber beim Wort nehmen mit Ihren Gedichtzeilen ». . . überprüfe die Dringlichkeit / des Überlebenmüssens, / die Frist, die mir noch bleibt«, und wenn Sie Ihr Gedicht »Exil« auf den Hans Sahl von heute münzen: »Es ist so gar nichts mehr dazu zu sagen. / Der Staub verweht. / Ich habe meinen Kragen hochgeschlagen. / Es ist schon spät. / Die Winde kreischt. Sie haben ihn begraben. / Es ist so gar nichts mehr dazu zu sagen. / Zu spät.« – stellen Sie sich dann selber in Frage? Eines Ihrer Lieblingsmotti stammt von Montaigne: »Se méfier, c'est l'essence de la liberté.« Also, wo hält nun Hans Sahl heute als nicht mehr ganz junger Mann?

SAHL Als ganz alter Mann. Ich stelle mich nicht in Frage. Sondern ich erlebe das Seltsame, obwohl ich das nie wollte, daß ich schon Beispiel geworden bin für junge Leute. Das ist das Interessante, daß erstaunlicherweise junge Leute zu mir kommen und Antwort suchen.

RADDATZ Bloß, was geben Sie ihnen für eine Antwort, Sie wissen sie doch selber nicht?

SAHL Doch.

RADDATZ Welche?

SAHL Ja, ich kann jetzt nicht sagen, wie lange der Mensch existieren wird, das kann ich nicht wissen. Aber ich gebe ihnen die Antwort: keinen Ideologien vertrauen, keine Heilslehren. Geduld mit den Mitmenschen. Keine Rezepte, sondern selbst überprüfen, Schritt für Schritt. Hans Jonas …

RADDATZ Das Prinzip Verantwortung?

SAHL Ja, das Prinzip Verantwortung: Jeder einzelne ist verantwortlich für die Welt in jedem Augenblick.

RADDATZ Damit erklären Sie jeden einzelnen, der ja doch wiederum auch Teil der Masse ist, für verantwortbar, aber sind das die einzelnen Menschen?

SAHL Verantwortbar, das kann ich sehr schwer aufrechterhalten. Das gibt es ja gar nicht. Aber in seinem Bereich, seinem kleinsten Bereich die Verantwortung zu übernehmen, so wie die Biene ja auch doch die Verantwortung hat, daß sie den Honig in die Wabe zu tun hat, damit der ganze Korb lebt.

RADDATZ Diesem Appell liegt natürlich zugrunde ein gewisser Glaube daran, daß der Mensch doch ein vernunftbegabtes Wesen ist. Andererseits zieht sich durch Ihr Werk – ob Essays, Gedichte, Romane, Memoiren – ein schwarzer Faden des Pessimismus; den Satz »Etwas stimmt nicht mit den Menschen, bei der Evolution der Arten sind der Schöpfung einige schwerwiegende Konstruktionsfehler unterlaufen« finde ich in allen Ihren Büchern vielfach variiert.

SAHL Ich habe oft gesagt: Der Mensch kann nicht das Endziel der Schöpfung sein. Es stimmt – ich war stets sehr pessimistisch hinsichtlich des Menschen.

RADDATZ Schwer zu lösender Widerspruch: Einerseits sind Sie pessimistisch, andererseits: der Mensch zwar kein Vernunftwesen, aber lernfähig?

SAHL Es ist kein Triumph für mich zu sagen, der Mensch ist am Ende.

RADDATZ Triumph vielleicht nicht. Bitteres Resümee?

SAHL Es ist nicht so, daß ich glaube, die Vernunft wird die Welt retten. Nein, im Gegenteil, der Mensch hat es versucht – die Jahrhunderte hindurch; und es ist mißlungen. Aber immer wieder wurde der Versuch unternommen; aufs neue – mißlungen, aufs neue – mißlungen. Mit dem Endergebnis, daß heute Millionen Abels erschlagen werden und immer nur im Namen eines Gottes oder eines Propheten oder einer »Weltanschauung«.

RADDATZ Sie waren für die Wenigen, könnte es nicht doch sein, daß sie die Vielen retten werden?

SAHL Ich habe soeben die Aufsätze von zwei Autoren gelesen, die mich tief beeindruckten: Wolf Biermanns verzweifelt unpopuläres Plädoyer für den Krieg im Hinblick auf ein wieder vom Gastod bedrohtes Israel und Hans Magnus Enzensbergers Beitrag im *Spiegel*, der die Wiederholbarkeit eines atomaren Anschlags auf die Welt, möglicherweise von einem Wahnsinnigen, ins Auge faßt, dazu einige neue, fast wortlose Gedichte von ihm, in denen die Ohnmacht und Vergeblichkeit unseres Tuns und Lassens in dieser Zeit angesprochen wird. Biermann und Enzensberger, beide, haben jeden Provinzialismus, in dem unser Geistesleben zu versinken drohte, durchbrochen. Sie ließen etwas von jener Endzeitstimmung ahnen, derer wir uns aus Gründen der Selbsterhaltung zu erwehren versuchen. Sind wir wieder dort angelangt, wo vor dreihundert Jahren der große Thomas Hobbes endete, als er in seinem »Leviathan« den Satz niederschrieb: »Der Mensch ist des Menschen Wolf«? Hobbes war ein furchtsamer Mann, er sah in jedem andern bereits einen, seinen, potentiellen Mörder. Er nahm bereits Nietzsche und Darwin und Freud vorweg, indem er den Menschen als ein von unkontrollierten Trieben, von Habsucht, Machtgier, unbefriedigten Begierden beherrschtes Geschöpf definierte und die Menschheit selber als einen »Krieg aller gegen alle«. Was ihm statt dessen vorschwebte, war ein Staat, der die Menschen davor bewahren sollte, einander umzubringen, ein Ideal, das jedoch in unserem Zeitalter der Verfolgung und Vernichtung des Menschen durch den totalitären Staat aufs grausamste widerlegt werden sollte. Hobbes war ein friedliebender Mensch, der in eine Zeit des Schrekkens, der Bürger- und Religionskriege hineingeboren wurde. Nachts, wenn er im Bett lag, hinter fest verriegelten Türen, hörte man ihn laut vor sich hinsingen.

RADDATZ Warum sang Thomas Hobbes? Was meinen Sie?

SAHL Er sang, um zu sagen: Ich lebe noch, ich bin noch da. Und solange ich lebe, wird es Mord und Irrtum und Niedertracht geben, aber ich werde nicht aufhören zu singen.

RADDATZ Selbst Ihre Negativbefunde haben noch einen Appellcharakter. Also hoffen ohne Hoffnung? Singen, obwohl kaum noch jemand zuhört? Weitermachen, in Bitterkeit? Das klingt nach »leben als ob«.

SAHL Man lebt immer »als ob«.

Editorische Nachbemerkung

Diese erste Sammlung von Kritiken und Essays kann aufgrund der sich noch in den Anfängen befindenden Hans-Sahl-Forschung in mehrerer Hinsicht nur vorläufig sein. Weder der Autor noch die Germanistik verfügen über eine auch nur annähernd vollständige Übersicht über die von Sahl in mehr als sechs Jahrzehnten veröffentlichten Kritiken. Diese vorliegende Auswahl verdankt sich, die voramerikanische Zeit Sahls betreffend, der Quellenrecherche von Gregor Ackermann, Aachen, und der Vorauswahl des Autors mit freundlicher Unterstützung von Herrn Wolfgang Swobodnik. Es war nicht immer leicht, aus der Fülle der zur Verfügung stehenden Artikel, die ihrerseits nur einen Bruchteil der von Hans Sahl veröffentlichten journalistischen Arbeiten darstellen, auszuwählen. Autor und Herausgeber war es wichtig, die enorme thematische Vielfalt der Kritiken, Essays und Porträts zu dokumentieren. Seine Kritiken und Besprechungen beziehen sich auf fast alle Genres des modernen kulturellen Lebens, wie Film- und Theaterpremieren, Kunstausstellungen, Neuerscheinungen belletristischer Bücher, Tanzaufführungen, selbst die Musikkritik streifte sein Interesse.

Zudem sollte bei einem ersten Auswahlband auch die enorme zeitliche Spanne von 1925 bis heute einigermaßen proportional berücksichtigt werden. Unübersehbar drückt sich, auch in den für den Tag geschriebenen Arbeiten des Autors, eine über sechs Jahrzehnte währende Zeitzeugenschaft aus, die selbst den entlegensten Themen noch den Stempel der moralischen und intellektuellen Persönlichkeit Hans Sahls aufdrückt. Gegenstände und Themen der Kritik, die heute nicht mehr als allgemein bekannt vorausgesetzt werden können, wie beispielsweise die besprochenen Autoren und Bücher der »Klassiker der Leihbibliothek«, erfahren in der Rückschau eine überaus zeittypische Dimension, so daß uns nähere Nachweise nicht sinnvoll erschienen. Nur in ganz wenigen Ausnahmefällen ergänzen kurze Fußnoten des Autors oder Herausgebers die zeitgenössischen Artikel. Bei der Auswahl haben wir uns in Zweifelsfällen meist für die Kritik entschieden, deren Personen und Gegenstände heute geläufig sind, die aber zum Zeitpunkt der Erstveröffentlichung in vielen Fällen noch nicht auf breiterer Basis anerkannt und durchgesetzt waren. In ganz wenigen Fällen hat der Autor vor der Wiederveröffentlichung seine Artikel behutsam gekürzt beziehungsweise bearbeitet. Dabei ging es ihm in erster Linie um eine bessere Akzentuierung zeitgenössischer Kritiken, die den heutigen Lesern den Zugang zu den behandelten Themen und Personen erleichtern soll. Hans Sahls in den fünfziger Jahren in der *Neuen Zürcher Zeitung* erschienenen Artikel sind dort häufig unter der Sachrubrik »Theater in New York« oder »Kunst in New York« veröffentlicht worden. Zudem sind von den Redaktionen in einigen Fällen auch seine Beiträge sinnentstellend gekürzt worden. Dies wollte der Autor rückgängig machen.

Von den in Zeitungen und Zeitschriften veröffentlichten Artikeln lagen uns in der Regel nur die Druckfassungen vor. Offensichtliche Druckfehler haben wir ausgebessert, die Schreibweise sach-, orts- und personenbezogener Eigennamen angeglichen.

Trotz quelleneditorischer Sorgfalt ließen sich einige wenige Artikel nicht einwandfrei datieren. Dem Wunsch des Autors und des Verlages entsprechend, die Essays und Kritiken so schnell, wie möglich in einer erschwinglichen Ausgabe zur Entdeckung freizugeben, haben wir den Umfang dieser Ausgabe begrenzt halten müssen. Daß sich Autor und Herausgeber an manchen Stellen diesen oder jenen Artikel noch ergänzend hinzugewünscht hätten, liegt in der Natur der Sache, war aber aus den erwähnten Gründen nicht immer realisierbar. Wenn auch Auswahl und Gliederung vom Autor und Herausgeber gemeinsam vorgenommen wurden, liegt doch die letztendliche Verantwortung für die Auswahl beim Herausgeber.

K. B.

Nachwort
von Klaus Blanc

Als im Sommer 1926 in dem bekannten Berliner Künstlerlokal Schwannecke Leonhard Frank und Egon Erwin Kisch Hans Sahl stürmisch für seine soeben in Stefan Grossmanns *Tage-Buch* erschienenen Analysen über »Die Klassiker der Leihbibliothek« feierten, gehörte der bis dahin unbekannte 24jährige Publizist schlagartig zur ersten Garnitur der Berliner Kulturkritik. Wer war dieser Hans Sahl, der den von ihm als »feingliedrigen Symbolfresser« verspotteten Literaturbetrieb aufschreckte, indem er die »Kitschschmöcker des kleinen Mannes« einer eingehenden, ebenso theoretisch genauen wie bissigen Kritik unterzog? Wie kam dieser Unbekannte dazu, die literarischen Debatten jener Jahre als »intellektualistisch aufgefärbtes Kunstmittelalter« abzuqualifizieren und sich der »unerbittlich gegenwärtigen Zeit« in Form des Massengeschmacks und seiner Mythologie zuzuwenden?

Hans Sahl, Kind eines jüdisch-großbürgerlichen Elternhauses, 1902 in Dresden geboren, kommt 1924 nach Studium und Promotion in die von vitaler Energie und hektischer Betriebsamkeit geprägte Reichsmetropole Berlin, wo Dutzende großer Zeitungen und unzählige Zeitschriftenredaktionen jungen Journalisten und Kritikern eine Existenzmöglichkeit versprechen. Nach wenigen Monaten schreibt Sahl auf Veranlassung Stefan Grossmanns seine erste Theaterkritik für den *Montag-Morgen*. In Sahls »Memoiren eines Moralisten« ist nachzulesen, wie er, der zunächst dem kranken Grossmann lediglich über die Uraufführung von Zuckmayers »Fröhlichen Weinberg« im Theater am Schiffbauerdamm zu berichten hatte, gleich eine druckreife Besprechung ablieferte, mit deren Veröffentlichung im Dezember 1925 Sahls Karriere als gefeierter wie gefürchteter Kunst- und Kulturkritiker seinen Anfang nahm. Nach dem Ausscheiden Axel Eggebrechts aus der Redaktion übernimmt Sahl die Position des Filmkritikers des *Montag-Morgen* und bespricht in rascher Folge das Berliner Premierenprogramm, die Konfektionsfilme der Ufa, den aufkommenden amerikanischen Trickfilm, die Filme Vigos, Stroheims und Lubitschs, ebenso wie die deutschnationalen Propagandafilme im historischen Kostüm. Seine in fröhlichem Florettstil, in knappen Sätzen eines unakademisch geschliffenen Deutschs abgefaßten Kritiken brachten ihm schnell den Ruf eines kompetenten und geachteten Filmspezialisten ein. Obwohl ökonomisch keineswegs zureichend abgesichert – er arbeitete wie viele seiner Kollegen auf Zeilenhonorar –, verschaffte sein Zugang zu den Spalten des *Montag-Morgen,* wie zu denen der bei der Intelligenz hoch angesehenen Wochenzeitschrift *Das Tage-Buch* ihm eine nicht unbeträchtliche kulturelle Machtposition.

1927 folgte Sahl einem Ruf Herbert Iherings und schrieb von nun an regelmäßig für den *Berliner Börsen-Courier* Buchkritiken.

Seine Vorliebe gilt den knapp und unpathetisch schreibenden Vertretern der literarischen Moderne: Hessel, Brecht, Anna Seghers und Hemingway. Die einzigartige Bedeutung Kafkas erschließt sich ihm auf Anhieb. Dessen »kristallklare Ordnung, die Traum ist und doch Realität«, ist der Weg und die Antwort, welcher in Sahls Augen der »ekstatisch verblutenden expressionistischen Generation« versagt blieb. Im Januar 1929 bereits feierte Sahl den Roman »Die Brücke von San Luis Rey« des in Deutschland noch völlig unbekannten Thornton Wilder als episches Meisterwerk. Seine Buchkritiken waren stets aus dem Blickwinkel des Schriftstellers geschrieben, als der er sich von Anfang an verstand. Das Etikett des Journalisten hatte er abgelehnt, sein einziger Versuch, eine Wahlkampfberichterstattung für den *Montag-Morgen,* endete nach seiner Schilderung kläglich. Die Grenzen zwischen Schriftstellern, Kritikern und Publizisten ließen sich aber in jenen Jahren kaum deutlich ziehen. War Sahl in seiner Berliner Zeit auch kein politischer Publizist im Sinne Ossietzkys oder Schwarzenbergs, so war er doch in seinen Kritiken jederzeit als politischer Autor mit einer radikal demokratischen Gesinnung kenntlich.

Unzählige Buch-, Film- und Theaterkritiken in wenigen Jahren belegen die atemlose Produktivität von Hans Sahl. Das kulturell interessierte Berlin scharte sich um seine Meinungsführer, die Besprechungen und Kritiken von Kerr, Arnheim, Ihering, Polgar, Haas und anderen, lösten häufig heftige weltanschauliche Fehden aus. In den Kritiken der Berliner Feuilletons spiegelte sich unverstellt die radikale gesellschaftliche Polarisierung, das aufgeladene Klima der politischen wie ideologischen Kämpfe dieser Jahre wider. Das Theater jener Zeit, schrieb Sahl später, war der Ort, wo Probleme, die alle angingen, behandelt wurden, »es war Ausdruck einer Zeit, die eine Antwort suchte«.

Seine so verheißungsvoll begonnene Karriere beendete der aufgezwungene Weg ins Exil 1933 abrupt. Noch wenige Tage vor der Machtübernahme der Nazis hatte ihm das *Berliner Tageblatt* die Nachfolge Alfred Kerrs als Theaterkritiker angeboten. Prag, Zürich, Paris waren die ersten Stationen seiner Flucht, bis er schließlich im

März 1941 in New York eine neue Heimat fand. Den Erfahrungen seiner Flucht hat er in seinen beiden Erinnerungsbänden »Memoiren eines Moralisten« und »Das Exil im Exil« eindrücklich Gestalt gegeben, ihre Kenntnis rückt das innere biografische Band der hier publizierten Essays und Kritiken in den Vordergrund. Bereits im Sommer 1933 setzt sich Sahl in Prag in zwei längeren Aufsätzen in Willi Schlamms *Neuer Weltbühne* wiederum mit dem, »was jetzt deutsche Kultur zu sein beansprucht«, auseinander. In »Die braune Leinwand« und »Das Dritte Reich des Films« zeigt Sahl die strukturellen wie ästhetischen Kontinuitäten des deutschen Films. Hatte er sieben Jahre zuvor in den »Klassikern der Leihbibliothek« das wilhelminische und demokratiefeindliche Gedankengut in der deutschen Unterhaltungsliteratur aufgespürt, so wies er nun die Spuren der im Faschismus mit der Gesellschaft versöhnten Bildsprache im deutschen Film vor der Machtergreifung nach. Einer Einladung Leopold Schwarzschilds zur Mitarbeit am *Neuen Tage-Buch* folgend, traf Sahl 1935 in Paris ein. In jener Stadt, über die er noch fünf Jahre zuvor geschrieben hatte, sie sei, im Gegensatz zu Berlin, am Ende ihrer Entwicklung. Im gleichen Jahr schaltete sich Sahl in die mittlerweile berühmte Debatte um das Selbstverständnis der deutschen Exilschriftsteller mit dem programmatischen Beitrag »Emigration – eine Bewährungsfrist« ein, in dem er zu dem Schluß kam: »Emigration ist nicht nur ein von Hitler aufgezwungener Verlagswechsel, Emigration ist eine geistige Haltung.« Auf die heftig diskutierte Forderung des holländischen Autors Menno ter Braak, die Emigrationsliteratur müsse mehr sein als eine Fortsetzung der noch in Deutschland veröffentlichten Literatur, antwortete Sahl zustimmend. Im Kern ging es bei dieser Debatte um die moralische Verantwortung des Schriftstellers im Exil gegenüber der ungeheuren Herausforderung durch den Nationalsozialismus. Das Ergebnis war der Zerfall des Mythos von der Einheit des Emigrantenlagers. Zwei Themen, die für das Werk des Schriftstellers Hans Sahl bis heute von zentraler Bedeutung geblieben sind.

Nach dem Beginn der Moskauer Prozesse gehörte Sahl neben Döblin, Kesten, Roth, Mehring zu den Gründungsmitgliedern des Verbandes Freie Presse und Literatur, der im Gegensatz zu dem von den Kommunisten dominierten Schutzverband deutscher Schriftsteller im Exil die völlige politische Freiheit und Unabhängigkeit von jeder Bevormundung als Grundlage seiner Arbeit definierte. In dem Gründungsaufruf heißt es: »Sie [die Unterzeichnenden] halten geistige Freiheit, moralische Sauberkeit und Verantwortungsgefühl für die Grundlagen jeglicher öffentlich geistiger Wirksamkeit. Sie haben um dieser Überzeugung willen die Verbannung auf sich genommen. Sie wollen diese Überzeugung auch in der Verbannung nicht antasten lassen.« In einem Brief vom März 1937 an Klaus Mann, begründet Sahls Mentor Leopold Schwarzschild die Notwendigkeit einer neuen moralischen Einheit innerhalb der Emigration mit der fehlenden Bereitschaft vieler Emigranten, die Prinzipien, deren Verletzung sie Hitler vorwarfen, wie Demokratie und Meinungsfreiheit, in ihren eigenen Reihen zu praktizieren. Ohne sie aber gebe es nur »Verblödung und Verlumpung«. Die später von Sahl geprägte Formel des »Exils im Exil« beschreibt plastisch die vernichtende Logik des moralischen Relativismus, der der Preis des Einheitsmythos war. Ohne die Aufgabe der eigenen, moralischen und intellektuellen Redlichkeit war, folgt man Sahl, diese Einheit nicht zu haben. Erfahrungen die er später in New York, in seinem »Traktat über den Zweifel« auf den Untergang einer ganzen Epoche bezieht und bilanziert: »Freiheit beginnt erst dort, wo einer allein seinen Weg geht.«

Seine Ende der 40ger Jahre in New York beginnende literarische Übersetzerarbeit, wie seine kurz darauf einsetzende Korrespondententätigkeit für die *Neue Zürcher Zeitung* beendete ein fast 17 Jahre währendes Überleben am Rande des materiellen Abgrunds. Später folgten freie Korrespondententätigkeiten für die *Süddeutsche Zeitung* und für die *Welt*.

Wie nur wenige deutsche Emigranten war Sahl offen für die spezifische Qualität der nordamerikanischen Kultur. Brecht, Graf, Heinrich Mann, Döblin – fast die gesamte deutsche Emigrantenszene fühlte sich von der amerikanischen Massenkultur abgestoßen, ihr Denken und Arbeiten war fast ausschließlich auf die deutsche Kultur und ihre Repräsentanten gerichtet. Zudem waren die meisten von ihnen kaum der englischen Sprache mächtig. Sahls schon in seinen Berliner Jahren deutlich artikuliertes Interesse an gewöhnlich in Deutschland von der Kritik gering geachteten Genres wie dem Trivialroman, der Ausstattungsrevue oder dem Trickfilm, sein jedem elitären Anspruch abholdes Kunstverständnis ist mit der offenen, pluralistischen US-amerikanischen Kulturauffassung verwandt. Kaum ein anderer deutscher Kritiker hatte sich vor 1933 so konsequent für die Literatur Hemingways, Wilders, Dos Passos', Thomas Wolfes und anderer eingesetzt.

Daß Sahl, der deutsche Emigrant, zu einem der bedeutendsten Übersetzer moderner amerikanischer Literatur in den fünfziger Jahren wurde, der Wilder, Williams, Osborne und Arthur Miller ins

Deutsche übertrug und damit für das junge Nachkriegsdeutschland eine lebensnotwendige kulturelle Brücke über den Atlantik schlug, ist in mehrfacher Hinsicht kennzeichnend für ihn. Die durch den fast vollständigen Exodus von Vertretern der kulturellen Moderne verursachte Provinzialität der deutschen Nachkriegskultur, wie sie besonders schlagend im Film jener Jahre zum Ausdruck kam, war dringend auf Impulse aus dem westlichen Ausland angewiesen. Für das deutsche Publikum waren Sahls Berichte aus dem amerikanischen Kulturleben, ebenso wie Hilde Spiels Reportagen aus London oder etwas später Georg Stefan Trollers Pariser Kulturberichte entscheidende Fenster zu einer neuen Welt demokratischer Kultur. Wem fiel es auf, daß es ausgerechnet wieder die aus Deutschland vertriebenen Künstler, Journalisten und Wissenschaftler, »die die deutsche Sprache über die Hitlerzeit gerettet hatten« (Sahl) waren, die im westlichen Ausland mit ihrem Namen sich für die Rehabilitation der deutschen Kultur einsetzten und gleichzeitig durch ihre Vermittlertätigkeit dem deutschen Publikum den Anschluß an den dichten Strom der kulturellen Moderne ermöglichten?

Dennoch wurden die meisten Exilanten in den ersten zwei Jahrzehnten nach dem Krieg keineswegs von der westdeutschen Öffentlichkeit willkommen geheißen. Sahl, von 1953 bis 1958 zurück in der Bundesrepublik, fand hier Freunde, aber keine Heimat. Auch im anderen Deutschland, das seine Legitimation aus dem Widerstand seiner Staatsgründer gegen das Dritte Reich bezog, in dem der von ihm einst verehrte Arnold Zweig Walter Ulbrichts Sprache als »vibrierend von den Schritten der Macht unseres sozialistischen Weltlagers« anschwärmte, war für einen unabhängigen Geist wie Hans Sahl kein Platz.

In den frühen sechziger Jahren wandelt sich der ehemalige Kriegsgegner USA endgültig für die Westdeutschen zum großen Bruder und Bündnispartner. Fest angestellte Korrespondenten aller großen deutschen Tageszeitungen und Rundfunkanstalten sowie des deutschen Fernsehens mit »hohem Spesensatz und voller Vorurteile und Arroganz dem amerikanischen Leben gegenüber« drängten die freiberuflichen »Kulturvermittler« wie Hans Sahl und seine Kollegen wieder an den Rand.« Die deutschen Emigranten hatten ihre Schuldigkeit getan«, resümiert Sahl heute die Ignoranz und das raumgreifende Selbstbewußtsein der ersten Generation bundesdeutscher USA-Korrespondenten.

Noch immer verfaßte er seine Berichte und Porträts in einem klaren, unverstellten Deutsch, eindringlich in ihrer bildhaften Sprache, zumeist parteiergreifend, nie jedoch verständnislos oder akademisch kühl. Offen für das Neue und Experimentelle der von ihm rezensierten Bücher, Filme, Kunstausstellungen und Theateraufführungen, doch voller Skepsis gegen die immer schneller wechselnden Moden eines sich zunehmend kommerzialisierenden Kunstbetriebs. Moralität und Kunst sind für ihn eine untrennbare Einheit. »Der Wille zur Kunst ist wichtiger geworden als diese selbst«, schreibt er über die amerikanischen Beat-Poeten und hofft doch anschließend auf »eine zweite amerikanische Unabhängigkeitserklärung«, ausgelöst durch diese neue Kunst.

Sahls Moralität ist unbedingt. Überholt mutet uns nach all den scheinbar endgültig vergangenen Debatten über »engagierte Literatur« und über die »gesellschaftliche Relevanz des Schriftstellers« Sahls Anspruch an die absolut moralische Integrität des Künstlers an. Und doch aufschreckend revolutionär für einen im »anything goes« befangenen Kulturbetrieb, dem der Autor schon 1942 in seinem »Traktat über den Zweifel« vorwarf, nur darum erfunden zu sein, »um zu verdecken, was nicht gezeigt werden darf.« In »Exil im Exil« heißt es dazu, »Ein Schriftsteller, der sich seiner Verantwortung nicht bewußt ist, muß genauso zur Rechenschaft gezogen werden wie ein Bahnwärter, der ein falsches Signal gegeben hat.«

Kommend aus einer Zeit, »die nach den Sternen griff und in der Hand behielt – einen Schluck Dreck«, nach einer langen Lebensreise postuliert Hans Sahl im Frühjahr dieses Jahres in dem hier abgedruckten Gespräch mit Fritz J. Raddatz noch einmal, kompromißloser denn je, die absolute Unteilbarkeit der Moral.

Am Ende dieses Jahrhunderts, die Schlachten um Ideologien und Ideen sind geschlagen, geht es um »das Letzte«, das pure Überleben der Menschheit. Angesichts aller Schrecken, scheinbar wider die Vernunft, setzt Hans Sahl dieser Welt seinen Widerspruch entgegen. Noch sind wir da.

Personenregister

Quellenverzeichnis

Ich kann nicht hassen
In: *Die Welt,* 19. Mai 1967
Traktat über den Zweifel
Unveröffentlicht. 1943
Hitler oder die Demaskierung einer Epoche
Unveröffentlicht. 1943
Entblößen und Verhüllen
Unveröffentlicht. 1942
Gast in fremden Kulturen
Aus: Hermann Kesten: »Ich lebe nicht in der Bundesrepublik«, Berlin (West), 1964, S. 144 ff.
Ehrenrettung des Bürgers
Erschienen unter dem Titel: »Bürger Schippel hat dazugelernt«, in: *Die Welt,* 11. September 1971
Profiteure der Zweideutigkeit
Erschienen unter dem Titel: »Profiteure der Zweideutigkeit oder Jeder ist Mitwisser. Schreiben wir wieder ein Jahr Null? Zur Situation der Intellektuellen in unserer Zeit«, in: *Frankfurter Allgemeine Zeitung,* 5. November 1990

Plädoyer für Berlin. Aus einem Pariser Tagebuch
Erschienen unter dem Titel: »Pariser Tagebuch«, in: *Melos,* Jg. 9, Heft 8/9, 1930
Krise des Geschmacks
In: *Melos,* Jg. 9, Heft 1, 1930
»Der fröhliche Weinberg« (Theater am Schiffbauerdamm)
In: *Der Montag Morgen,* 23. Dezember 1925
»Die Räuber« (Staatstheater)
In: *Der Montag Morgen,* 13. September 1926
Karl Valentin (Kabarett der Komiker)
In: *Der Montag Morgen,* 16. Januar 1928
Klassiker der Leihbibliothek
Teil I, in: *Das Tage-Buch,* Jg. 7, Heft 21, 22. Mai 1926
Teil II, in: *Das Tage-Buch,* Jg. 7, Heft 22, 29. Mai 1926
Teil III, in: *Das Tage-Buch,* Jg. 7, Heft 23, 5. Juni 1926
Teil IV, in: *Das Tage-Buch,* Jg. 7, Heft 25, 19. Juni 1926
Teil V, in: *Das Tage-Buch,* Jg. 7, Heft 29, 17. Juli 1926
Ein Revolutionär der Leihbibliothek
In: *Das Tage-Buch,* Jg. 7, Heft 35, 28. August 1926
Franz Kafka: »Das Schloß«
Erschienen unter der Rubrik: Das Buch, das Das Tage-Buch empfiehlt, in: *Das Tage-Buch,* Jg. 8, Heft 4, 22. Januar 1927
Kafka und Hofmannsthal. *Ein Nachtrag 1983*
In: *Hofmannsthal Blätter,* Heft 27, Frühjahr 1983

»Die Weber« (Staatstheater)
In: *Der Montag Morgen*, 6. Februar 1928
Axel Eggebrecht: »Katzen«
In: *Berliner Börsen-Courier*, 16. Oktober 1927
Ein neuer Erzähler
In: *Berliner Börsen-Courier*, 11. November 1928
Ernst Glaeser: »Jahrgang 1902«
Erschienen unter der Rubrik: Das Buch, das Das Tage-Buch empfiehlt, in: *Das Tage-Buch*
Thornton Wilder: »Die Brücke von San Luis Rey«
In: *Berliner Börsen-Courier*, 6. Januar 1929
Joseph Conrads »Lebenserinnerungen«
In: *Berliner Börsen-Courier*, 10. Februar 1929
Kurt Tucholsky: »Das Lächeln der Mona Lisa«
In: *Berliner Börsen-Courier*, 4. April 1929
Erich Kästner. Zu seinem Gedichtband »Lärm im Spiegel«
In: *Berliner Börsen-Courier*, 20. April 1929
»Der Mann mit der Kamera«
In: *Der Montag Morgen*, 8. Juli 1929
Franz Hessel: »Nachfeier«
In: *Berliner Börsen-Courier*, 14. Juli 1929
Der Fall Stroheim
In: *Der Montag Morgen*, 15. Juli 1929
Hugo Balls »Briefe«
In: *Berliner Börsen-Courier*, 15. Dezember 1929
»Micky und Silly«
In: *Melos*, Jg. 9, Heft 4, 1930
»Der blaue Engel«
In: *Der Montag Morgen*, 7. April 1930
Zapfenstreich bei der Ufa
In: *Der Montag Morgen*, 8. September 1930
King Vidors »Hallelujah«
In: *Der Montag Morgen*, 6. Oktober 1930
Ernest Hemingway
In: *Berliner Tageblatt*, 1931
Paris und Düsseldorf
In: *Der Montag Morgen*, 18. Mai 1931

Emigration – eine Bewährungsfrist
In: *Das Neue Tage-Buch*, Jg. 3, Heft 2, 12. Januar 1935
Das Dritte Reich des Films
In: *Die neue Weltbühne*, Prag, Heft 28, 13. Juli 1933
Die braune Leinwand
In: *Die neue Weltbühne*, Prag, Heft 31, 3. August 1933
Humor, ausgebürgert
In: *Das Neue Tage-Buch*, Jg. 3, Heft 6, 9. Februar 1935

»Die Moorsoldaten«
In: *Das Neue Tage-Buch,* Jg. 3, Heft 14, 6. April 1935
Karriere eines Herrenmenschen
In: *Das Neue Tage-Buch,* Jg. 3, Heft 20, 27. April 1935
Ein junger Mann in Polen
In: *Das Neue Tage-Buch,* Jg. 3, Heft 20, 18. Mai 1935
Nachruf auf einen Theaterkritiker
In: *Das Neue Tage-Buch,* Jg. 4, Heft 36, 5. September 1936
»Sekundenzeiger«
In: *Das Neue Tage-Buch,* Jg. 5, Heft 6, 6. Februar 1937
Reise ins Gelobte Land
In: *Das Neue Tage-Buch,* Jg. 5, Heft 19, 8. Mai 1937

»Das Dilemma der Radikalen.« Ein Vortrag Arthur Koestlers in New York
In: *Neue Zürcher Zeitung,* 8. April 1948
Eine besondere Stadt
In: *Der Tagesspiegel,* 6. August 1953
Erinnerung an Dylan Thomas
In: *Süddeutsche Zeitung,* 22. November 1953
Eugene O'Neill
In: *Neue Zürcher Zeitung,* 30. November 1953
Hermann Brochs Nachlaß
In: *Neue Zürcher Zeitung,* 3. April 1954
Thornton Wilder
In: *Neue Zürcher Zeitung,* 28. April 1957
Besuch bei Ludwig Meidner
In: *Der Monat,* Jg. 9, Heft 105, Juni 1957
Eine Stadt, nicht in ihr zu rasten
In: *Süddeutsche Zeitung,* 8. Februar 1958
Theater in Amerika
In: *Atlantis* (Zürich), Heft 11, November 1959
Meine letzte Fahrt mit der »Liberté«
In: *Süddeutsche Zeitung,* 1961
Poesie in unpoetischer Zeit
In: *Süddeutsche Zeitung,* 27./28. August 1960
Reime in ungereimter Zeit
In: *Der Monat,* Jg. 15, Heft 176, Mai 1963
Hemingways Spätwerk
In: *Universitas,* Jg. 20, Heft 11, November 1965. Zuerst erschienen unter dem Titel »Ein alter Mann erinnert sich«, in: *Süddeutsche Zeitung,* 26. Mai 1964
Walter Benjamin im Lager
In: *Der Monat,* Jg. 18, Heft 219, Dezember 1966
George Grosz
Ursprünglich Vorwort zu: George Grosz, »Heimatliche Gestalten«, Frankfurt am Main 1966

In Deutschland, da lebt ein kleiner Mann...
In: *Die Welt,* 7. Oktober 1972
Die Kunst, in der Tasche zu zeichnen
In: *Die Welt,* 21. Mai 1973

»Tod eines Handlungsreisenden«
Unter der Rubrik: »Theater in New York«, in: *Neue Zürcher Zeitung,* 2. März 1949
Iphigenie in New York
In: *Neue Zürcher Zeitung,* 4. Mai 1949
Vereinbarkeit des Unvereinbaren
Unter der Rubrik: Kunst in New York, in: *Neue Zürcher Zeitung,* 29. Januar 1950
Arabesken der Dämmerung
In: *Süddeutsche Zeitung,* 18./19. Februar 1956
Albee
In: *Neue Zürcher Zeitung,* 22. Oktober 1962
Brechts aufhaltsamer Aufstieg
Unter dem Titel »Brecht am Broadway«, in: *Neue Zürcher Zeitung,* 28. Dezember 1963
Arthur Miller und die Schuldfrage
In: *Neue Zürcher Zeitung,* 22. Dezember 1964
Charlie Chaplins Hitler
In: *Die Welt,* 12. Juli 1972
Woody Allen
Unter dem Titel: »Sex, geradezu komisch«, in: *Die Welt,* 9. Oktober 1972
Draculas Tochter
In: *Die Welt,* 21. März 1974
Schreiben – etwas Anrüchiges
In: *Die Welt,* 1974
Der radikale Schick
In: *Die Welt,* 25. Juni 1976

Inge Mahn oder die Welt des »Als-ob«
Beitrag für den Katalog: Inge Mahn. Hrsg.: Württembergischer Kunstverein, Stuttgart 1990 (erweiterte Fassung)
Man lebt immer »als ob«
Ein *Zeit*-Gespräch mit Hans Sahl von Fritz J. Raddatz, in: *Die Zeit,* 1. März 1991

Inhalt

Mein Bruder im Zweifel
Aufsätze und Betrachtungen

Berlin 1925–1933
Kritiken

Kritiken aus New York

Hans Sahl

im Luchterhand Literaturverlag

Memoiren eines Moralisten
SL 932
Der erste Teil von Hans Sahls Erinnerungen. Ein brillant erzählter Erlebnisbericht und zugleich ein Stück deutscher Geschichte von 1902 bis 1933, dem Jahr, in dem Sahl aus Deutschland fliehen mußte.

»Es gibt einen Schriftsteller (wieder) zu entdecken, dessen Fähigkeit zu erhellenden Momentaufnahmen ohnegleichen ist, einen literarischen Brennspiegelschleifer: knapp bis zur Lakonie, ungeschminkte Porträts von Zeitgenossen vorführend, die sich zu einer ›Galerie des Jahrhunderts‹ fügen, dessen Zeuge er ist.« *Fritz J. Raddatz, Die Zeit*

Das Exil im Exil
Memoiren eines Moralisten II
232 Seiten. Leinen
Eine Veröffentlichung der Deutschen Akademie für Sprache und Dichtung
Auch als SL 997

Wir sind die Letzten
Der Maulwurf
Gedichte
184 Seiten. Broschur
Die Gedichte des Moralisten und Einzelkämpfers Hans Sahl, Selbstbefragungen, kritische Betrachtungen und Botschaften eines überlebenden Exilschriftstellers an unsere Zeit.